한국 자유민주주의의 위기
—— 민주주의 윤리의 미완성 ——

| 윤화영 저 |

The Crisis of Liberal
Democracy In Korea

이 책을 부모님 영전에 바칩니다.

머리말

　대한민국 사회는 혼란 중에 있다고 본다. 어떤 사회든지 어느 정도 사회 혼란은 항상 존재해 왔다. 그렇다고 하더라도 대한민국의 문제는 다른 곳보다 심한 면이 있는데, 필자의 진단으로는 윤리 체계의 혼란 때문일 것이다. 우리 사회에 영향을 미치고 있는 윤리 체계로 필자는 세 가지를 꼽고 있다. 전통적 윤리와 서구에서 유입된 자유민주주의적 윤리, 공산주의적 윤리 등 세 가지이다. 서양에는 대개 보수와 진보로 나뉘어져 치열하게 다투는 것 같이 보여도 보수는 "전통적 제도와 법률은 조심스럽게 바꿔가자."를 주장한다면, 진보는 "좀 더 과감하게 바꾸자." 정도의 차이가 있으며, 각 사회는 통합된 의견(consensus)이 있어 진보와 보수가 무한대로 대립하지 않는다. 반면에 우리나라는 현대 국가로 시작한 기간도 짧고 위에서 말한 세 가지 윤리 체계가 서로 우월함을 주장하기 때문에 사회적 통합이 거의 없거나 아주 약하다고 할 수 있다. 대한민국은 자유민주주의를 기조로 건국한 후 70년의 시간이 지났지만, 대한민국의 현윤리적 또는 이념적 상황은 해방 후 좌우 대립 시대에서 본질적으로 크게 변한 것이 없는 듯하다. 이 책에서는 대한민국이 자유민주주의를 실천함에 있어 서로 다른 윤리 체계들이 어떤 영향을 미치고 있는가를 살펴볼 것이며, 자유민주주의가 다른 체계들보다 과연 더 나은 것인가에 대해서도 논의할 것이다.

윤리나 도덕이라고 하면 사람들은 보통 단순하게 생각한다. "착하게 살아라." "착하게 살자." "양심적으로 살아라." 등의 말로 윤리나 도덕을 모두 설명한다고 생각한다. 그러나 윤리의 범위는 착하게 사는 것을 말하는 것보다 훨씬 넓다. 우리가 사용하는 말 또는 문장은 두 가지로 나눌 수 있다. 먼저 "~이다."로 끝나는 문장이나 진술들이 있다. 이런 종류의 문장은 사실을 표현하는 것들이고 윤리나 도덕의 영역에 직접 속하지 않는다. 예를 들어, "지구는 평평하다." 또는 "지구는 둥글다." 같은 말들은 사실에 관한 문장이니 이런 말들은 윤리·도덕적 판단과는 다르다. 다른 종류는 "~해야 한다."로 끝나는 말들이 있다. 이렇게 끝나는 문장들은 모두 윤리나 도덕의 영역에 있다고 말할 수도 있다. 또 사실을 나타내는 문장들은 "맞다." 또는 "틀리다."라고 판정을 대개 하지만, 윤리도덕에 해당하는 문장들은 "좋다." 또는 "나쁘다."(또는 "옳다." "그르다.")로 판정하기도 한다. 물론 "~해야 한다."로 끝나는 문장들 중 상당수는 자신의 취향이나 개인적 생각을 표현하는 것일 수 있다. 예를 들어, "일요일에 교회에 꼭 가야 한다." "살 빼기 위해서 지방을 먹지 말아야 한다." 등은 이런 종류로서 당사자에게는 중요한 지침이 되겠지만, 일반적으로 이 문장들이 옳은지 그른지 판단을 할 수 없다. 그러나 "무고한 사람들을 해치면 안 된다." "남의 재물을 훔치지 마라." "남을 속이지 마라." 등은 옳고 그름을 판단할 수 있는 문장들이다. 이런 종류의 문장들을 연구하는 것이 윤리학이라고 할 수 있다. 이런 윤리적 판단의 기준은 임의적으로 만들어지는 것이 아니다. 한 사회의 전통이나 관습이 포함될 수 있고 사실과 진실 등이 고려될 수도 있다. 사실과 진실에 관한 주장이 윤리·도덕에 직접 포함되지는 않으나 윤리·도덕적 판단의 중요한 요소가 될 수도 있다. 예를 들어, "지구는 둥글다."는 윤리·도덕에 관한 문장이 아니지만 "'지구는 둥글다.'고 말하는 자들은 거짓을 유포하는 것이니 처벌받아야 한다."고 말한다면 사실적 판단이 윤리적 판단에 중요한 요소가 되는 것이다. 또 "자본주의에서 노동자들의 착취는 피할 수 없는 것이니 자본주의는 나쁜 제도이다."라는 주장이 있다면, "과연 자본주의에서 노동자의 착취를 피할 수 없는 것인가?"에 대한 사실적 판단에 따라 주장의 옳고 그름을 판단하게 된다. 이렇게 사실과 진실은 윤리적 기준들과 엮여 있다.

윤리 체계란 이념 또는 사상과 비슷하기도 한데 그 안에 아주 많은 생각과 설명을 담고 있다. 우수한 윤리 체계는 자연과 인간관계, 사람들 사이의 바람직한 관계, 정치권력의 원천, 올바른 정치체계, 시민들의 권리와 의무 등에 대한 언급을 포함한다고 할 수 있다. 물론 인간사 모든 문제에 대해 완벽하게 설득력 있는 논리를 제공할 수는 없다. 인지가 발달하면서 과거에는 답을 할 수 없었던 문제들이 조금씩 줄어든다고 할 수 있다. 그러나 가장 근본적 문제에 대해서는 설명이 완벽할 수는 없다. 예를 들어, "사람은 왜 도덕적이고 양심적으로 살아야 하나?" 같은 질문에 대해서 윤리 체계가 어떤 대답을 할 수는 있지만 그 대답이 과학적 사실처럼 설득력을 가질 수는 없는 것이다. 반면에 수준이 떨어지는 윤리 체계는 설명이나 설득력이 충분하지 않고 더 많은 의문을 남기고 있다고 할 수 있다. 윤리 체계를 다른 각도에서 들여다본다면, 법적인 기준들, 도덕적 기준들, 예절에 관한 기준들, 에티켓에 관한 기준들 등 여러 가지가 있다고 하겠다. 또 이런 기준들을 달리 구분해본다면, 개인적 행동에 관한 기준들 또는 정치·사회적 행위에 관한 기준들로 나눌 수도 있다.

후자는 정치인들의 윤리적 행위의 기준들을 말하는 것이 아니라 윤리 기준들 중 바른 정치와 사회를 만들기 위한 것들을 말한다고 하겠다. 이 책에서는 정치·사회적 윤리에 초점을 맞추어 논의를 진행하려고 한다.

착하게 사는 것으로 윤리적 갈등이 좀 줄어들 수 있을 수도 있지만, 그것만으로 해소되지 못한다. 착하게 사는 것도 아주 중요하지만 사회적 윤리를 잘 이해하고 그것을 실천하는 것이 더 중요할 수 있다. 또 인간은 무한히 착하게 살 수는 없다. 누구나 미래가 불확실하고 제한된 자원을 확보하기 위해 노력해야 하므로 서로 간에 경쟁이 발생할 수밖에 없다. 사회적 윤리는 이런 경쟁으로부터 오는 갈등을 조정하기 위한 것이라고 말 할 수 있다. 각 시민은 권리와 의무를 갖고 있으며, 다른 시민들의 권리와 의무를 존중하는 것이 필요하다. 또 어떤 권리와 의무를 갖고 그 권리와 의무는 어떻게 형성되는지를 이해하는 것이 중요하다. 그런 이해와 지식이 없이 단지 "내 탓이오."를 외치거나 다른 사람들에게 "착하게 살아라."고 주문하는 것은 단지 수사학적 언사(rhetoric)일 뿐인 경우가 많다.

이 책은 지극히 학문적인 전문지식을 독자들에게 전파하려는 의도를 갖고 있지 않다. 그보다는 앞으로 바른 사회를 만들어 갈 수 있도록 대한민국의 윤리·사상적 현실을 시민들이 잘 이해하도록 도움을 주려고 하는 것이 의도이다. 그러나 자유민주주의나 공산주의 등 사상은 어떤 이론들을 포함하고 있고 이런 이론들을 이해해야 할 필요가 있다. 또 이 책은 다년간 학생들을 가르치면서 얻은 깨달음을 바탕으로 하고 있다. 그런 만큼 어느 정도의 기본적 지식과 상식이 있으면 책을 이해하는 데에 좀 더 수월할 수 있음을 부정하지 않겠다. 달리 말하자면, 앞서 말한 세 가지 윤리 체계, 즉 전통적 윤리, 자유민주주의적 윤리, 공산주의적 윤리의 윤곽은 이미 잘 알려진 것들이다. 이 각각의 윤리 체계를 필자 나름의 설명과 해석을 하는 과정에서 독자들은 미처 몰랐던 것을 알 수도 있을 것이다. 이 책은 지극히 상식적인 얘기들을 하려는 것이지만, 또한 그런 상식을 분석해보려는 것이기도 하다. 우리 사회는 이 상식적인 것들을 잘 정돈하고 서로 잘 엮어내지 못하면서 혼란상이 야기되거나 악화되고 있다고 할 수 있다. 이제는 해방 후 70여 년의 세월을 보내면서 깨닫고 경험한 지식을 바탕으로 우리 사회의 이념과 문화, 윤리들을 돌아볼 수 있는 시점에 도달한 것 같다. 우리 사회에서 넘쳐나는 상식들을 잘 분석해보면 그 안에는 잘못된 이해와 그릇된 지식들이 상식으로 통용되고 있음을 밝힐 수 있다고 생각한다.

필자는 이 책에서 우리나라가 채택한 자유민주주의·자본주의가 전통적인 봉건사회 윤리 체계나 공산주의 체계보다 더 우수함을 말한다. 그런데 우리나라 사회가 혼란스러운 것은 전통적 윤리 체계나 공산주의 체계가 많은 영향력을 발휘하기 때문이며, 자유민주주의·자본주의에 이해도 부족한 점들이 있기 때문이라고 말한다. 자유민주주의·자본주의를 더 잘 받아들이게 되면, 다른 윤리 체계에서 추구하던 좋은 가치들도 수용할 수 있을 것이다. 그런데 자유민주주의·자본주의를 더 잘 받아들이는 것은 단지 제도의 문제가 아니라고 생각된다. 제도와 더불어 자유민주주의·자본주의의 문화와 윤리를 수용해야 하는 것이다. 그런 의미에서 필자는 '윤리 체계'라는 말을 사용하는 것이다.

혹자는 위에서 설명한 세 개의 윤리 체계는 각각 자체적인 완결성이 있으므로 상호 비교할 수 없다고 말 할 수 있다. 예를 들어, 전통적 윤리 체계 안에서의 좋고 나쁨을 자유민주주의의 관점에서 평가할 수 없다는 것이다. 조선시대의 노비제도를 현 시점에서 나쁜 제도라고 말할 수 없다는 것이다. 이런 상대성은 동의하기 어렵다. 첫째, 모든 제도에 앞서 인간이 존재하는 것이며, 인간들이 갖는 기본적 성향이나 바라는 것은 같다고 본다. 인간의 초점을 맞춘다면 제도 간에 비교가 가능하다고 봐야 한다. 어떤 제도가 선택될 때에 다른 요소들, 예를 들어 경제구조라든가 생산력 수준 같은 것도 중요한 것이다. 농업생산 단계에 머무른 조선에서 자유민주주의와 자본주의를 채택하기는 어려웠을 것이다. 그러나 인간이 다른 인간을 노비로 삼는 것이나 신분제도를 만들어 사람들을 억압했다면 이런 것들은 시대를 넘어 바람직하지 않은 것이라고 하겠다. 조선의 하층민들도 끊임없이 자유에 대한 갈망을 갖고 있었을 것이며 평등한 신분을 원했을 것이다. 그러니 옳고 그름의 판단이 어떤 제도 안에서만 가능하다고 말 할 수는 없다. 둘째, 인류학의 문화상대주의를 제외한 대부분의 사회이론들이 제도 간의 비교가 가능하다고 보고 있다. 마르크스도 자신이 제안하는 공산주의가 자유민주주의·자본주의보다 더 나은 대안이 된다고 보았으며, 조선의 지배층들은 밀려오는 서구문화보다 조선의 유교문화가 더 나은 것이라는 판단을 하고 있었다. 이런 제도나 윤리 체계들의 논의 대상인 인간 사회는 결국 인간의 동질성을 전제로 하는 것이며, 인간 사회 안에 존재하는 다양한 요소들을 어떻게 끄집어내고 총체적으로 어떻게 잘 설명하는 가에 따라 더 나은 제도나 윤리 체계를 정할 수 있다고 본다. 예를 들어, 조선시대 안에 양반계층의 생각과 가치만을 분석하며 조선시대를 논의하는 것보다 여러 계층의 입장을 포괄하며 조선시대를 논의하는 것이 조선시대를 더 잘 이해하는 것이며, 그런 점에서 제도와 윤리 체계 간의 비교도 가능하다고 생각한다.

어떤 이들은 필자가 제시한 세 가지 윤리 체계 외에 '제3의 길' 또는 복지국가가 있다고 주장할 것이다. 이런 주장을 하는 이들 상당수가 공산주의적 세계관으로부터 사고가 출발한다고 할 수 있다. 예를 들어, 나쁜 자본주의와 대안인 공산주의라는 두 가지 제도를 비교하다가 공산주의의 비인도성과 잔학함에 놀라게 되고 자본주의도 아니고 공산주의도 아닌 소위 '제3의 길'을 원하게 되는 것이며 복지국가를 제3의 길이라고 생각하게 되는 것이다. 그런데 이 복지국가도 자유민주주의·자본주의 사회 중 하나일 뿐이다. 자유민주주의·자본주의는 그 스펙트럼이 넓어 그 안에 작은 정부를 지향하는 신자유주의로부터 보다 강한 정부가 필요한 복지국가 등이 포진되어 있다. 이들 모두 시장경제를 채택하며 재분배의 규모를 얼마나 할 것인가에 따라서 차이가 난다고 할 수 있다. 그러니 자유민주주의·자본주의와 완전히 다른 '제3의 길'은 아직까지 제시된 적이 없다고 할 수 있다. 자유민주주의는 시민들에게 주권이 있고 시민들은 충분한 자유와 신분의 보장을 받을 수 있다는 사상임에도 초기에는 시민의 범위가 제한적이었다. 그런 초기 자유민주주의를 자유민주주의의 전형으로 보기는 어렵다. 마르크스와 당시 사회주의자들은 이런 초기 자유민주주의·자본주의에 너무 집착해서 자유민주주의·자본주의의 성격을 규정해버렸지만 자유민주주의 사회는 원천적으로 갖고 있던 가능성을 충분히 발현하면서 시민의 범위를 확대해왔으며 공산주의보다 훨씬 더 인도적이고 풍요로운 사회를 가능케 하였다. 그런 환경에서 복지국가도 실현할 수 있었으니 복지국가가 자유민주주의·자본주의와 전혀 다른 윤리 체계라고 할 수 없다.

지금 세계는 4차 산업혁명이 진행되어가는 단계에 있다. 많은 학자들이 4차 산업혁명이 인간 사회에 엄청난 변화를 몰고 오리라 예측하지만 아직은 모든 것이 가능성과 추측의 수준에 있을 뿐이다. 어떤 이는 완벽한 인공지능(AI)의 개발로 효율화가 극대화되면서도 사회주의적 형태의 사회가 될 것이라는 추측을 한다. 또 극대화된 생산력으로 각 사람들은 충분한 자유와 풍요를 누리게 될 것이라는 추측을 하는 사람도 있다. 이렇게 4차 산업혁명의 미래를 예측하는 사람들 중 상당수는 현재의 자유민주주의가 낡은 체제, 즉 1~3차 산업혁명기에나 해당되는 체제로 4차 산업혁명 시기에는 자유민주주의가 더 이상 존속하기 어려울 것이라는 생각을 하기도 한다. 그러나 성공적 4차 산업혁명을 맞이하는 사회의 필수요건은 사회통합이다. 산업구조와 사회의 변화에 따라 시민들 간에 엄청난 갈등이 예상되기 때문이다. 그런데 사회통합을 이루기 위해서는 각 사회구성원들의 기본적 권리를 보장하고 그에 따른 의무도 부과해야 하는데 그것은 자유민주주의적 절차와 다름이 아니라고 본다. 다시 말하면, 닥쳐올 큰 변화의 시기에 가장 잘 대처하는 방법은 자유민주주의적 절차를 존중하는 것이며 국민들은 사익의 추구도 중요하지만 어떻게 해야 사회 전체의 생존과 번영이 보장될 것인지 생각해야 한다고 본다. 4차 산업혁명이 진전됨에 따라 구체화하여야 할 윤리적 논의는 다른 기회에 논하기로 하겠다.

　필자는 메타윤리학과 윤리학, 정치철학 등을 공부해왔으며 이 책에서 논의되는 공산주의에 관한 지식은 필자의 부친인 고 윤원구 교수로부터 대부분 배운 것임을 밝히고 싶다. 또 이 책은 철학적·이념적 논의에 치중하고 있으므로 사실적 정보나 통계 등에 있어서는 좀 취약하다고 할 수 있다. 유능한 분들이 더 나은 자료와 조언을 해주시기를 부탁드리는 바이다. 또한 이 글을 읽고 평을 해주신 평택대학교 김동철, 조경덕, 임상순 교수님 등에도 이 자리를 통해 감사를 표하는 바이며, 책 출판을 위해 많은 애를 써주신 성안당 최옥현 전무님과 직원들에게도 감사드리는 바이다.

마지막으로 글을 읽는 분들에게 드리는 부탁이다. 이 글이 어떤 분들에게는 다소 어려울 수도 있고 필자의 주장에 동의하지 않을 수도 있다. 찬찬히 다시 읽으면서 생각해보시기를 부탁드리는 바이다. 필자의 주장이 자유민주주의를 옹호한다고 해도 그것은 자유민주주의적 관점에서 자유민주주의를 옹호하는 것이 아니라 다른 입장들도 다루면서 자유민주주의의 장점을 드러내 보이는 것이다. 우리 사회에는 너무나도 빈번하게 계급적 시각이 팽배해 있다. 이런 글을 읽고 손쉽게 "아, 이 글은 자본가 편이네." 같은 판정을 내리기보다는 스스로 내리는 판정의 근본 기준은 무엇인가 또 그 기준은 정당한 것인가를 생각해보고 성찰해보는 것이 중요하다고 본다. 물론 그런 사고는 훈련이 필요한 것이기도 해서 모든 사람이 스스로를 돌아보지는 않을 것이다. 그러나 그런 자세가 지금의 대한민국에서는 필요하다고 본다. 그런 자세 없이는 사회의 혼란을 피할 수 있는 국민적 합의 도출이 불가능하기 때문이다. 물론 필자가 전개하는 근본적 논리에 문제를 발견하신 독자는 고언을 해주실 것을 또한 부탁드리는 바이다.

차례

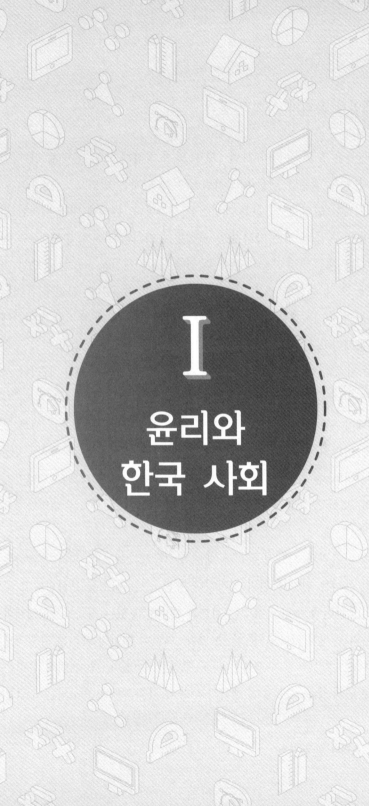

I

윤리와
한국 사회

1. 개인적 윤리와 사회적 윤리

사람들은 보통 윤리라 하면 "왜 어떻게 착하게 또는 선하게 살 것인가?"와 같은 질문을 떠올리고 이런 질문에 답하는 방편으로 '마음의 수양', '지극한 선의 완성' 같은 개념들을 생각한다. 윤리에 대한 이러한 접근법이 아주 틀린 것은 아니지만, 사실은 윤리의 일부분일 뿐이다. 즉 이런 것들은 개인적 윤리라고 부를 수 있다. 물론 개인적 윤리는 중요한 것이지만, 또한 중요한 것은 사회적 윤리라고 할 수 있다. 사회적 윤리는 한 사회의 윤리체계를 어떻게 구성할 것인가 또 어떻게 유지할 것인가에 대한 문제라고 할 수 있다. 많은 사람들이 인간 사회를 단순히 이익 공동체, 즉 서로의 이익을 얻으려는 공동체 정도로 이해하고 있다. 그러나 사회 구성의 핵심은 어떤 가치들이다. 가치가 없다면 이익 추구를 위한 사회 자체가 구성되지 못하거나 붕괴될 수 있다. 이러한 가치들은 서로 조화롭게 연결되어 갈등을 최소화해야 하며, 갈등이 발생했을 때에는 공정하게 처리할 수 있는 기능이 있어야 한다. 그렇지 못한 사회는 오래가지 못하며, 또한 조화로웠던 가치의 관계가 변질되면 그 사회는 내리막길을 걸을 수 있다.

개인적 윤리와 사회적 윤리에 대해 좀 더 생각해보자. 필자가 말하는 개인적 윤리는 인간 본연의 성정이나 양심, 또는 사고를 포함한다고 볼 수 있다. 반면에 사회적 윤리는 사회가 채택하고 있는 정치·사회체계와 불가분의 관계에 있다고 말 할 수 있다. 그런데 개인적 윤리는 사회적으로 주어진 윤리를 잘 수행하는 것도 포함할 수 있다. 즉 개인적 윤리는 인간 본연의 좋은 자질을 수행함과 더불어 사회적으로 요구되는 도덕률도 같이 수행할 것을 요구하는 것이다. 또한 정치·사회체계는 어떤 이념과 사상 또는 가치에 근거해서 특정한 과정을 통해 형성되는데, 사회적 윤리는 이런 체계가 잘 실행될 수 있도록 만들어진 규범이라고 할 수 있다. 그래서 사회적 윤리는 개인들의 윤리적 태도와 불가분의 관계를 가진다. 사회를 구성하는 개인들이 사회적 윤리에 소홀하거나 무지하다면 사회적 윤리는 잘 지켜지지 않으므로 정치·사회체계 자체가 약화될 수 있다. 그렇다고 사회적 윤리가 개인적 윤리에 전적으로 기초하는 것은 아니다. 모든 사람이 양심적으로 행동한다고 했을 때 또는 욕심을 크게 부리지 않는 행동을 했을 때, 사회 전체가 잘 굴러갈 수 있을까? 오랫동안 우리나라를 포함한 동양권에서는 이 질문에 "그렇다"고 답했을 것이다. 그러나 서양권에서는 "그렇지 않다"고 말 할 것이다. 사회적 갈등의 발생 이유가 그 구성원들이 비양심적 태도 또는 과도한 욕심 때문에 일어날 수도 있지만, 더 근본적인 이유는 사람들의 옳고 그름에 대한 의견이 다르거나 추구하는 가치가 다르기 때문이라고 봐야 한다. 또한 원하는 대상물은 늘 부족하며 미래는 항상 불투명하므로 안전과 안정을 추구하는 과정에서 일어나는 갈등도 피할 수 없기 때문이라고 봐야 한다. 이렇게 개인들이 충분히 양심적이라고 해도 진정한 갈등의 원인, 나아가 도덕적 갈등의 원인은 양심적 인간과 무관할 수도 있다.

예를 들어보자. 서양에서 발생했던 많은 종교적 갈등이 있다. 역사를 자세히 살펴보면, 대부분의 종교인들이 일반 시민들보다는 더 양심적이고 도덕적이라고 말할 수 있다(물론 언제나 그런 것은 아니다). 즉 욕심도 적고 상당한 정도로 도덕적 인간들이 거대한 사회갈등, 국가 간 갈등을 야기할 수 있는 것이다. 그렇기 때문에 사회적 윤리를 생각해보는 것은 매우 중요한 일이다. 앞서 말했듯이, 동양권에서는 전통적으로 사회적 윤리가 온전히 개인적 윤리에 근거한다고 보았던 것 같다. 그러나 서양에서는 사회적 윤리의 구성이 그렇지 않다고 보았다. 이와 같이 세상을 파악하는 시각 차이가 구체적으로 거대한 사회의 차이를 만들어냈다고 할 수 있다. 앞으로 그런 차이를 찬찬히 살펴보기로 하자.

이제까지 필자는 개인적 윤리가 사회적 윤리와 서로 겹칠 수밖에 없지만 다른 종류의 도덕이라고 말해왔다. 예를 들어보자. 우리가 어려움에 처한 사람들을 돕는 것은 어느 사회에서나 훌륭한 개인적 윤리라고 할 수 있다. 그러나 흉악한 범법자가 쫓기고 있다고 도움을 베푸는 것은 윤리적 행동이라고 할 수 없다. 사회 전체의 도덕적 관점에서 봤을 때 그런 도움이 도덕적이라고 말할 수 없다. 또 다른 예를 들어보자. 북한 같은 공산주의 국가에서는 국가의 사회적 이념에 대해 충성하지 않는 사람들을(비록 그것이 암묵적 불충이라고 해도) 가차 없이 처벌한다. 심지어는 가족 구성원들 간에도 고발하도록 장려한다. 그러나 순수하게 개인적 윤리의 입장에서 봤을 때, '본인의 부모나 배우자 또는 자식을 사고가 다르다는 이유로 당국에 고발하고 처벌하는 것이 옳은 행위일까?' 하는 의문이 당연히 든다. 이와 같이 개인적 윤리와 사회적 윤리는 서로 다를 수 있는 것이며, 이 책에서는 사회적 윤리에 집중하고자 한다. 이런 구분을 일찍이 많은 도덕철학자들이 언급해왔으며, 대표적으로 데이비드 흄(David Hume)은 '자연적인 덕'과 '인공적인 덕'으로 구분했다. 필자는 흄과 다른 철학자들의 구분을 존중하지만 '개인적 윤리'와 '사회적 윤리'라는 용어 구분이 좀 더 적절하다고 느낀다.

이런 구분법에서 지금 한국 사회의 윤리를 들여다보고자 한다. 우리나라는 윤리적 혼란 상태에 있다고 생각된다. 언론매체에 등장하는 많은 사건들이 있다. 많은 사람들이 "사람들(정치인이나 경제인 등)이 윤리적으로 타락해서 그렇다"고 말하기 쉽다. 즉 개인적으로 자신들의 이익만 추구하거나 개인들의 도덕 수준이 타락해가고 있기 때문에 사회 전체의 윤리적 삶이 흔들린다고 보는 것이다. 그런 진단도 어느 정도 타당성이 있지만, 현재 우리나라가 겪고 있는 윤리적 혼란의 가장 큰 이유는 좀 다른 곳에서 기인한다고 생각된다. 다시 말하자면, 부도덕하거나 비윤리적인 개인들이 다수 존재하기 때문에 발생하는 윤리적 혼란보다는 사회의 윤리체계가 확고하지 않아서 일어나는 문제가 더 크다고 생각된다.

현재 우리나라에 영향을 미치는 윤리체계(이념체계 또는 사상체계)로는 어떤 것들이 있을까? 그것은 유교로 대표되는 전통적 사상, 자유민주주의, 그리고 공산주의라고 할 수 있다. 필자가 얘기한 윤리적 혼란의 가장 큰 부분은 본질적으로 서로 갈등을 빚으며 대립을 하고 있는 이 세 가지 사상 또는 윤리체계들 속에서 국민과 사회가 갈피를 잡지 못하고 있기 때문이라고 보고 있다. 물론 이런 갈등의 양상은 어느 사회에서나 있을 수 있다. 그러나 우리나라의 사정은 다른 나라들보다 훨씬 심각하다. 많은 서구 국가들은 2~3백년 이상의 긴 시간 속에서 나름대로 갈등을 최소화할 수 있는 윤리체계와 문화를 정착시켜왔으나, 우리 사회는 그런 갈등을 만족스럽게 해소할 수 있는 경험과 문화의 수립이 부족하다고 할 수 있다. 짧은 시간 안에 '한강의 기적'이라고 불리는 경제성장을 이룩했지만, 윤리체계의 수립 또는 사고의 전환은 그렇게 빨리 확립되지 않았다. 혹자는 "우리의 전통적 사회윤리와 자유민주주의를 결합시키면 될 것이다"라고 말하기도 한다. 그러나 이것은 희망일 뿐 구체적으로 어떻게 결합할 수 있는지 해결책이 제시된 적은 없다고 생각된다. 또 그런 바람이 있어도 '유교전통과 자유민주주의의 결합은 가능한 것일까?' 하는 의문도 든다. 또 어떤 이들은 자유민주주의와 공산주의가 잘 화합해서 제3의 길이 나올 수 있다고 주장한다. 그러나 이제까지 자유민주주의도 아니고 공산주의도 아닌 구체적인 제3의 길이 제시된 적은 없다고 본다. 보통 복지사회를 그렇게 평가하는 사람들이 있는데, 복지사회는 자유민주주의의 한 형태일 뿐, 공산주의와는 아무 관계가 없는 제도이다(이런 부분에 대해서는 후에 설명하겠다). 물론 미래에 이런 모든 것을 뛰어 넘은 새로운 사상체계와 윤리체계가 등장할 가능성을 완전히 배제할 수는 없지만, 지금은 이 세 가지의 윤리체계 또는 윤리기준은 각기 세력을 확보하면서 다른 체계와 융합되기보다는 갈등을 일으키는 것이 현실이라고 본다. 그런 융합이 가능하다고 보는 이들도 상당수 있겠지만, 오히려 그런 생각이 혼란을 더 악화시킨다고 생각한다. 왜냐하면 이런 사람들은 대개 그때그때 상황에 맞추어 윤리기준을 바꾸면서 자기 합리화 또는 자기 이익 극대화를 추구하는 경향이 있기 때문이다.

이와 같은 혼란과 갈등을 해소하는 방법이, 한국인들의 사고구조와 가치체계를 완전히 바꿔야한다는 것이라고 오해하며 두려움을 느낄 수 있다. 우리는 보통 전통에 근거한 사고가 익숙하고 편리하기 때문이다. 당연히 모든 것을 바꿀 필요는 없다. 그렇지만 바꿔야 하는 부분도 있을 것이며, 중요한 것은 얼마나 어떻게 바꿔 나가야하는가에 대한 논의일 것이다. 이 책에서는 각 사상을 분석하면서 어떤 양상에서 갈등을 빚고 있는지 또 어떤 체계를 선택하는 것이 바람직한 것인지에 대해 논하고자 한다.

2. 한국의 사회적 상황

누구나 다 아는 얘기로부터 시작해보자. 과거 조선시대에는 과학기술과 인지 수준의 발달 단계가 낮고 농업이 국가의 기간산업이다 보니 다양한 외국과 교류를 할 필요성도 느끼지 못했고 능력도 없었다. 조선말에는 조선왕조가 쇄국정책을 천명하다 보니 더더욱 교류는 최소화되었다. 그러나 우리가 원한 것은 아니지만 한반도는 세계사의 격랑에 휘말려 오면서 오늘날의 사회가 되었다. 현시대는 긴밀하게 소식과 지식이 서로에게 전파되며 각 사회에 상호 영향을 끼치고 있는데, 그 변화의 큰 줄기는 다음과 같다고 할 수 있다.

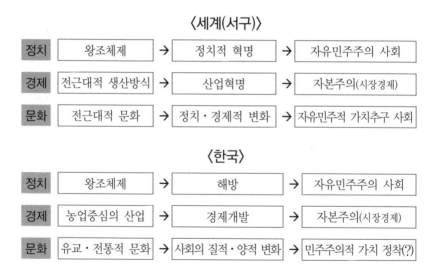

〈세계(서구)〉

정치	왕조체제	→	정치적 혁명	→	자유민주주의 사회
경제	전근대적 생산방식	→	산업혁명	→	자본주의(시장경제)
문화	전근대적 문화	→	정치·경제적 변화	→	자유민주적 가치추구 사회

〈한국〉

정치	왕조체제	→	해방	→	자유민주주의 사회
경제	농업중심의 산업	→	경제개발	→	자본주의(시장경제)
문화	유교·전통적 문화	→	사회의 질적·양적 변화	→	민주주의적 가치 정착(?)

뒤늦게 세계사적 흐름에 편승한 우리 사회는 성공적으로 정치체제와 경제체제를 변화시켰고, 세계가 인정하고 부러워하는 '민주화의 성취',

'한강의 기적'도 성취하였다. 그럼에도 필자가 따져보고 싶은 것은 '우리 사회에 진실로 자유민주주의적 가치가 정착되었는가?' 하는 점이다. 혹자는 다음과 같이 말할 수 있다. 자유민주주의는 정치·경제적 제도이므로 문화적 가치까지 고려할 필요는 없다는 것이다. 자유민주주의 사회에서 각 시민들은 선택의 자유가 있으니 개인적 선택들이 정당한 통합 과정을 거쳐 어떤 결과를 만들어내는 것으로 자유민주주의의 본령은 달성되었다는 것이다. 물론 자유민주주의 사회의 어떤 법에도 문화와 가치가 어떤 특정한 모습을 가지고 있어야 한다는 규정은 없다. 그러나 자유민주주의 자체가 특정한 이념과 가치를 추구하는 이론 속에서 탄생한 것이니 이런 면을 소홀히 한 사회는 반드시 자유민주주의·시장경제에 실패한다고 본다. 역사적으로 보자면, 과거 독일도 자유민주주의 속에서 히틀러의 파시즘 정권이 탄생하였고, 비슷한 시기인 1936년 스페인은 자유민주주의 선거를 통해 인민전선(공산주의) 정부를 선택한 일도 있다. 자유민주주의적 가치가 사회의 근간이 되지 않을 때 한 사회의 자유민주주의 제도는 순식간에 사라질 수 있다.

한편, 대한민국과 달리 북한은 전혀 다른 과정을 겪어왔다.

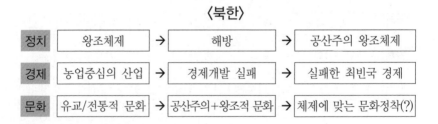

⟨북한⟩

정치	왕조체제	→	해방	→	공산주의 왕조체제
경제	농업중심의 산업	→	경제개발 실패	→	실패한 최빈국 경제
문화	유교/전통적 문화	→	공산주의+왕조적 문화	→	체제에 맞는 문화정착(?)

북한의 사정은 비교적 잘 알려져 있다. 해방 후 세계 공산주의운동의 한 기지로 출발하면서 당시 공산주의 종주국이었던 소련의 절대적 영향

을 받았다. 후에 공산권 내부의 변화와 자국 내 권력투쟁의 심화로 강력한 공산전체주의 독재국가를 지향하였으며, 결국에는 통치 효율의 극대화를 추구하다가 한민족에게 익숙한 왕조체제로 회귀하게 되었다. 북한의 체제가 인민민주주의에 기초하고 있다고는 하나, 세계 어느 곳에도 없는 변종으로 원래 공산주의자들이 그토록 비난하던 봉건적 체제의 한 형태가 되고 말았다. 과거 봉건사회에서도 통치자가 국가 내의 모든 경제적 자산을 소유하다시피 한 적은 없었다고 할 수 있다. 그러나 공산주의의 경제 원리, 즉 모든 생산수단을 국가가 소유한다는 원칙하에 국가권력 자체를 통치자가 소유하게 되었고, 자연스럽게 모든 경제수단도 통치자의 수중에 귀속되게 되었다.

북한의 경제 사정은 일본 제국주의자들이 남겨놓았던 중화학공업을 중심으로 경제개발을 수행하였고 1970년대 초까지는 소정의 성과를 거두기도 하였다. 그러므로 막 경제개발을 시작하던 대한민국의 경제를 능가하였다. 그러나 자체의 문제점들과 인간 사회의 변화에서 닥쳐오는 문제점들을 해결하지 못하고 주저앉고 말았다. 그래서 북한의 정치·경제는 세계사적 흐름에서 소외되는 외톨이 또는 문제아가 되고 말았다.

우리나라의 경우 정치와 경제적으로 성과를 거두었으나 이런 성과를 계속 유지할 수 있는지는 아직도 의문시된다고 할 수 있다. 정치와 경제적 제도는 컴퓨터의 하드웨어에 비교할 수 있고, 이런 제도를 성공적으로 유지·발전시키려면 그에 걸맞은 소프트웨어가 필요한데 그것이 자유민주주의적 문화라고 할 수 있다. 이제까지 많은 제3세계 국가들이 자유민주주의 경제와 정치적 제도를 채택하였으나 성공한 나라가 많지 않다. 그 이유는 낮은 생산력 등 여러 가지 요인이 있지만 필자의 생각으로는 자유민주주의적 문화를 배양하고 정착시키지 못한 것이 가장 큰 요인이라고 생각한다. 물론 이런 성공은 쉬운 것이 아니다. 우리나라는 개발독재라는 방법으로 짧은 시간 내에 경제적 성공을 거두었고 그런 경제력을 바탕으로 정치적 민주화에도 어느 정도 성과를 이루어 왔으나, 자유민주주의적 문화의 정착에는 훨씬 오랜 시간과 국민들의 상호협력이 필요한 것이다. 소위 선진국들은 몇 백 년의 시간이 소요됐고 그들 나름대로 굴곡진 과정을 거치며 전통 사회에서 자유민주주의 사회로 발전해 왔다.

이렇게 자유민주주의 문화는 중요한 것인데, 이 문화는 유행 같은 것이 아니다. 이 문화는 가치의 집합체라고 할 수 있는 것이다. 자유민주주의적 정치와 경제를 만들어낼 수 있고 건전하게 유지될 수 있도록 하는 가치들이 바로 여기서 말하는 문화인 것이다. 그런데 시민들이 이 가치들을 명확하게 이해하지 못하거나 다른 가치들(예를 들어, 봉건적 가치들)에 의해 이 가치들이 혼탁해져 있다면 당연히 자유민주주의적 가치와 문화들은 잘 정립하지 못할 것이다. 필자는 그것이 우리나라 사회 혼란의 가장 큰 요인이라고 본다. 물론 이런 문제는 소위 선진국에서도 얼마든지 일어날 수 있다. 자유민주주의적 가치는 자연적으로 우리에게 주어져서 자연스럽게 실행할 수 있는 것이 아니다. 사회의 구성원들이 소중히 생각하고 잘 보존하려는 노력이 동반되어야만, 자유민주주의의 가치와 문화가 번창하게 될 것이다.

여기서 어떤 이들은 "왜 자유민주주의적 가치만이 소중한 것이 되어야 하는가?"라고 물을 수 있다. 우리가 잘 아는 공산주의적 가치도 있고 그런 것을 신봉하는 사람들도 많이 있기 때문이다. 그들은 결국 전 세계가 공산주의의 지배하에 놓이게 될 것이며, 그것이 인류에게도 가장 좋은 일이라고 믿고 있다. 여기에 역사의 법칙성까지 들먹이며 공산주의 도래는 역사의 필연성이라고까지 믿는 이들도 있다.

공산주의가 추구하는 가치들에 대해서는 이 책 후반부에서 언급하도록 하겠으나, 공산주의가 '역사적 필연성'인가에 대해 잠깐 언급해보자. 필자의 생각으로는 인간 역사에 필연성은 없다고 본다. 특히 사회제도는 선택의 문제이고 영원한 제도는 없다고 생각된다. 한 사회제도는 사회의 구성원들에게 많은 혜택을 주고 그 사회가 갖는 문제점과 갈등을 해결해가면서 존속해간다. 그러다가 그 사회제도가 해결할 수 없는 많은 문제들이 생기게 된다. 얼마 동안은 그런대로 사회가 유지되지만 도저히 감당할 수 없는 시점에 왔을 때, 그 사회와 제도는 붕괴되고 다른 사회제도로 넘어가게 된다. 고려가 무너지고 조선으로 넘어올 때에도 이런 현상이 일어났으며, 서양의 여러 사회들도 비슷한 과정을 겪어 왔다고 생각된다. 근래에 소련 공산주의의 붕괴도 같은 맥락이라고 본다. 그런 의미에서 인간사에 영원한 제도는 없다고 생각되지만 자유민주주의와 공산주의를 이런 관점에서 들여다 볼 수 있다. 소련의 공산주의가 그랬듯이, 공산주의는 공산주의 사회가 가진 여러 부조리와 비효율성은 해결하지 못하고, 공산당의 특권층화와 인민을 억압하는 사회로 전락하고 말았으며, 공산주의 전체주의를 유지하기 위해 온갖 거짓 정보, 통계의 조작, 정보의 차단, 일부 국민에 대한 극심한 탄압 등이 계속되고 있다. 이런 것들이 문제라고 느낀다면 이 문제들을 어떻게 해결할 수 있을까? 과거 소련에서 그랬듯이 자유민주주의·자본주의 말고는 대안이 없는 것이다. 공산주의자들이 항상 공산주의가 자유민주주의·자본주의의 대안이라고 주장해왔는데 현실은 그 반대인 것이다. 물론 긴 안목에서 보자면,

자유민주주의·자본주의도 영원한 제도는 아니지만 현재는 당면한 많은 문제들을 여러 사람들의 자발적 참여를 통해 지혜를 모으고 법제화된 사회적 동의로 해결책을 만들어가고 있다. 개인들의 능력이 완벽하지는 않더라도 자유민주주의는 바른 사고를 장려하고 문제의 정확한 진단을 내릴 수 있도록 언론의 자유를 보장하며, 올바른 진단에 근거한 합리적 규칙을 만듦으로써 문제를 해결하면서 한걸음씩 나아갈 수 있다. 이런 과정을 보장하는 제도가 진정한 진보라고 생각된다. 자유민주주의·자본주의 다음에 어떤 제도가 나타날지 지금은 알 수 없으나 공산주의는 절대로 될 수가 없다.

우리나라는 외세에 의한 타율적 해방과 서구 민주주의를 도입하면서 우리 민족이 자유민주주의에 필요한 정신적 가치를 능동적으로 준비할 수 있는 시간이 없었다. 그리고 열악한 경제 상황으로 인해 정신적 가치의 발전에 신경 쓸 여유가 없었다. 물론 해방 전 대다수(우파) 민족 지도자들은 해방 후 설립될 민족국가가 자유민주주의를 기반으로 해야 한다는 생각을 갖고 있었지만 이승만 박사를 제외하고는 구체적으로 어떻게 실행에 옮길 것인가에 대한 계획은 준비하지 못한 것으로 보인다. 한편 러시아 혁명 이후 공산주의를 도입한 공산주의자들은 해방 후 세계 공산주의 운동의 한 지부로서 한반도에 공산주의 사회 건설을 목표로 하고 있었다. 그 이후 약 70년의 세월이 지났지만 이런 갈등이 얼마나 해소되었을까? 전통 윤리를 얼마나 수정하고 서구적 가치를 얼마나 받아들여 구체적으로 어떤 인간형을 양성하고 어떤 사회 건설을 목표로 할 것인가에 대해서는 충분한 논의가 없었다고 본다. 당연히 이런 문제에 대한 어떤 컨센서스(consensus)도 부재한다고 할 수 있다. 이런 논의는 진보와 보수로 구분되는 논의와 다른 것이다. 진보와 보수는 어떤 합의된 체계 하에서 어떤 것을 지키고 어떤 것을 버릴 것인가에 대한 견해 차이와 논의라고 할 수 있지만, 우리나라에서 요구되는 논의는 기본 체제의 선택에 관한 더 심각하고 기본적인 논의라고 할 수 있다. 많은 국민들이 우리사회가 겪고 있는 갈등을 보수와 진보의 갈등으로 이해하려고 하지만, 이것은 서구의 틀을 빌려온 것으로 우리나라의 실정과는 동떨어진 것이다. 예를 들어, 우리 사회의 '보수 세력'으로 불리는 이들이 전통적 윤리나 가치를 지키려는 세력이 아닌 것이며, '진보 세력'이 전통적 윤리나 가치를 바꾸려는 사람들도 아닌 것이다. 우리나라의 진보와 보수의 구분은 정확히 말하면, 사상적 좌파와 우파 즉 사회주의 지지파와 자유민주주의·자본주의 지지파 간의 대립 성격이 더 강하다. 이런 구분은 서구에서도 한때 유행했으나, 지금은 이런 성격은 많이 희석되었다. 물론 서구사회에서도 아직 '우파'와 '좌파'라는 구분이 있지만 이들은 대개 자유민주주의 안의 우파와 좌파이지 자유민주주의파와 공산주의파의 대립이 아닌 것이다. 세계적으로는 소련이 공산주의 노선을 포기한 이래 덩샤오핑 지도하의 중국도 자본주의 경제를 도입하는 등, 양 진영 간의 갈등과 긴장이 완화되었지만, 최근 중국이 그간의 자본주의 경제발전을 바탕으로 공산주의적 이념과 가치를 강화하고 있으므로, 아직도 자유민주주의 우파와 공산주의 좌파의 대립과 갈등은 존재하는 것이다. 이런 나라들도 우리 사회와 같이 지식인들은 근본적 체제에 대한 고민을 할 수밖에 없는 상황이라고 할 수 있다.

그렇다면 자유민주주의 문화의 핵심적 가치들은 어떤 것들이 있고 그런 가치들은 어떤 근거를 갖고 있는지에 대해 알아보기로 하자.

II

서구적 가치관
- 자유민주주의와 시장경제(자본주의)

자유민주주의는 서구에서 발전한 제도이므로 서구의 역사와 가치관 변천과 밀접한 관계가 있다. 자유민주주의 역사는 잘 알려져 있으나 그 기본이 되는 가치에 대해서는 우리 사회가 너무 간단히 생각하는 경향이 있다고 생각된다. 그들의 역사나 정신사의 변천을 모르면 자유민주주의를 잘 이해하기 어렵다고 본다. 물론 이런 가치를 서구의 특수한 상황과 연결시켜서는 안 된다고 본다. 비록 서구에서 먼저 시작했으나 그런 가치들은 동양은 물론 다른 지역에도 적용할 수 있는 것이다. 인간은 인종과 지역을 넘어 보편적 사고를 할 수 있기 때문이다.

먼저 역사를 간단히 살펴보자. 민주주의는 고대 그리스 폴리스(polis, 도시국가)에서 직접민주주의 형태로 존재했다. 폴리스 안의 모든 사람이 민주시민의 자격이 부여되었던 것은 아니고, 노예나 외국인, 여성과 미성년을 제외한 성인 남자들에게 시민권이 주어졌다. 노예가 아니라도 신분이 낮아서 시민권(선거권과 피선거권 등)이 없는 부족들이 한 국가 안에 존재했다. 즉 현대와 같은 형태의 민주주의는 아니었다. 민주주의가 비교적 잘 발달했던 아테네의 경우에도 여성과 노예는 선거권·피선거권이 없었다. 어떤 직책에 임명되는 것도 선거를 통하기보다는 추첨을 자주 사용하였다. 그럼에도 정치권력과 세력은 있었고, 선동(웅변)과 포퓰리즘(populism)이 그 수단이 되었다. 즉 선동적 연설을 통해 대중의 마음을 움직이고 자신들 뜻대로 정치를 펼쳤다. 따라서 정치인을 꿈꾸는 자들은 대중의 마음을 사로잡기 위해 선동술 또는 수사학(rhetoric)을 배우는 것이 아주 중요했다. 선동가들은 때때로 사회에 심각한 해악을 끼쳤으며, 이런 현상을 방지하기 위해 도편추방제 등을 두었지만, 언제나 효과적이지는 않고 정적들을 추방하는 방편으로 악용되기도 했다.

근대적 민주주의 시발점으로 1215년 영국의 대헌장(Magna Carta)을 꼽을 수도 있다. 이것은 당시 귀족들이 국왕을 압박해서 국왕의 권리를 제한한 문서이며 이에 국왕이 서명한 것에서 그 의의를 찾을 수 있다. 그 내용은 국왕이 의회가 제정하는 법을 준수하며, 의회의 법 절차를 보장하는 등 국왕의 절대 권력을 견제하기 위한 것이다. 이 사건을 근대 민주주의 시초로 볼 수 있는 이유는 왕의 절대 권력을 의회가 견제할 수 있음을 보여준 것이다. 물론 당시 의회는 평민들의 선거로 구성되는 것이 아니라 세습귀족들로 구성되었으므로 현재의 민주주의 제도에서 운영되는 의회와는 성격이 달랐다. 이후 자유민주주의는 서양의 3대 혁명[영국의 명예혁명(1688년), 프랑스 대혁명(1789년), 미국 독립전쟁(1775년)]을 거치며, 정치적으로 모양새를 갖추게 되었고, 그 이면에는 정치 철학자들에 의해 국가 권력의 본질과 민주주의를 위한 새로운 이론이 제시되었다. 또한 계속적인 생산력의 발전(경제 발전)으로 일반 평민들도 경제력을 갖게 되고, 교육을 통해 정치적 역량도 갖추게 된 것이다. 경제력의 향상으로 교육기관도 발전하면서, 의무교육 확대 및 민주주의적 교양과 윤리의 확립으로 오늘날 서구 민주주의 문화가 꽃 피우게 되었다고 할 수 있다.

　자유민주주의 시대의 이론을 이해하기 위해서, 먼저 그 이전 시대의 정치 이론을 알아보자. 민주주의 이전 국왕의 권력은 왕권신수설, 즉 왕의 권한은 신이 주신 것이라는 신념으로 정당화되었다. 이것은 동·서양이 모두 같다고 할 수 있다. 서양에서는 기독교적 신이 부각되었고, 동양에서는 구체적 신 개념보다는 자연이라는 개념이 등장하게 된다. 신이 특정한 인간을 선택해서 권력을 부여하든, 어떤 인간이 천명을 받아 왕이 되는 것이 자연적 질서에 부합하든, 왕들에게는 신이 권력을 부여했다는 증표가 필요했다. 그 증표가 바로 신화이다. 어떤 왕조가 성립하든지 이 신화가 동반된다. 전쟁에서 신이 아군 편을 들어 승리했다든지. 왕이 되는 자가 특정한 탄생설화를 갖고 있다든지, 신이 계시를 통해 왕으로 점지해주었다든지 하는 이야기들이다. 특정 왕조 하에서는 이런 신화가 사실처럼 대중들에게 전파되어 하나의 문화를 형성하게 된다. 그런 신화를 공개적으로 의심하는 자는 그 나라의 훌륭한 신민이 될 수 없다. 대부분의 사람들은 신화를 철석같이 믿음으로써 정치 이론이 되고, 왕조의 권위와 왕조 사회의 질서에 순응하게 된다.

그러나 이런 이론으로는 군주제 외에 다른 정치 형태나 군주가 혁명으로 뒤바뀌는 상황을 잘 설명하지 못한다. 군주제 외에는 다른 제도가 합리화되기 어렵다. 군주의 권한을 대폭 제한해서 국회가 중심이 되는 입헌군주제나 민주주의는 왕권신수설과 충돌할 수밖에 없고, 선거를 통해 정치권력을 이양하는 것도 이해되기 어렵다. 특히 신으로부터 임명된 왕을 내쫓는다든지 재판을 통해 제거한다든지 하는 일들은 도저히 인정할 수 없는 것들이다. 새로운 상황을 설명하고 정당화하는 다른 권력론이 필요하게 되었으니, 그것은 바로 계약론이다. 즉 정치권력은 하늘이 주신 것이 아니라, 사람들이 서로 가상의 계약을 통해 사회를 구성하고 자신들의 권력을 정부에 위임한다는 것이다. 정치권력이 하늘에서 주어지는 것이 아니라 땅(사람들 간의 합의 또는 계약)에서 만들어진다는 것이다. 물론 여기서 말하는 계약은 실제 계약, 실생활에서의 계약이 아니라, 가상적 계약 또는 사고실험적 계약을 말한다. 어떻게 보면 단순한 이 발상의 전환이 근세 시대 서양과 동양의 사회적 차이를 구분짓는 근본적 특징이 되고 말았다. 서양에서는 과거의 문화를 벗어던지고 새로운 또는 진보적 방향으로 나갈 수 있는 기틀이 마련된 것이지만, 동양에서는 군주제적 또는 봉건적 사고방식과 문화에서 탈피하지 못하는 상황이 되고 말았다. 예를 들어, 조선시대에 발생했던 많은 정치적 갈등이나 신분적 차별 등 사회문제가 존재할 때, 그 누구도 계약이라는 개념을 통해 정치권력을 재편하고 사회의 근본 문제들을 해결하려는 생각을 갖지 못했다. 잘해야 역성혁명, 즉 왕조를 갈아치우는 해법을 제시했을 것이다. 왕조가 바뀔 경우 처음에는 사회질서가 재편되면서 기존 사회에서 보이던 많은 문제가 해결될 수도 있지만, 군주제가 갖는 고유한 문제들은 또다시 등장하게 되었을 것이다. 고려 사회가 갖고 있던 문제들을 신생 조선왕조가 많이 해결했으나, 비슷한 문제들이 또 등장하는 것으로 예를 들 수 있다. 우리 사회에서는 이런 군주제적 문화와 관습이 뿌리 깊기에 과거의 문화와 전통을 재평가하고 어떻게 자유민주주의 문화를 수립할 것인가에 대한 고민이 아직도 충분하지 않다고 할 수 있다. 신이나 하늘이 세속적 권력을 누구에게 준다는 왕권신수설을 우리가 더 이상 받아들이지 않는다면, 아직까지 계약론 외에 다른 정치권력의 근거를 생각할 수 없다. 계약론이 내포하는 진지한 의미를 잘 이해해야 한다고 본다.

이런 자유민주주의 이론틀을 제일 먼저 제시한 사람이 영국의 토마스 홉스(Thomas Hobbes, 1588~1679)이며 존 로크(John Locke, 1632~1704)는 현실 자유민주주의에 가장 큰 영향을 끼친 인물이라고 할 수 있다. 그들의 이론을 살펴보기로 하자.

1. 토마스 홉스의 계약론

(1) 자연 상태와 계약

홉스의 정치철학은 자연법과 계약론이라는 큰 특징을 가진다. 그는 "정치권력이 어떻게 정당화되는가?"라는 의문에서 출발한다. 이전 모든 정치권력, 즉 대부분의 군주제는 왕권신수설에 의해 정당화되었으나 홉스는 이 이론을 거부하고, 정부나 정치권력이 부재하는 상태(자연상태)에서 출발해서, 인간의 이성이 어떻게 정치권력을 암묵적 계약에 의해 탄생시키는지(또는 정치권력이 어떻게 인간의 이성적 사고에 의해 정당화될 수 있는지)를 설명한다. 인간의 이성이 차근차근 전개되어가는 과정을 홉스는 자연법이라고 불렀다. 이 과정을 편의상 단계로 구분하며 설명해보자. 홉스의 생각을 소개하고 그의 생각을 좀 더 상세하게 해석하도록 하겠다.

① 자연 상태(state of nature)는 정부나 공권력이 없는 상태이며 아무도 나의 행동(다른 사람의 행동)을 실정법으로 제재하지 못하는 상태이다. 서로가 완력이나 무력을 써서 상대를 제압하거나 통제할 수 있으나 경찰 같은 국가권력은 존재하지 않는다. 여기서도(홉스에 의하면) 행위의 좋고 나쁨을(도덕적으로) 판단할 수 있으나 그런 도덕적 판단이 인간의 행위에 미치는 영향력은 미미하다고 본다. 사람들이 이런 상태, 즉 공권력이 완전히 무력해진 상태는 실제로 거의 경험할 수 없다. 이것은 상상 속의 상황으로 이런 가정된 상황을 통해 인간과 인간 사회의 적나라한 기본 상황을 드러내려는 것이 홉스의 의도인 것이다. 이 자연 상태라는 개념은 단순해보여도 홉스의 놀라운 창작물이라고 할 수 있다. 홉스 이후 모든 계약론자들이 그의 자연 상태

또는 유사한 상황을 가정하여 각자 특유의 계약론을 제시하고 있다. 이 자연 상태가 갖는 의미 중 하나는 인간의 자유가 삶의 기본조건으로 또는 자연적으로 주어진다는 것이다. 즉 기본적 자유를 다른 인간이나 사회 체제가 부여하는 것이 아니라는 것이 아니며, 인간은 자유롭게 태어난다는 것이다. 이에 반해 독재 체제나 전체주의 체제에서는 자유를 국가 권력이 부여하는 것으로 보는 것이니 인간은 태어날 때부터 무엇인가에 예속되어야 한다고 보는 것이다.

② 자연 상태에서 모든 사람은 자연적으로 평등하다는 것이다. 사람에 따라 장단점이 있고 능력의 차이가 있지만, 전체적으로 보자면 거의 동등한 능력을 가지고 있다고 볼 수 있다는 것이다. 힘이 약한 사람도 꾀를 쓰거나 다른 사람과 힘을 합쳐 힘센 사람을 제압할 수 있다는 것이다. 또 여러모로 장점이 많은 사람도 약점은 있다는 것이다. 잠 잘 적이라든지 병이 들었을 때에는 가장 취약한 상황이 되는 것이다. 또 다른 예로, 힘도 세고 머리도 좋은 사람이 용기가 부족하거나 힘도 세고 용기가 있는 사람이 상황 파악 능력이 떨어질 수 있다. 이런 약점들은 때때로 한 사람의 모든 장점을 무력하게 할 수도 있다. 그러니 인간들 사이에 개별적 능력의 차이가 있지만 총체적으로 보면 능력이 비슷하다는 것이다. 공산주의나 사회주의 또는 유교사회에서조차도 자본가와 노동자, 양반과 상민 같이 강자와 약자를 구분하고 그런 구분에 의한 인간 능력 차이를 넘을 수 없는 것처럼 생각한다. 따라서 이런 이론들은 항상 계급주의를 옹호한다. 그러나 홉스는 이런 구분을 부정하며 나아가 인간을 계급적으로 구분하는 것을 거부한다. 그래서 자유민주주의에서는 계급 구분을 배제하며

모든 시민이 평등하다는 입장을 취하게 된다. 또 기본적 능력의 평등이 시사하는 바는, 스스로의 장점을 계속 찾고 계발하라는 의미도 포함된다. 자신을(또는 다른 어떤 사람을) 약자로 규정하고 계속 돌봐주기만 해야 한다는 생각은 기본적 능력의 평등과 맞지 않는다. 인간의 존엄성과 가치는 스스로를 계발할 수 있는 능력을 가졌다는 사실과 무관하지 않다.

③ 홉스에 따르면, 자연상태에서 서로 간의 평등함으로부터 다른 사람에 대한 불신과 두려움 등이 나온다. 인간들의 동등한 능력은 비슷한 욕구와 목표를 낳는다. 즉 욕구의 대상이 어느 정도 부족할 때, 사람들은 상대를 제거하거나 복속시키려 한다. 즉 다른 사람들의 물자나 자유를 빼앗으려 하기 쉬우며 서로 간에 경계하고 불신하는 상황으로 치닫는다는 것이다.

상호 불신으로 자신의 안전(security)이 불확실해지니, 다른 사람에 대한 불신과 두려움은 경쟁, 투쟁을 지나 전쟁으로까지 치달을 수 있다. 즉,

- 능력이 비슷하므로 타인들을 모두 복속시키거나 제압할 수 없다.
- 욕망이 비슷하므로 타인들과 경쟁 관계에 놓이고 이것은 갈등을 유발한다.

그래서 사람들 간에 불화를 일으키는 3가지 요인은 경쟁(competition), 불신에서 오는 조심성(diffidence), 그리고 영광(glory)이라고 홉스는 말한다.

④ 이렇게 정부가 없는 곳에서는 항상 '만인에 대한 만인의 투쟁[War of all(everyone) against all(everyone)]'이 존재한다. 이것은 사람들이 실제 항상 다투고 있다는 것이라기보다는 불신에 의한 긴장 상태에

있고, 싸움(투쟁)이 시작되면 말릴 수 있는 방법이 없으니 전쟁 상태와 같이 된다는 의미이다.

⑤ 투쟁으로부터 오는 불편함이 매우 심각하다.

- 생존에 대한 보장이 없으니 물자를 생산하는 일이 어렵다.
- 문화, 예술, 문학, 과학 등도 발전하기 어렵다.
- 항해나 물자의 교역 등도 지속적으로 수행하기 어렵다.

따라서 사람들은 공포에 떨며 난폭한 죽음에 노출되면서 가난하고 짐승 같은 짧은 생을 살 수밖에 없다.

⑥ 이런 문제들을 절감한 사람들은 자신들의 생명과 안전보장을 위해 법에 의한 지배를 받는 시민사회로 진입한다는 것이다. 홉스에 의하면, 이런 자연상태에서의 불안정을 벗어나기 위하여 계약을 맺고 자연상태의 권리(천부인권), 즉 자기가 하고 싶은 대로 하는 자유를 포기하는 것인데, 이것은 서로의 안전과 생명을 지키기 위한 것이다. 권리의 상당 부분을 포기하는 계약을 맺어 국가와 법을 만들고, 국가는 구성원의 처벌권을 갖는다. 사람들이 욕망과 탐욕을 버리기 어려우므로 타인에 간섭하는 권리(통치권·지배권)를 완전히 포기하고 국가에 위임하여야 한다. 국가는 질서유지 등을 위한 조세권, 관리임명권 등을 가진다. 정부체제로는 군주제, 귀족제, 민주제 등이 선택될 수 있다. 또 주권자(sovereign)는 권한을 위임받았으므로 계약의 존속을 위한 의무가 있다. 따라서 일시적 권한 오·남용은 허용되지만 지속적인 경우 계약 자체가 깨지고 의무 위반이 된다. 여기까지 보자면 홉스는 폭정에 대한 시민들의 저항권을 말하고 있는 듯하지만, 실제로는 그렇지 않다. 그는 저항권을 명시하지 않았을 뿐만 아니라, 오

히려 주권자(홉스에게는 시민들이 아니라 통치자를 말함)가 부당하게 보이는 행동을 한다 해도 그에게 복종하는 것이 정의(justice)라고까지 말한다. 이것은 그가 살던 시대상황과 밀접한 연관이 있다. 그가 살던 시대의 영국은 귀족들이 지방에 근거하며 반란을 자주 시도하던 시기이므로 백성들과 국가는 반란에 시달렸다. 저항권을 명시한다면, 반란은 더욱 자주 일어나고 국가나 백성들에게 좋을 것이 없다고 판단한 듯하다. 저항권을 명시한 사람은 나중에 설명할 존 로크였다. 홉스는 이런 일련의 과정을 자연법(이성의 법칙)으로 설명한다. 즉 계약의 단계적 진행이 실제 일어나는 상황은 아니지만, 생각할 수 있는 능력(이성의 능력)을 가진 사람이라면 누구나 그 진행 과정에 자연스럽게 동의할 수 있다는 것이다. 그런데 홉스가 이 계약론을 발표했을 때부터 사람들은 그의 인간성에 대한 견해가 옳은지 또 그런 인간성에 기초한 계약이 납득할 만한 것인지에 대해 논란이 있어 왔다. 예를 들어보자.

(2) 홉스 계약론의 의미와 이론의 엄밀성

홉스 당시 사람들은 홉스의 이론에 대해 여러 가지 질문을 던지고 홉스가 그에 대한 답변을 한다. 그중 한 가지를 소개해보자.

[질문]
  인간의 본성이 너무 이기적으로 묘사되고 투쟁도 극단적으로 설명되지 않는가? 인간들은 홉스가 묘사하는 것보다는 선하고, 스스로의 안전에 대해 항상 불안에 떠는 것도 아니다.

[답변]

예를 들어, 여행을 갈 때에 동행을 구하고, 여인숙에서 잠잘 때에 문을 잠그지 않는가? 그 이유가 모든 사람들이 난폭하기 때문에 그런 것이 아니다. 소수의 난폭자와 욕망 추구의 과정에서 발생하는 갈등은 언제나 주변에 있다. 강제성 있는 법으로 행동을 규제하지 못할 때, 욕망의 분출은 언제나 투쟁과 폭력으로 이어질 수 있다. 이렇게 자연 상태(state of nature)는 전쟁 상태(state of war)로 발전한다.

이와 같이 홉스가 상정한 인간 행동의 동기, 즉 생존이나 안전의 확보 등은 계약에 이르는 과정에서 주된 역할을 하고 있다. 그가 보기에는 인간의 행위에서 도덕의 역할이 크게 축소되어 있다. 계약론적 맥락 밖에서도 그는 인간 행위를 이익의 추구, 처벌에 대한 두려움 등으로만 설명한다. 또 사회의 안정, 질서 존중 등을 설명하는 과정에서도 도덕의 역할은 거의 없다. 홉스의 입장에서 변명해보기로 하자.

첫째, 홉스는 인간을 비도덕적이라고 보기보다는 자연상태 같이 공권력이 무너진 상황에서 도덕적 행동이 문제 해결의 핵심도 아니고 도덕적 행동을 하는 사람들이 적을 수밖에 없다는 평범한 진실에 입각한 사고를 한다고 볼 수 있다. 오히려 그런 상황에서는, 충동과 감정에 의한 행동이 도덕적 행동에 앞선다고 보는 것이 현실적일 것이다. 사람들이 도덕적 마음을 갖고 도덕적 행동을 잘 수행하기 위해서는 어렸을 때부터 충분한 교육을 받아야 하며, 안정성 있는 사회가 전제되어야 한다고 본다면, 자연상태에서는 사람들의 도덕적 행동을 기대하고 도덕심에 호소해서 문제를 해결하기는 어려울 것이라는 것이 홉스의 생각인 듯하다.

둘째, 홉스가 도덕적 행동에 크게 의지하지 않는 또 다른 이유는, 비록 소수일 수 있지만, 항상 사악한(wicked) 인간들이 존재하고 이런 사람들을 가려내기가 힘들다는 점에 있다고 본다. 따라서 사람들은 항상 조심하고 의심하며 자기 방어적인 자세를 가질 수밖에 없다는 것이다. 질이 나쁜 인간들은 자연적으로 어디에나 존재하며 그들을 단지 도덕적으로 취급한다고 해서 사악함이 없어지는 것이 아니고 안전 문제가 해결되는 것이 아니라는 점을 고려해야 한다. 예를 들어, 연쇄 살인범이 아무런 공권력이 존재하지 않는 자연상태에서 마음대로 활개칠 때, 그들에게 도덕적 마음을 호소한다고 무슨 문제가 해결되겠는가? 그래서 질 나쁜 인간들을 통제하고 나쁜 행동을 제어하는 기능이 필요하다는 것이다. 그런 필요성과 요구에 의해 정치권력이 탄생한다는 것이다.

셋째, 홉스의 이론에 따르면 현대 사회는 자유와 평등 같은 가치 추구를 기초로 해서 만들어지는 것은 맞지만, 그런 가치의 추구가 어떤 도덕성, 예를 들어 박애정신이나 동포애 같은 것들에 의해 만들어지지 않는다는 것이다. 다시 말하면, 자유와 평등이 도덕적으로 좋은 가치이지만 다른 도덕 가치로 환원되기보다는 생존과 안전보장 같은 것들과 더 밀접하다는 것이다. 언뜻 보기에는 도덕성을 너무 최소화하는 것이라고 볼 수도 있지만, 여기에는 아주 중요한 점이 포함되어 있다. 만약 자유와 평등이 다른 도덕 가치로부터 나오는 것이라면, 자유와 평등을 인권 또는 기본권이라고 설정하기 어렵게 된다.

예를 들어보자. 어떤 신의 명령이 있어서 인간들은 서로 존중하고 사랑하는 박애 정신 또는 동포애를 주셨고 그래서 인간 사회가 만들어졌다는 설명이 있다고 하자. 또 인간 사회의 기본권으로 자유와 평등이 주어졌다고 하자. 이런 설명에서는 자유와 평등이 가장 기본적 권리, 누구나 양보할 수 없는 권리가 되기 어렵다. 왜냐하면 더 근본적 가치로서 박애 정신, 동포애, 사람 등이 존재하고 그런 가치를 위해서 개인의 자유와 평 등은 언제나 양보될 수 있기 때문이다. 그래서 이런 논리에서는 자유와 평등이 기본권이라는 주장이 무의미해진다. 반면 홉스식 논리에서는 자 유와 평등이 기본권이라는 말은 다른 어떤 도덕 가치에 의해서도 양보되 거나 훼손되거나 제한될 수 없는 것이다. 예를 들어, 어떤 사람이 경제적 으로 어렵다고 해서 내가 그를 돌봐주도록 강요받는다든지 내 재산을 나 의 동의 없이 가져다가 그에게 준다면 이 상황은 나의 기본권인 자유가 훼손되는 것이다. 그러나 이런 기본권이 박애정신이나 동포애 같은 것에 기초한다면, 이 기본권 훼손 정책들이 큰 문제가 없는 것이다. 이것이 바 로 홉스 같은 계약론자들이 받아들이기를 거부하는 것이다. 자유와 평등 같은 것들이 인권이고 기본권이라면 다른 어떤 도덕 가치나 정부 정책으 로 제한할 수 없는 것이다. 이것이 바로 인권과 기본권의 개념이자 특징 인 것이다. 그런데 이런 깨달음이 적은 곳에서는 인권과 기본권을 광범 위하게 또 임의적으로 이해하는 경향이 강하다.

예를 들어, 기본권이나 인권을 새로 만들어 보장해 주면 그것 자체가 도덕적으로 좋은 행위라고 보면서 자꾸 그런 권리를 만들어내는 것이 도 덕적이라고 오해하는 것이다. 또 인권의 종류를 자꾸 만들어내면서 정작 가장 중요한 인권이자 기본권인 자유와 평등을 손상시킬 수 있는 것이 다. "어떤 특정 부류의 사람들에게 더 많은 권리를 주어야 하므로 당신들 이 양보하고 참아라."라는 입장이 있다면 그것은 반대로 참고 양보하는 쪽의 인권 손상을 전제로 한 것이 된다. 이렇게 인권에 대해 부정확한 생각이 팽배할 때, 우리나라 같이 '인권 과잉국'이 되면서 정작 지켜지고 보장받아야 할 인권은 무시되는 것이다.

또 다른 예로, 빈번히 언론의 자유나 표현의 자유가 무시되는 경우가 있다. 혹자는, "지나친 언론의 자유나 표현의 자유는 어떤 사람들의 기분을 나쁘게 하거나 수치심을 느끼게 하므로 제한해야 한다."고 말할 수 있다. 이 말이 맞다면, 기분이나 수치심은 자유보다 더 보호받아야 할 기본권이 되는 것인데 그런 것들이 왜 기본권이 되어야 하는지에 대해서는 아무런 근거가 없다. 오히려 지켜져야 할 기본권인 언론의 자유나 표현의 자유가 무시되는 것이다.

여기서 생각해봐야 할 점은 과연 홉스 같은 계약론자들이 박애정신, 동포애 등을 중요하지 않다고 보는 것일까? 그렇지 않다고 본다. 그런 도덕 가치들이 중요하지만, 정부가 나서서 강조하거나 시민들에게 강요해서는 안 된다는 입장이다. 자유와 평등 등 가장 기본적인 가치를 정부와 국가는 보장하고 다른 도덕 가치들은 시민들이 자발적으로 추구하는 것이다. 앞서 살펴본 대로 정부가 나서서 여러 도덕 가치들을 시민들에게 강요한다면 그런 행동으로 인해 자유와 평등 등 진짜 기본권은 손상되고 사회 자체가 전체주의로 흘러갈 수 있기 때문이다. 간단히 말하면, 정부는 도덕이나 도덕성을 구현하기 위한 단체나 도구가 아닌 것이다. 이 점이 오랫동안 유교적 이상 추구에 젖어왔던 대한민국 사람들이 받아들이기 어려운 것이다.

그렇다면 기분이나 수치심은 어떻게 다루어야 할까? 누군가가 자유를 행사하는 과정에서 다른 사람의 기분이나 수치심을 건드릴 수 있는 것이다. 이 문제는 앞서 말한 대로, 관용과 인내심을 발휘해야 하는 문제이면서, 예절과 에티켓으로 다루어야 할 문제이다. 누군가가 나의 기분을 해치다면 일단은 관용의 정신으로 인내하지만, 도가 지나치게 된다면 상대가 예절을 벗어나고 있음을 상기시키는 것이다. 물론 지속적으로 예절을 벗어나는 행동을 한다면, 당사자와 절교를 할 수도 있다. 그럼에도 집착적으로 나의 기분과 수치심을 건드린다면 법에 호소할 수 있는 것이다. 그런데 상대방이 일회적 또는 무의식적으로 나의 기분이나 수치심을 건드렸다고 법에 호소를 하는 것은 불합리하다고 본다. 기분이나 수치심이 자유를 앞서는 인권·기본권이 될 수 없고, 만약 법에 의해 기분과 수치심을 건드리는 모든 행위를 처벌한다면, 시민들의 소통은 엄청나게 제약을 받게 될 것이다.

또한 우리가 주목해야 할 것은 홉스가 추구하는 이론의 일관성이다. 그는 자신의 독특한 개념인 자연 상태로부터 출발해서 논리적으로 그의 정치 이론을 구축해간다. 그런데 앞서의 질문과 답변에서 본 바와 같이, 홉스가 생각한 인간의 기본 성품이 비현실적이라면, 그의 이론은 설득력이 없다. 예를 들어, 인간이 기본적으로 아름답고 훌륭한 성품만을 가진 존재로 설명된다면, 현실에서 일어나는 많은 사회악이나 갈등들을 설명하기 곤란해지는 것이다. 또한 이론 자체의 일관성도 중요하다. 계약론 같은 정치 이론은 인간 사회를 설명하기도 하면서 인간 사회에 적용해서 권력의 근원을 규정하고 사회 구성원들에게 의무와 권리를 배분하는 것이다. 그런데 일관성이 떨어지면 그 이론을 적용한 사회에서 어떤 모순적 현상이 나타날 수 있다. 예를 들어, "모든 인간은 평등하다, 그러나 어떤 인간은 더 평등하다."라든지 "인간은 소중하다. 그러나 목표를 달성하기 위해서는 엄청난 인명 손실도 감수하는 것이 옳다."와 같은 주장에서 일관성의 결여를 찾아볼 수 있다. 모든 인간이 평등하다고 하면서도 계급적 차별을 옹호하는 것은 일관성이 없는 것이며, 인간의 생명이 소중하다고 하면서도 인간의 생명을 하찮게 여기는 것은 일관성이 떨어지는 것이다. 홉스 이론의 계약론이 동양적 정서에 잘 맞지 않는 부분은 있어도 그의 이론에서 일관성의 결여를 찾기는 쉽지 않다. 그런데 이 권리와 의무의 배분 구조, 즉 사회의 기본 이론이나 이념이 일관적이지 않고 공정하지도 않다면 어떤 문제가 일어날까? 어떤 부류의 사람들에게는 과도한 의무만 지우고 상응하는 권리를 보장하지 않는 이념이 한 사회의 기본 이론이 된다면 언젠가는 이런 억울한 사람들에 의해 혁명 같은 것이 일어나 그 제도를 파괴하고자 할 것이다. 또는 그 사회의 종말이 찾아올 수도 있다. 역사상 많은 국가와 사회가 내부의 잘못으로 사라져갔음을 잊지 말아야 한다.

홉스의 이론을 단지 학문의 세계 안에 가둘 수 없는 이유는 그가 국가 권력의 근본에 관한 질문을 던졌고 그 대답 이상의 적절한 대답을 찾을 수 없다는 것에 있다. 그의 계약론에 의해 현대적 국가 개념 또 자유민주주의가 성립할 수 있었던 것이다. 여전히 많은 사람들이 계약론의 진정한 의미를 잘 깨닫지 못하고 있다고 생각된다. 대부분의 사람들은 현대 사회를 전통 사회의 연장 정도로 생각한다. 우리나라에서도 현 대한민국을 조선시대의 연장으로 생각하는 경향이 있으며, 또는 혈연에 기초한 전통 사회의 연장선상에서 대한민국을 이해하는 사람들이 많다. 또 좌파에 경도된 사람들은 '극가란 무제한의 폭력' 위에 기초한다며, 대한민국 역시 자본가들이 갖고 있는 폭력적 힘에 근거한다고 보기도 한다. 이런 생각들은 전혀 잘못된 것이다. 대한민국이 1948년 이후 국회에서 제정된 헌법을 바탕으로 성립된 사회라는 것은 이미 계약론을 근거로 한 국가라는 것이다. 과거 혈연에 기초한 사회 또는 신분적 사회와 완전히 단절한 것이다. 그렇기 때문에 시민들은 계약의 주체로서 자유와 평등을 보장받고 동시에 법에 의한 권리와 의무를 동등하게 지고 있으며 자율적 판단으로 스스로 삶을 책임질 수 있는 가치 있는 존재임을 자각해야 하고 그런 가치 있는 삶을 잘 수행하기 위해 노력해야 함을 명심해야 한다.

계약론은 몇 십 년 후 존 로크에 의해 다시 제시되는데 홉스의 계약론과 어떻게 다른지 또 유사한 것은 무엇인지 살펴보기로 하자.

2. 존 로크의 계약론

(1) 로크의 자연 상태

로크의 계약론은 홉스와 마찬가지로 자연 상태(state of nature)에서 시작한다. 그런데 홉스가 발명한 자연 상태의 개념을 홉스에 대한 언급 없이 도입해서 쓰고 있다. 로크의 자연 상태는 공권력이 부재하다는 홉스의 자연 상태와 같은 것이지만 로크는 인간성에 대한 홉스의 묘사를 받아들이지 않는다. 로크의 자연 상태에서도 정부와 공권력이 없고 안전도 보장되지 않으나 인간들은 홉스가 얘기하는 것처럼 욕망에 사로잡힌 인간들이 아니라 상당히 도덕적인(이성과 인내심을 갖춘) 인간들로 사리 분별력을 가지고 있다고 말한다. 즉 자연 상태(state of nature)라고 해서 이것이 전쟁 상태(state of war)로 떨어지지 않는다는 것이다. 로크는 자신의 이론을 전개하는 도중에 성경을 자주 인용하며, 신이 인간에게 부과한 의무 등에 대해 얘기한다. 인간들의 도덕심으로 자연 상태가 전쟁 상태로 추락하지 않는다는 것이다. 물론 로크의 입장은 신의 말씀에 의한 인간의 도덕심을 말할 뿐, 왕권신수설 같이 신의 명령이나 의지에 의해 정치 권력을 정당화하지는 않는다.

로크의 자연 상태는 홉스와 거의 비슷하므로, 이론적 특이점들에 대해서만 설명해보기로 하자. 그는 홉스와 마찬가지로 인간들의 능력이 기본적으로 평등하다고 말하며, '심하지 않은 결핍(moderate scarcity)'도 동의한다. 앞서 말한 대로 인간들 개개인의 총체적 능력은 평등한 것이며, 이 시각이야말로 계급제도를 부정하는 중요한 논거이다. 과거에는 혈통이나 가문에 의해 인간들의 계급적 구분을 당연시했는데, 조금만 찬찬히 생각해보면 이런 주장이 근거 없다는 것을 알 수 있다. 훌륭한 위인의 자녀가 꼭 훌륭한 인간이 된다는 보장이 없으며, 가난한 부모의 자식이 계속해서 가난한 것도 아니다. 인간들은 각자 잘 할 수 있는 분야가 있으므로, 능력과 잠재성을 서열로 매길 수 없을 것이다. 그래서 인간은 평등하다고 볼 수 있는 것이다. 최근 인간 유전자 조사로 개개인의 능력치를 완벽히 측정할 수 있는 것처럼 말하는 사람들도 있다. 그러나 이런 측정도 변화무쌍한 상황 속에서 인간이 어떤 능력을 발휘할 수 있는지 완벽하게 보여주는 것은 아니다. 인간이 저마다 다른 능력을 갖고 태어나며 어떤 이들이 좀 열등해 보이는 자질을 갖고 태어난다 해도, 노력과 기회 포착, 용기 등을 통해 자신의 역량을 발휘하고 개인적 성공을 통해 세상에 공헌할 수 있는 것이다. 이전의 사상들에 비해 이런 특징을 갖고 있다는 것이 자유민주주의의 뛰어난 점이라고 할 수 있다.

'심하지 않은 결핍'이란 인간들에게 필요한 물자가 아주 많지도 아주 적지도 않다는 의미이다. 홉스와 로크뿐만 아니라 많은 학자들에게 이

'심하지 않은 결핍'은 인간 사회의 기본적 조건으로 여겨진다. 이 간단해 보이는 조건은 사실 큰 중요성을 갖고 있다. 만약 인간 사회가 절대적 결핍(absolute scarcity) 상태에 있다면 우리의 삶은 어떻게 될까? 상상에 의존할 수밖에 없지만, 생활에 필요한 물자가 아주 귀하다면 사람들 간에 협력을 위한 사회를 구성하기보다는 약육강식과 같은 야생적 삶을 살 수밖에 없지 않을까? 그러나 인간의 기본 환경이 그렇지 않기 때문에 서로의 협력이나 공동생활이 의미가 있을 것이다. 홉스와 로크의 자연 상태에서도 인간들이 '심하지 않은 결핍'을 알기 때문에 계약과 합의를 통해 시민사회와 국가를 구성하겠다는 생각을 갖게 되는 것이다.

반대로 '결핍의 부재(no scarcity)'라는 삶의 조건을 생각해보자. 예를 들면, 성경에 나오는 것 같이 하느님이 광야의 유대인들에게 만나(manna)를 필요할 때마다 주시거나, 기타 필요한 물자를 어디서인가 누구로부터 무제한 공급받는다면 우리는 이 '결핍의 부재' 상태에 있을 것이다. 이런 상태에 인간들이 놓여 있다면, 생존을 위한 노동을 할 필요도 없고 서로 다툴 일도 없으며, 아마도 느슨한 정치 사회를 구성하려고 할 것이다. 예로부터 사람들이 이상향을 설정할 때에 이런 결핍이 없는 사회를 상정하곤 했었다. 칼 마르크스도 『독일 이데올로기』라는 책에서 이와 비슷한 이상향을 언급한 적이 있다. 그러나 이런 이상향이 현실적으로는 가능하지 않은 것이다. 앞으로 산업의 발전으로 기본적 의식주가 별 어려움 없이 누구에게나 충족될 수도 있다. 하지만 인간의 필요는 사회의 발전과 더불어 점점 증가하고 변하게 된다. 어떤 이들은 이런 필요의 증가를 '탐욕'이라고만 본다. 어떤 경우에는 탐욕인 경우도 있지만, 반드시 그런 것은 아니다. 현재 지금 우리의 상황을 보더라도 컴퓨터나 승용차 같은 탈

것이 꼭 필요하다고 할 수 있다. 과거 농경시대의 시각으로 본다면 불필요하고 탐욕적인 물자들이라고 할 수도 있지만, 일반적인 현대 생활을 위해서는 필수품이 되었다. 다시 말하면, 결핍이라는 것이 상대적 개념이지만, 미래 생활의 필수 요소가 점점 증가한다는 사실을 고려한다면, 생산력이 대단히 발달한다 해도 '심하지 않은 결핍' 상태를 벗어나기는 쉽지 않을 것으로 생각된다. 이런 '결핍' 상태를 해결하기 위해 인간들은 계속해서 서로 협력하고 거래하고 경쟁하며 삶을 살아가는 것이고, 자유와 평등, 책임 등 가치를 적용시켜 공정성 확보를 위해 노력하는 것이다.

다시 로크의 이론으로 돌아가 보자. 그가 자연 상태에서의 인간들을 상당히 도덕적으로 본다면, 왜 계약을 맺고 시민사회(civil society)로 진입한다고 보는가? 첫째 이유로 로크는 잘못을 저지른 사람들을 개인적으로 처벌하는 데서 오는 불편함(inconvenience)을 들고 있다. 자신에게 해를 끼친 사람을 지나치게 처벌할 가능성이 많고, 그 때문에 처벌 받은 자와 그 가족이나 친구들이 반발해서 큰 싸움으로 발전할 수 있다.

이런 상황은 많은 예를 들 수 있다. 어떤 도둑이 이웃집 쌀을 한 가마 훔쳐간 것이 발각되었다면, 피해자는 어떤 보상을 요구할 것인가? 훔친 쌀 한 가마에 범인을 찾는 데에 들어간 비용조로 쌀 한가마 도합 두 가마를 보상으로 청구했다고 하자. 그러나 도둑은 쌀 한 가마를 훔쳤을 뿐인데 그 두 배를 요구하는 것은 지나치다고 반발할 수 있다. 양 측의 동조자들이 합세하게 된다면, 명확한 처벌 기준이 없으니 작은 분란은 큰 싸움으로 발전할 수 있고 싸움이 일어나면 말릴 수 있는 방법이 없다는 것이다. 공권력이 미치지 못하는 지역이라든지 국제관계에서 이런 일들이 자주 발생한다. 로크에 따르면, 이런 갈등으로 말미암아 개인들의 생명과 자유, 재산이 손상될 수 있으므로 공정한 집행자(정부와 법)가 필요하게 되고 시민사회를 구성하는 계약을 맺게 된다는 것이다. 그런데 이런 과정의 묘사는 결국 홉스의 주장과 별로 다를 바가 없게 된다. 홉스도 자연 상태의 사람들이 항상 싸움을 하고 있다고 보지는 않았다. 단지 항상 싸움하는 상태와 같은 긴장감이 지배한다는 것이다. 이렇게 본다면, 이 부분에 관한 로크의 계약론은 홉스의 계약론과 대동소이하며 계약에 이르는 과정의 설명이 조금 다를 뿐이다.

그렇지만 로크의 이론에는 홉스가 언급하지 않았던 계약의 이유가 있다. 이것이 로크 이론의 두 번째 특징이라고 할 수 있다. 그는 계약의 이유로 사유재산을 보호하기 위함이라고 말한다. 참고로 로크 당시의 영국은 국왕의 지나친 과세로 의회와 국왕 간에 반목이 잦은 시기였다. 앞서 보았듯이, 홉스의 시대에는 왕에 대한 반란이 잦은 시기였다면, 로크의 시대에는 절대군주에 의해 개인들의 재산이 보호받지 못하던 시기라고 할 수 있다. 의회파였던 로크가 재산권의 보호를 주장했다고 할 수도 있으나, 그의 재산권 주장을 이런 시대적 상황에만 국한할 수는 없을 것이다. 나아가 로크는 재산권이 어떻게 형성되는지에 대한 이론을 제시한다. 그의 이론을 단계별로 설명해보자.

(2) 로크의 재산권 이론

로크에 따르면, 우리 모두의 생존을 위해서 하느님이 땅 위의 모든 자연자원을 공유하도록 주셨다. 이 말은 지극히 당연하기도 하지만 생각해봐야 할 점들이 있다. 모든 자연자원은 지금 세대의 사람들뿐만 아니라, 미래 세대에게도 공유해야 하는 것이다. 또한 국가나 종족의 경계를 넘어 자연자원은 공유되어야 한다는 것이다. 여기서 주의해야 할 것은 누구나 자연자원에 대한 소유권을 주장할 수 있는 것은 아니다. 자연자원은 소유권의 원재료 같은 것이다. 그렇다면, 소유권은 어떻게 발생하는가?

로크에 의하면, 공유된 자연자원에 개인의 노동력을 투여할 때에 노동의 결과물, 즉 생산물은 그 사람의 소유가 되고 개인의 소유권과 재산권이 발생한다는 것이다. 산에 올라가서 자연물을 나의 노동으로 채취한다면 그 자연물은 내가 소유권을 주장할 수 있다는 것이다. 물론 요즘과 같이 부동산의 소유권이 확정된 세상에서 다른 사람의 과수원에 가서 과일을 딴다고 해서 나의 소유물이 될 수 있다는 것이 아니다. 그러나 누구의 소유도 아닌 또는 공동의 소유인 산에 가서 머루·다래를 따온다면, 그 열매들은 나의 소유가 될 수 있는 것이다. 이것은 보통 우리가 말하는 노동가치설(labor theory of value)이며, 마르크스 또한 이 노동가치설을 신봉한다. 그럼에도 로크는 자유시장경제의 비조가 된 반면, 마르크스는 시장경제를 부정하는 공산주의 경제이론의 주창자가 된다. 무엇이 이 둘의 차이를 가져왔는가는 곧 설명하기로 하겠다. 로크는 말하기를, 이렇게 자연을 이용하는 데에 어떤 조건이 있다. 이것을 '로크의 단서(Lockean proviso)'라고 한다. 이것은 자연 상태에서 지켜져야 하는 도덕적 조건이라고 할 수 있는데 다음과 같은 세 조건으로 이루어져 있다.

(a) 다른 사람들이 충분히 사용할 수 있을 만큼, 또 양질의 자원을 남겨두어야 한다. 내가 사용하기 전후에 자원의 양과 질에 큰 차이가 발생하면 안 된다.

이것은 자연자원이 미래세대를 포함하여 모든 인류에게 공유되어 있는 만큼, 내가 좋은 자원만을 골라 모두 써버리거나 자원의 많은 부분을 소모해버리면 안 된다는 것이다.

(b) 지나치게 많은 양의 자원을 거두어 들여서 사용하기도 전에 상하거나 썩어버릴 만큼 많이 거두어들여서는 안 된다.

이 조건은 특별한 설명이 필요해보이지 않는다. 다음 조건 (c)도 (b)와 유사하다.

(c) 자연자원의 획득은 개인의 노동을 투여할 수 있는 만큼만 거두어야 한다. 자기가 경작할 수 있는 이상의 땅이나 돌볼 수 있는 수 이상의 가축 획득은 안 된다.

로크에 따르면, 이런 단서들은 시민사회가 형성되어 소유권이 생기게 되고 화폐를 사용하게 됨에 따라서 말 그대로 지켜질 수 없게 된다는 것이다. 로크에 의하면, (a)는 말 그대로 지켜질 수 없는 상황, 즉 자연자원에 대한 법적인 주인이 발생된 상황에서는 새로운 세대 또는 다른 사람들에게 조건 (a)가 준수될 때보다 더 많은 생산물을 줄 수 있는 가능성이 있으면, (a)가 반드시 지켜지지 않아도 된다고 한다.

예를 들어보자. 우리나라에는 석유가 전혀 나지 않는데, 석유 부국들에게 석유를 공유하자고 한다면, 그들은 다음과 같이 말 할 수 있다. "석유는 나누어 줄 수 없지만, 석유를 사용한 많은 사업들을 일으켜 당신들이 원유를 일정 부분 갖는 것보다 더 많은 혜택을 누릴 수 있게 하겠다. 원유

정제 공장에 일자리를 만들 수도 있고 원유를 사용해 많은 물건을 만들 수 있게 해서 당신들 삶을 더 좋게 하겠다." 로크는 이런 입장을 받아들일 수 있다고 하는데, 현실적으로 이것보다 더 나은 다른 해결책을 생각하기 어렵다. 또 석유가 고갈되는 상황에서도 석유를 사용해 새로운 에너지원을 개발한다면, 미래세대에게도 같은 혜택이 돌아간다고 할 수 있다.

(b)와 (c)도 화폐가 발명되고 사용됨에 따라 지켜질 수 없게 된다고 한다. 화폐의 사용이 모두에 의해 동의되는 한 어쩔 수 없는 일이라고 로크는 말한다. 화폐는 물건 교환의 기능과 축적의 기능이 있으니 자유의사에 의한 화폐의 사용과 함께 이런 기능을 인정할 수밖에 없다는 것이다. 그러나 이 단서들이 갖는 도덕적 의미마저 없어지는 것은 아니다. 예를 들어, 석유 부국들이 "앞으로는 다른 나라가 어떻게 되든 말든 석유는 수출할 수 없고 우리만 사용하겠다."라든지, 미개간지를 포함하여 넓은 땅은 소유한 지주가 기근이 들은 마을 주민들에게 "당신들이 굶든 말든 내 땅을 경작하게 할 수 없다."고 말한다면 당연히 그들에게 도덕적 정당성을 요구할 수 있다. 그래서 로크의 입장을 계승하는 학자들은 이 단서들의 현대적 의미를 계속 연구하고 있다.

앞서 살펴본 바와 같이 로크와 마르크스 모두 노동가치설을 신봉함에도 어떻게 시장경제와 공산주의로 갈라서게 된 것일까? 로크의 말과 같이 화폐의 사용과 더불어 시장경제를 신봉하는 학자들은 소비자 또는 수요자의 효용(utility)이라는 개념에 착안하게 되었다. 물건의 가치를 결정함에 있어서 공급자가 투하한 노동뿐만 아니라 그 물건을 소비하는 사람의 효용이 물건 가치를 결정한다는 것이다.

예를 들어, 어떤 조각가가 몇 달에 걸쳐 현대적으로 조각을 완성해서 시장에 내놓았다고 하자. 그런데 이 조각품을 사고자 하는 사람들이 전혀 없다면, 이 조각품의 객관적 가치는 전혀 없다고 할 수 있다. 아무도 이 조각품을 소유함에 어떤 효용을 느끼지 못하기 때문이다. 그러나 마르크스적 입장에서는 이 조각품의 가치는 투하된 노동에 의해 결정되므로 이 조각품은 노동시간에 연계되어 어느 정도의 가치를 갖는다고 보는 것이다. 그런 이유로 공산주의 이론에서는 화폐 외에 노동 가치를 잴 수 있는 표준화된 척도를 개발하려고 했지만, 설득력 있는 척도를 제시했다는 소식은 없다. 반면에 시장경제에서는 소비자와 공급자 간의 화폐 거래 과정에서 이를 정하도록 한 것이다.

로크에 의하면, 계약을 맺고 시민사회로 진입하는 것에는, 개인의 재산, 생명, 자유를 지키는 것이 그 목적이다. 따라서 정부가 이런 것들을 부당하게 빼앗으려고 할 때에는 당연히 저항권을 가진다. 로크에게 있어서 정의란 정부가 시민들의 자유, 생명, 재산을 손상하지 않는 것이다. 참고로 홉스와 로크의 차이점에 대해 간단히 살펴보자.

홉스	로크
강한 정부 옹호	약한 정부 옹호
저항을 할 수는 있으나 명시적 권리는 아님	저항권 명시
자연상태는 전쟁상태	자연상태는 전쟁상태라고 볼 수 없음
자연상태에서 도덕의 역할 미미	인간은 자연상태에서도 도덕적임을 강조
생명의 보존과 안전보장을 위해 시민사회 구성	처벌의 불편함과 사유재산 보호 목적으로 시민사회 구성

이런 차이점들이 있지만 두 이론가들은 원천적 자유, 능력의 평등, 이성의 능력, '심하지 않은 결핍' 등에 동의한다. 이와 같이 계약론이란 필수

적이고 누구나 동의할 수 있는 인간 삶의 기본 조건을 전제로 하면서, 정치 권력이란 구성원들의 합의와 계약에 의해 만들어진 것임을 논리적이고 합리적 사고를 전개하면서 설명한다. 이런 전통은 현대에도 계속되어 존 롤스(John Rawls, 1921~2002)라든가 로버트 노직(Robert Nozick, 1938~2002) 등 학자들이 자신들만의 이론을 개발해서 정치 권력이란 어떠해야 하는가에 대한 이론을 제시하고 있다. 현대의 계약론은 학문적이고 아직은 우리나라 상황과 깊은 연관성이 없으니 다른 기회에 논하기로 하겠다.

어떤 독자들은 이들 이론이 각기 다르다는 사실로부터 자유민주주의가 계약론으로 정당화될 수 있는가를 의심할 수도 있다. 홉스의 이론과 로크의 이론, 롤스의 이론이 각각 다른데 자유민주주의란 이런 이론들과 무관한 것이 아닌가 하는 의문이 들 수 있다. 그러나 이들 이론을 잘 살펴보면 가장 중요한 가치들은 자유와 인간의 기본적 평등이다. 이것은 나아가 자유민주주의 사회 제도에서 가장 보장받아야 하는 가치들이며, 거래의 자유와 책임에 주목한다면 시장경제와 재산권 보호로 나아갈 수 있다. 이런 기본 가치가 보장된다면, 자유민주주의 사회는 표면적으로 다양한 제도를 수용할 수도 있다. 시민들 개개인의 이성적 능력을 믿고 그들의 행위에 대한 책임을 수용할 때, 국가는 시민생활에 너무 깊이 개입할 필요가 없고 개입해서도 안 된다. 그런 사람들에게는 로크와 같이 작은 정부가 선호될 것이다. 또 어떤 사람들에게는 현실 세계에서의 경제적 차이가 미래 세대들의 기본적 평등을 확보할 수 없다고 믿을 수 있다. 그런 사람들은 복지국가를 더 선호할 수 있다. 이렇게 자유민주주의 사회의 제도는 다양성을 수용할 수 있다. 단 인간의 자유, 기본적 평등, 그리고 시장경제 같은 핵심 가치들을 부정한다면, 그것은 더 이상 자유민주주의가 될 수 없다.

　어떤 사람들에게는 이런 자유민주주의 사회의 기본적 가치들에 동의하지 못할 수 있다. 공산주의와 같이 인간들의 원천적 자유를 부정하고 싶다든지 인간들이 기본적으로 평등하다는 것을 부정하고 싶을 수 있다. 만약 그렇다면 그런 사람들도 나름의 합리적 설명을 통한 새로운 계약론 또는 계약론에 준하는 이론을 제시할 수 있다. 정치 이론으로서 이런 새로운 계약론을 제시함에 있어 논리의 일관성과 기본적 가정의 현실성은 매우 중요하다. 적어도 이론이 현실 사회에 적용될 것이라면 더욱 그렇다. 북한 노동당 출신 황장엽(1923~2010)이 정립했다는 주체사상에서 계약론 비슷한 것이 나온다. 사람들이 서로 싸우며 혼돈 상태에 있을 때, 뛰어난 인간이 출현하여 그가 모든 혼란을 수습하고 사람들은 그를 수령으로 떠받든다는 논리이다. 물론 그 수령은 김일성(김성주)이 될 것이며, 다른 인간들은 자유를 반납하고 실수가 없는(infallible) 수령의 신민(臣民)이 된다는 것이다. 이런 계약론 같은 상황에서 여러 가지 의문을 던질 수밖에 없다.

　첫째, 태어나면서부터 신과 같은 능력을 가진 사람이 있을까? 김일성이 북한 안에서는 그런 평가를 받을 수는 있지만, 객관적 시각에서 김일성이 그런 엄청난 능력을 가졌다고 볼 수 없다. 김일성보다 더 큰 권력을 행사했던 스탈린이나 모택동도 수많은 실수와 실책, 그리고 인간적 약점을 가지고 있었다. 홉스나 로크의 말대로, 인간들은 총체적인 능력이 평등하다는 것이 더 설득력 있어 보인다. 둘째로 김일성을 수령으로 떠받들면서 그의 신민이 되는 과정도 석연치 않다. 이것은 홉스나 로크의 계약 과정과 대비되는 것인데, 신민이 됨으로써 모든 자유가 박탈당하고 정부나 수령의 의지에 따라 아무 때나 체포·구금되고 목숨조차 보장되지 않는다면 수령이 없을 때보다 무엇이 나은 것인가? 물론 이런 질문들을 지금 본격적으로 다루려고 하기보다는 이런 이론들이 설득력을 가지려면 논리의 일관성과 기본적 가정의 현실성이 중요한 것임을 강조하고 싶다. 비슷한 예로, 루소의 계약론이 있다. 홉스와 로크와 더불어 고전적 계약론의 하나로 꼽히고 있으며 사회주의적 계약론으로 평가받고 있지만, 논리의 일관성과 기본적 가정의 현실성이 홉스와 로크의 계약론만 훨씬 못하다. 예를 들어, 루소의 계약론에서 가정하는 인간의 품성은 묘사에서 일관성이 떨어지고, 계약의 시점이나 계약을 맺는 동기도 모호하다고 지적할 수 있다. 따라서 일반적으로 계약론 자체의 설득력도 떨어진다고 보는 것이다.

3. 계약론(contractivism)의 현실적 의의

계약론을 구성론(constructivism)이라고도 한다. 즉 현실적 조건들(원천적 자유, 평등, '심하지 않은 결핍') 등을 기반으로 해서 왕권신수설이라는 전근대적인 권력 기반 이론을 대체하고 자유민주주의를 탄생시킬 수 있는 바탕을 만들어냈다. 또 현실적 조건의 변화에 따라, 보다 나은 정치 제도를 제시하기 위한 이론 틀로 사용된다. 확대해서 보자면 모든 정치 이론, 특히 국가의 근본 체제를 다루는 이론들은 구성론 또는 계약론에 해당한다고 볼 수 있다. 이론들은 단지 이론을 만든 사람의 견해를 드러내는 것뿐만 아니라, 다수의 사람들이 그 이론에 동조해서 사회를 그 이론가가 제시하는 방향으로 개혁할 것을 목표로 하기 때문이다. 여기서 이론이 제시하는 기본 조건의 현실성과 논리의 일관성이 매우 중요함을 강조해왔다. 이것을 무시하면 구성론은 공상론 또는 과도한 이상론으로 치우치고만다. 또한 어떤 특정 정치 이론을 접하는 사람들도 기본 조건의 현실성과 논리의 일관성에 주목해서 그 이론을 이해해야 한다. 그렇지 않다면, 이론에 포함될 수 있는 지적 사기에 넘어가 공상론 또는 과대망상론의 추종자가 되기 쉬운 것이다. 인류 역사를 보자면, 많은 구성론이 제시되어 왔다고 할 수 있다. 서양에서도 플라톤이 이상국가론을 통해 사회 정의(justice)가 어떤 것인가를 제시한 이래, 많은 이상국가론이 존재해왔고, 마르크스의 공산주의도 이런 이론들 중 하나이다. 그러나 필자는 홉스와 로크 등 최근 계약론이 대세인 이유, 과거의 많은 이상국가론이 잊혀진 이유, 또 마르크스의 이론이 한 때 세계를 풍미했지만 현재에는 쇠퇴하는 이유 등이 모두 이론의 기본 조건들에 현실성이 있는지 없는지 또 논리에 일관성이 있는지 없는지에 달린 것이라고 보고 있다.

실제로 서구 사회를 근대사회(절대왕정 체제)에서 현대사회(주권재민을 기반으로 한 민주주의 사회)로 전환시키는 데 계약론이 중요한 역할을 하였다. 특히 미국의 건국과 헌법 제정은 계약론적인 사고의 대표적인 경우이다. 계약론의 근본 정신을 교육과 문화 발전을 통해 사람들에게 교육시키고, 그럼으로써 민주주의 정신이 사회의 근본이 되었다. 민주 시민들은 서로 평등한 인간으로서 상대방의 자유를 존중하고, 인생을 살아나가는 데 독립적으로 사고하고 행위의 결과를 책임지는 사람들로 양성되었다. 그러나 우리나라에서 민주주의를 도입하고 발전시킬 때에 이와 같은 계약론(구성론)적 사고가 실질적으로 잘 이해되지도 교육되지도 못하고, 우리의 문화 속에 정착되지도 못했다. 즉 사람들은 자유민주주의를 목청 높여 주장하지만, 그런 사람들의 사고방식이 자유민주주의를 잘 수행할 수 있도록 훈련된 것은 아니다. 상황이 더 나쁜 것은 자유민주주의를 꼭 지키겠다는 의지를 갖고 있는 세력이 생각보다 많지 않다는 사실이며, 여론 주도층에서도 자유민주주의에 대한 신념이 강한 사람들이 많지 않아 보인다. 간단히 말하면, 대한민국은 자유민주주의 기반이 튼튼하지 못하다. 조선시대의 민본주의가 자유민주주의와 별로 다르지 않은 것으로 인식하기도 하고, 인민민주주의가 자유민주주의와 별반 다르지 않은 것처럼 호도하는 사람들도 많다. 이런 점들은 이후 차근차근 살펴보도록 하겠다.

한 가지 더 강조하고 싶은 것은, 앞서 필자가 같은 종류의 개인적 윤리와 사회적 윤리가 같지 않다고 말한 점이다. 홉스의 이론에서는 개인적 윤리가 자유와 평등을 기반으로 하는 사회적 윤리 체계 확립에 별 도움이 되지 않는다고 보았다. 로크의 경우 이런 홉스의 입장에 찬성하지 않으면서 개인적 윤리가 사회적 상황 악화에 제동을 걸 수 있는 것처럼 말했다. 그러나 앞서 보았듯이, 로크의 자연상태에서도 윤리적 개인들이 사태의 악화를 막을 수는 없었던 것이다. 이것은 단지 이론상의 문제가 아니라 현실적 상황에서도 충분히 일어날 수 있는 일이다. 사람들이 충분히 도덕적이라고 해도 모든 사람들이 언제나 도덕적으로 행동할 수는 없고, 도덕이라는 개념도 서로 다르고, 미래의 불확정성에서 오는 불안감 등은 개인적 윤리로만 대처할 수 있는 것이 아니다. 자연상태에서 설명된 대로, 사람들이 무한한 능력을 갖고 있지도 않고, 서로 비슷한 사람들끼리 비슷한 욕망을 추구할 때 갈등과 신상의 불안정성이 생길 수밖에 없다. 그렇기 때문에 사회에서 일어나는 문제의 해결을 개인의 도덕성,

또는 개인적 윤리에 의존해서 풀기보다는 사회적 윤리에 의존해서 해결하는 것이 자유민주주의적 방법이다.

사회적 윤리라 함은 법이나 권리 주장과 의무 부담을 공정하게 규정하려는 규칙들을 만들고 준수하는 것이라고 할 수 있다. 한 가지 예를 들어보자. 여러 해 전, 어떤 식당에서 있었던 일이다. 부모와 함께 식당을 방문한 아이들이 뛰어다니다가 어디엔가 부딪쳐 상처가 난 일이 있었다. 식당 측에서는 부모들에게 미리 경고한 바가 있어 보상을 거부하였으나 법원에서는 4천만 원인가 하는 거금을 보상금으로 지불하도록 판결하였다. 보상금을 지불한 식당은 이후 어린아이들 입장을 거부하였다. 그러나 이번에는 이런 방침이 고객들의 기본권을 침해한다는 이유로 관계당국이 불법화하였다. 오래전 사건이라 전말은 정확히 기억나지 않지만 대개 이렇게 사건이 진행되었다. 여기서 주목할 것은 식당 측에게는 완벽하게 행동할 것을 요구했다는 점이다. 식당은 고객들에게 모든 편의를 제공해야 하는 의무가 있었을 뿐이며 자신들의 권리를 보호할 수 있는 어떤 조치도 허용되지 않았다. 반면에 고객들은 다양한 종류의 권리가 존중되었으며 최소한의 의무, 즉 동반 어린이들의 행동을 제어하는 의무도 명시되지 않았다. 의무와 권리가 전혀 공정하게 배분되지 않았고 일방적으로 식당에 대한 도덕성과 의무만이 강조됐다고 할 수 있다. 비슷한 사례는 상당히 많고 주위에서도 쉽게 찾아볼 수 있다. 어느 한쪽의 도덕성을 강조하면서 불공정한 결말, 즉 한쪽의 희생을 당연시하는 것이다. 이런 방법보다는 권리와 의무를 연계시켜서 어느 한쪽만이 많은 권리를 갖지 못하게 하는 것이 훨씬 더 자유민주주의적 방법이라고 할 수 있다.

국가는 자유, 기본적 평등, 안전 등을 확보해주면서 권리와 의무를 공정하게 배분하는 체계로 존재해야 한다. 그런데 이런 간단한 사실이 우리나라에서는 잘 이해되지 못하는 경우가 많다. 사회적 갈등이 일어났을 때, 많은 사람들은 당사자들의 권리와 의무라는 관점에서 갈등을 이해하기보다는, 한쪽이 또는 양쪽이 충분히 도덕적이지 못해서 그렇다고 판단한다. 임의로 더 강한 쪽을 지정해서 강한 쪽은 더 착하고 더 너그럽기만을 요구하거나, 약자로 여겨지는 쪽의 아픔과 억울함은 모두 돌봐주어야 한다는 식이다. 이런 관점이 확대되면 선정적이고 불공정하게 소위 강자쪽을 매도하기 쉽다. 심지어 완전히 도덕적으로 타락한 사람으로 몰아서 그것이 갈등의 원인이라고 강변하는 것이다. 사회가 좋지 않은 방향으로만 굴러갈 때, 사람들은 구성원들이 충분한 개인적 윤리를 갖추지 못해서 그렇다고 생각하기 쉽다. 그러나 진정한 문제는 사회적 윤리가 잘못되었거나 붕괴되었기 때문일 수 있다.

극단적 예를 들어보자. 지금 북한은 경제적 어려움과 더불어 인민들이 많은 고생을 하고 있다. 사회적으로는 온갖 악덕이 횡행하고 있다. 우리가 그런 북한의 현실을 보고 그 책임을 북한 사람 개개인에게 돌릴 수 있는가? 북한 사람들에게 "왜 그렇게 윤리적이지 못한가?" 또는 "왜 이리 선하지 못한가?"라고 질책할 수 있을까? 문제의 원인은 개인들의 윤리 의식 이전에 그 사회의 사회 윤리에 문제가 있다고 봐야 한다. 불평등한 신분, 억압적 정치 구조, 독재적 권력 소유 등 그런 잘못된 사회 체계에서는 개인들이 아무리 도덕적으로 살려고 해도 잘못된 삶을 살 수밖에 없는 것이다. 그래서 우리는 항상 우리가 사는 사회의 사회 윤리에 대해 관심을 쏟고 더 나아지도록 하며 또 좋은 제도와 체계를 잘 유지할 수 있도록 노력해야 하는 것이다.

4. 자유민주주의 제도의 발전과 변화

3대 민주주의 혁명 이후 민주주의 사상과 제도는 세계 각국으로 전파되어 갔다. 유럽만 해도 20세기 초까지 여러 나라에서 왕정이 존재했지만, 제1차세계대전을 거친 후 지금은 왕이 정치적 권한을 갖는 군주제는 거의 존재하지 않는다. 평등한 시민들이 국가의 주인이 되니 주권재민이라는 원칙이 확립되어, 자유민주주의는 선거를 통해 대통령중심제와 의원내각제로 대별된 정치 체제로 모습을 갖추게 되었다. 그런데 자유민주주의도 시작 초기에는 지금과 그 모습이 달랐다. 초기 민주주의의 각 시민들은 스스로의 삶을 책임질 수 있는 이성적 존재라는 이상이 시민의 자격을 제한하기도 했으며, 정부의 역할을 최소화하기도 하였다. 또 경제와 시장의 규모가 커지면서 초기의 시장에 대한 인식도 바뀔 수밖에 없게 되었다. 민주주의 제도 변화의 특징을 몇 가지 들어 보겠다.

첫째는 투표권의 확대, 즉 보통선거의 확립이다. "초기 미국의 선거법을 보면 선거권은 백인, 남성, 21세 이상, 재산 소유자, 납세 능력이 있는 자에게만 부여된다."(위키백과)라는 구절을 보고 알 수 있듯이 투표를 할 수 있는 시민은 제한적이었다. 1861년 통일된 이탈리아도 초기에는 다음과 같이 '선거권은 재산이 있는 21세 이상의 남성으로, 글(이탈리아어)을 아는 자에게만 부여된다.'라고 하여 글을 알아야 선거에 참여할 수 있는 제한선거를 시행하였다. 1863년에는 미국에서 흑인 성인 남성에게도 법적으로는 선거권을 부여하였다. 1898년에는 뉴질랜드에서 처음으로 보통선거를 실시했다. 20세기 미국에서는 범죄자를 제외한 흑백 여성에게까지 선거권이 부여되었고, 1930년부터는 인디언 성인 남녀로 확대되었다." 이와 같이, 모든 시민이 투표권을 갖는 보통선거가 정착하기까지 생각보다 오랜 시간이 걸렸다. 우리나라에서는 1948년 8월 15일 정부 수립 전 5월 10일 제헌의회 대의원 선출을 위한 선거가 최초로 실시되었고, 모든 사람이 공히 참여하는 보통선거로 실시되었다. 이 선거는 유엔의 도움으로 실시되었는바, 북한은 이 선거를 거부하였다. 처음부터 보통선거를 실시한 우리나라는 외국의 부정적 역사를 물려받지 않게 되었다.

두 번째는 여성의 참정권 획득과 여권신장이다. 20세기 초반까지 세계 각국에서 여성의 정치적 권리는 남성보다 제한이 심했다. 전통적으로 남성은 가정 밖의 일을 하고 여성은 집안일을 돌본다는 생각이 팽배해 있었기 때문이다. 그러나 자본주의 확대로 여성들의 취업과 사회활동이 활발하게 되면서 여성들의 참정권을 보장하면서 기타 차별도 철폐하게 되었다. 이것은 여성들의 역할이 과거 보호받는 가정주부의 입장에서 적극적으로 남성들과 경쟁하는 시민사회의 독립적인 구성원으로 바뀔 수 있었기 때문이다. 어떤 여성들은 남성과 동등한 권리를 넘어서 여성 특유의 입장을 고려한 특별한 권리를 요구한다. 그러나 이것은 원칙상 논란의 여지가 많은 요구이다. 특히 우리나라에서는 여성과 남성을 약자와 강자로 구분하면서 약자에게 더 많은 법적 권리를 주어야 한다는 논리를 제시하기도 한다. 필자가 보기에는, 이런 논리는 시민의 평등이 근본 원리인 민주주의에 위배된다. 또한 여성이나 어떤 계층이 다른 시민들보다 더 많은 기본권과 법적 권리를 가질 경우에 일종의 특권층으로 자리 잡게 되고, 시민으로서의 기본적 평등이 무너질 수 있다. 정확히 말하면, 강자와 약자를 구분하는 논리는 민주주의가 아닌 공산주의에서 유래한 것이다. 홉스와 로크에서 보듯이 일시적으로 강함과 약함이 있을 수 있지만, 사람들을 총체적으로 판단하면 그들의 능력은 평등하다고 민주주의는 상정한다. 만약 그렇지 않고 넘을 수 없는 약자와 강자가 존재한다면, 최선의 방법은 약자들을 동등하게 권리와 의무를 부여하지 않고 그들을 보호하는 것이다. 예를 들면, 어린아이와 같이 보호하면서 거기에 맞게 대우하는 것이다.

셋째는 국가의 시장 개입을 허용하는 수정자본주의의 등장이라고 할 수 있다. 초기의 민주주의가 채택한 자본주의(시장경제)는 정부가 시장에 개입할 필요가 없는 고전적 자본주의 이론에 기초하였다. 모든 시민은 독립적으로 자신의 행위를 결정할 수 있고 그 행위에 대한 책임을 질 수 있다는 전제하에, 시장이라는 공간에서 각 사람들이 자신의 자유 선택권을 충분히 행사할 때, 시장은 모두에게 최대한의 이익을 줄 수 있다는 이론이다. 그러나 이 이론은 사람들이 실제로는 시장의 상황을 충분히 알지 못하며, 사람들 간에도 힘의 불균형(독점 등)이 있기도 하고, 총체적 수요와 공급이 항상 균형을 맞출 수 없다는 사실을 간과하였다. 이 결과로 미국의 대공황(1929년)이 발생하였다. 시장 자체로 수습을 할 수 없는 상황이 되어, 정부가 개입하게 되었고, 그 이후 각국 정부는 이자율 조정의 금리정책, 은행의 지급준비율 조정 등을 통한 통화정책, 정부의 예산을 특정 부문에 투자하는 재정정책을 기본적으로 수행하게 된다.

여기서 대공황이 마르크스가 예언한 자본주의의 종말인가 하는 점이다. 좌파 성향의 사람들 중 이런 생각을 하는 사람들이 많다. 그러나 이 둘은 전혀 다른 것이다. 마르크스에 의하면, 자본주의의 종말은 무산자 계급의 혁명으로 달성되며 혁명 후에는 무산자 계급, 즉 공산당의 독재와 계획경제로 국가를 운영하는 것이다. 반면 대공황 이후는 마르크스가 원하던 사회와 전혀 다른 것이었다. 더군다나 대공황의 원인은 무산자 계급의 혁명과는 아무 관계가 없으며, 공급이 수요를 초과해서 경기침체에 들어섰을 때 이런 문제를 해결할 수 있는 제도적 장치의 부재로 일어난 사건이었다. 위에서 말한 정부의 조치가 소위 사회주의적 정책이라는 것을 부인할 필요는 없다고 본다. 그러나 이런 새로운 정책들이 공산주의 정책도 아니고 공산주의의 우월성을 보여주는 것도 아니라고 생각한다. 오히려 융통성 있게 정책을 수용할 수 있는 자유민주주의·시장경제의 장점을 보여준 사건이라고 할 수 있다.

넷째는 국가에 의해 기본적 생활을 보장하려는 사회보장제도의 도입이고, 사회보장제도를 국가적으로 시행하게 되는 복지국가 개념이다. 복지국가는 자본주의와 자유민주주의 국가의 한 형태이며, 그 개념이 처음 제시된 것은 19세기 초 독일의 프러시아에서 비스마르크 정부에 의해 시작되고, 당시에 연금, 사고보험, 의료보험 등이 실시되었다. 그러나 서구 사회에서 본격적으로 시행된 것은 19세기 말부터라고 할 수 있다. 당시 선진국이던 영국은 뒤늦게 1906년부터 법을 정비하고 노령연금(1908년), 무상급식(1909년)을 시작으로 1911년에는 건강과 실업을 대비한 국가보험이 시작되었다. 그러나 1939년 이전에는 보험금이 국가가 아닌 각 단체들(직장 등)이 관리하고 지불하였다. 1945년경 이후 이 모든 보험들을 국가가 직접 관리하는 복지국가 실현이 영국에서 시작되었다고 할 수 있다. 그러나 제2차세계대전 이후 영국의 국력은 상당히 쇠퇴하였고 1980년대까지 영국정부의 재정적자는 크게 증가하였다. 당시 마가렛 대처(Margaret Thatcher) 수상은 많은 개혁을 통해 영국경제의 경쟁력과 시장의 활성화를 꾀하였다.

미국의 경우는 프랭클린 루즈벨트 대통령의 뉴딜(New Deal) 정책(1940년대), 린든 존슨 대통령의 위대한 사회(Great Society) 정책(1960년대), 1990년대의 사회보장제도 개혁 등의 법안을 통해 연방정부의 사회보장정책이 마련되었다. 각 주정부와 직장에서도 나름대로 사회보장 프로그램을 운영하고 있다. 공교육 실시, 대학생 학자금 보조, 식량 보조, 실업보험, 주택보조금, 연금, 건강보험 등이 실시되지만 스웨덴 같은 북유럽의 복지국가들보다 상당히 느슨한 사회보장제도를 실시한다. 특히 1990년대의 개혁에서는 사회보장제도를 악용하는 사례들을 없애기 위해 노력하였다. 예를 들어, 실업의 경우도 일생 동안 몇 년 간만 보장되는 형태로 바꾸고, 미혼모들도 지나치게 많은 아이들을 낳아서 사회보장금을 많이 신청할 수 없도록 하였다.

대한민국은 1977년부터 건강보험을 실시하였다. 처음에는 직장보험의 형태에서 후에 전국민건강보험으로 확대되었다(1989년). 또 산업재해보상보험이 있으며, 실업보험과 국민연금도 실시되고 있다. 또 근래에 중·고생 무상급식도 시행되고 있다. 1990~2007년 사이 정부의 사회보장 지출 증가율은 11%로 OECD 국가들 중 가장 빠른 성장세를 보이고 있다(2007년 7.6%). 그러나 2011년 경우 대한민국의 사회보장 지출은 GDP의 10.4 %로서 OECD 평균 약 20%(미국 19.5%, 일본 23%)보다는 낮다고 할 수 있다. 국민건강보험 같은 우수한 제도도 시행되고 있으나 지표상 다른 분야는 앞으로 개선되어야 할 여지가 있다고 할 수 있다.

사회보장제도 또는 복지국가에 대한 몇 가지 논란을 생각해보자. 먼저 많은 사람들이 알기를, 서구사회에서 여러 사회보장제도를 추진하게 된 것은 공산주의 운동에 대처하기 위한 것이라는 것이다. 19세기 후반부터 유럽에서 공산주의자들의 활동이 활발하였고 많은 노동자들도 공산주의에 동조한 바, 노동자들이 공산주의 운동에 가담하지 않도록 혜택을 제공했다는 것이다. 마르크스는 사회보장제도를 맹렬히 반대하며 이 제도는 노동자들에게 약간의 미끼를 던져주면서 혁명 역량을 감소시키기 위한 술책이라고 비난하였다. 현실 정치에서 우파정부가 그런 목적을 가질 수 있다고 본다. 그러나 이 제도가 단지 공산주의를 지지하는 노동자들을 무마하기 위해 고안된 것이라고는 볼 수 없다. 앞서 보았듯이, 사회보장제도는 1840년대에 독일의 프러시아에서 비스마르크에 의해 시작되고, 당시에 연금, 사고보험, 의료보험 등이 실시되었다. 그러나 당시에는 독일에서 공산주의자들의 세력이 약했다고 할 수 있다. 나중에 설명하겠지만, 독일에서 공산주의 활동이 활발해진 것은, 마르크스가 『공산당 선언』을 발표하면서 공산주의 운동에 뛰어든 1848년 이후이고 1875년에 마르크스에 의해 사회민주당이 창당될 즈음부터 독일과 유럽에서 큰 영향력을 발휘하였으므로 사회보장제도가 공산주의의 변종이거나 공산주의 전통 속에서 설명하려는 것은 잘못된 것이라고 생각된다. 간단히 말하자면, 사회보장제도는 자본주의 안의 한 제도로 보는 것이 옳다고 본다. 자본주의는 사회보장제도와 양립 또는 공존이 가능하지만 공산주의는 사회보장제도와 다른 것이다. 많은 사람들이 오해하기를, 자본주의 자체가 비도덕적인 것으로 사회보장제도나 복지국가 같은 도덕적 개념을 포함하는 제도를 수용할 수 없다고 본다. 그러나 이것은 잘못이다. 기업가나 상인은 태생적으로 도덕적인 사람들이 아니라고 봐야 하나? 자본주의를 비난하는 공산주의자들은 모두 도덕적인가? 또한 모든 종교인들과 성직자는 도덕적이기만 할까? 자본주의가 구조적으로 비도덕적이라는 비난은 마르크스로부터 온 것으로 그가 자본주의를 정확히 분석했다기보다는 인간이 갖는 비도덕성을 자본주의 또는 자본가 책임으로 떠넘겼다고 하는 것이 옳은 것 같다.

또 생각할 수 있는 것은 "사회보장제도만이 최선의 제도일까?" 하는 점이다. 사회보장제도가 전 세계적으로 확대되며 각국 정당의 목표로 채택되고 있다. 그런데 그런 경향을 보이는 이유가 그 제도가 지고지선의 도덕적 제도이기 때문에 그럴까? 물론 사회보장제도는 많은 국민들이 원하고 있다. 또 어려운 국민들을 도와줘 기본적 삶을 영위할 수 있도록 보장해줌으로써 다음 세대들에게도 어느 정도 기회의 평등을 확보해주는 기능이 있다. 그러나 그 이면에는 부정적 요소들도 있다. 필자는 이 요소들을 다음과 같은 다섯 가지로 정리하였다.

첫째, 다양한 종류의 사회보장제도가 시행되는 사회에서는 반드시 제도를 악용하는 사람들(free-rider)이 나타난다. 취직을 해서 세금을 내기보다는 실업급여 등으로 무위도식하거나 자격조건을 위조해서 불법으로 보장금을 타는 경우가 있다. 사회보장제도를 불법적으로 이용하는 경우 외에도, 어떤 이들은 사회보장제도 혜택을 자신들의 기본적 권리로 또 국가는 사회보장을 국민들에게 제공할 원천적 의무가 있다는 생각을 갖게 된다. 이런 사람들은 국가가 자체적으로 재정을 부담하는 것처럼 정부의 의무만을 강조하는데, 실은 국민 개개인의 세금으로 모든 제도가 운영되는 것이니 납세자들이 다른 사람들을 돌봐야하는 원천적 의무를 가지고 있는지 생각해봐야 한다. 비교적 잘 사는 사람들의 돈을 세금으로 징수해서 상대적으로 못 사는 사람들에게 혜택을 주는 것인데, 이것을 재분배라고 한다. 이 재분배가 도덕적으로 옳은가에 대해 의문을 던지는 사람들도 많지만, 어떤 사람들은 상대적 빈곤층에 혜택이 돌아간다는 이유로 무조건 재분배를 찬양하고 이것을 기본권 같이 여기는 사람들도 있다. 국가가 제 기능을 수행하기 위해서는 국민들에게 세금을 걷고 국가기관들이 일을 해나가는 과정에서 재분배가 어느 정도 일어난다고 봐야 한다. 그러나 누군가가 경제적 필요를 느낀다고 해서 재분배에 당위성이 있는가? 내가 어떤 필요가 있다고 이웃들이 나의 필요를 충족시켜줄 의무가 있는가? "없다."라고 대답한다면, 사회보장 혜택은 기본권이 아니라 법에 의해 만들어진 국민의 권리와 정부의 의무 관계 이상으로 파악하기는 어렵다. 즉 이런 권리는 기본권이나 인권의 범주에 들어갈 수 없으며 사회의 역량이 뒷받침될 때에 실시할 수 있는 제도이다. 정부가 일부 또는 다수의 국민들을 위해 사회보장제도를 설치하고 운영하는 것이 바람직하지만, 수혜의 권리를 기본권처럼 갖고 있다는 주장은 근거가 없다. 사회보장제도를 좌파식으로 해석한다면, 재분배는 당연한 것이고, 소위 부자들은 이 제도의 유지를 위해 무한히 지갑을 열어야만 한다. 심지어는 사회보장제도가 좌파의 배급경제 같은 소득분배 수단으로 여겨질 수도 있다. 그러나 우파식으로 해석하자면, 사회보장제도는 기초생활보장 또는 다음 세대의 기회의 평등 측면에서 실시되어야 하므로 사회보장은 적정선에서 그치는 것이 낫다고 본다. 특히 사회보장제도는 많은 돈이 들어가는 제도이므로 파산하지 않도록 절약해서 제도를 운영해야 한다고 본다. "나의 필요를 사회보장제도를 통해 충족하는 것이 나의 권리."라는 식의 생각을 갖게 되면, 기금을 절약하기 어렵다고 본다.

여기서 우리는 의무(obligation)와 의무초과(supererogation)라는 개념에 대해 생각해야 한다. 의무란 구체적인 이유가 있어 다른 사람들에게 내가 다른 사람에게 어떤 대가를 지불해야 하는 것이라는 의미이다. 다른 사람으로부터 돈을 빌리면 그에게 빚을 갚을 의무가 생기는 것이다. 또 내가 사회의 평등한 한 구성원으로서 납세의 의무, 국방의 의무 등을 지는 것이다. 그런데 이 의무라는 개념은 모든 구성원에게 평등하게 적용되어야 한다. 어떤 사람은 시민이지만 국방의 의무가 없고, 또 어떤 사람은 남에게 빚을 져도 갚을 의무가 없다면 이런 사람들은 평등한 시민이 아니라 일반시민들 위에 서있는 특권층이라고 볼 수밖에 없다. 반면에 의무초과란 의무가 아니라 누군가가 행하면 다른 사람들이 득을 보고 칭찬도 받을 수 있는 행동이지만, 반드시 해야 하는 행위가 아닌 것이다. 따라서 의무초과적 행위를 하지 않았다고 처벌을 받거나 과도한 비난을 받아서는 안 된다. 예를 들어, 먼 나라에 사는 사람들이 경제적으로 어렵다고 우리가 그들을 도와야하는 의무가 있는 것은 아니라고 본다. 만약 이것이 의무라면 구체적으로 어떤 이유가 있는가를 밝혀야 하며, 그것이 옳다면 모든 사람들이 여기에 동참해야 한다. 그래서 구호물품을 가난한 나라에 보낸다면 이것은 의무초과이다. 이 행동을 한다면 칭찬받아 마땅하지만 행동을 하지 않는다고 비난받을 일은 아니다. 기부나 자원봉사 같은 행위들도 의무초과에 해당된다고 봐야 한다. 그런데 많은 사람들이 자신들은 다른 사람들에게 의무초과 행위를 강요하지만 자기들은 행하지 않는 경우가 많다. 더군다나 남에게 그런 행위를 강요하는 것만으로 자신들이 도덕적이라고 착각하는 경우가 많다. 예를 들어, 어떤 이들은 큰 기업에 "기부를 하라.", "세금을 더 내라."고 말하지만 정작 자신들은 세금을 내지 않는 경우가 있으며, 자신들은 이런 요구를 함으로써 기업이나 다른 이들보다 더 도덕적이라고 강변한다. 전혀 잘못된 것이다. 그래서 사회보장제도를 운영하면서 심한 재분배를 정부에서 부자들에게만 강압적으로 요구하는 것은 전혀 도덕적 행동이 아니다. 즉 재분배의 규모를 결정할 때, 의회에서 충분한 논의가 있어야 하며 돈을 내는 사람들의 입장도 충분히 반영되어야 한다. 아마도 이런 이유로 스웨덴 같은 높은 수준의 복지를 실시하는 나라에서는 모든 시민들이 세금을 내는 것이라고 할 수 있다.

둘째, 사회보장제도가 지속적으로 운영되기 위해서는 사회 자체에서 계속적으로 수익이 나는 사업이나 기업들이 다수 존재해야 하며, 그렇기 위해서는 활발한 산업 활동이 필수적이다. 다시 말하면, 사회보장제도를 유지하기 위한 재원 조달이 큰 문제이다. 그러나 많은 개인들은 정부가 제공하는 사회보장 기금에 안주해서, 큰 모험이나 혁신을 피하려는 경향을 보인다. 수익을 계속 창출해야 하는 기업들은 높은 세금에 시달리고 국제적 경쟁에서 밀릴 수도 있다. 그래서 큰 회사나 사업이 해외로 이주하는 경우도 많다. 이렇게 사회보장제도에는 서로 충돌하는 요소들이 있다고 할 수 있다. 복지국가를 지향하는 많은 사람들이 이점을 간과하는 경향이 있다. 충분한 재원을 조달할 수 있는 산업이 부족한 상황에서 높은 수준의 사회보장제도를 실시하면 어떻게 될까? 돈을 구할 길 없는 정부는 재정에 대단한 압박을 받게 되어 계속적으로 재정적자를 기록하게 될 것이다. 재정적자는 국채를 발행해서 보충하게 되는데, 부채를 갚을 길이 없는 정부는 반드시 국가부도로 이어진다. 최근(2015년) 그리스의 재정 위기가 좋은 예이다. 1980년대 영국의 상황도 비슷했다. 그래서 사회보장제도는 한 국가가 무리하지 않고 재정을 부담할 수 있는 선에서 정하는 것이 좋다고 본다. "다른 나라도 하니까 우리도 해야 한다."라든지 "가난한 사람들을 돕는 것은 옳은 일이니 무조건 해야 한다." 등은 현명한 주장이 아닌 것 같다. 사회보장제도가 잘 운영되기 위해서는 자본주의가 발달해서 수익을 많이 내는 기업과 산업들이 있어야 하는 것이 필수 요소이므로 반기업적 정서나 정책은 사회보장제도를 해치는 독소이다.

셋째, 사회보장제도가 높은 수준으로 갈수록 사회의 활력과 진취성은 떨어지기 쉽다. 막대한 세금으로 인해서 가난한 사람이 돈을 크게 벌 수 있는 기회는 크게 위축된다. 반면에 최소한의 생활은 영위될 수 있다. 많은 사람들이 '안락한 가난'을 선택하게 될 수도 있다. 무엇을 새롭게 시도하려하기보다는 실패 없는 삶에 매달리게 된다. 이렇듯 많은 사회보장제도가 주어질 때, 사회가 안정적이지만 침체기에 들어서는 경향을 보인다. 예를 들어, 스웨덴은 높은 수준의 사회보장제도가 실시되지만, 자살률도 높다. 사회보장제도가 잘 갖추어진 선진국 국민들의 경제 의욕은 정체 상태에 머무르기 마련이다. 더군다나 문제가 될 수 있는 것은 사회보장제도의 혜택은 시간이 지날수록 고마워하는 마음을 감소시킨다. 사람들은 다른 사람들의 돈으로 주어지는 혜택에 고마워하기보다는 더 많은 혜택을 정부에 요구하는 것을 당연한 권리로 여기는 경향이 있다. 그러나 사회가 갖고 있는 역량 이상으로 사회보장제도를 확대하는 것은 현재 세대를 위해 재원을 낭비하며 미래세대에게 빚의 부담을 지우는 결과가 되기 쉬운 것이다. 그래서 정부와 국민들은 사회보장제도에 지나치게 의존하는 삶을 살지 않도록 조심해야 할 필요가 있다고 생각된다. 그것이 사회보장제도를 건전하게 오래 유지할 수 있는 방법일 것이다.

넷째, 사회보장제도를 운용할 때, 분배의 원칙을 어떻게 정하고 얼마나 공정하게 운용할 것인지 잘 결정해야 한다고 본다. 원래 사회보장제도는 도움을 필요로 하는 사람들에게 혜택을 주어 기초생활을 영위할 수 있도록 하는 제도이다. 그런데 사회보장제도의 분배는 시장에서의 분배와 달리 임의적이고 정치적인 이유로 정해질 수 있다. 또 제도가 지나치게 관료주의로 운영될 수도 있다. 운영상 결점들은 사회보장제도 기금을 고갈시키거나 고비용 저효율로 흐르기 쉽다. 이런 문제들은 제도에 대한 신뢰성 하락을 가져올 수도 있다.

필자가 생각하는 여러 문제들을 말해보기로 하자. 사회보장제도는 추가적인 공무원 제도를 운영해야 한다. 잘못하면 기금이 꼭 필요한 사람들에게 가기보다는 제도 운영에 더 많은 돈이 소요될 수 있다. 어떤 이들은 주장하기를 기금의 약 75%가 제도운영에 소모된다고 한다. 도움이 필요한 계층은 막상 25%밖에 가져가지 못하는 것이다. 또 다른 문제로 우리나라 같은 경우, 특정 계층의 연금부담에 상당한 기금이 흘러 들어간다. 공무원연금, 군인연금, 사학연금 등을 운영하면서 일반인들의 연금보다 많은 혜택이 공무원과 군인 등에 돌아가고 있다. 이런 제도상 문제들은 사회보장제도를 공정성 있게 운영하는 것이 대단히 어렵다는 것을 보여준다. 또 기금이 필요한 사람들이 아닌 모든 사람들에게 분배하려는 시도들도 있다. 생활이 어려운 사람들뿐만 아니라 부유한 국민들에게도 혜택을 주는 것이다. 부유한 사람들까지 혜택을 누릴 수도 있으나 결국 기금이 바닥나거나 더 많은 재원을 확보하기 위해 세금을 올려야 한다. 이런 것들은 앞서 말한 대로 고비용 저효율 구조로 가기 쉬우니 생활이 어려운 사람들을 도와주는 것에 초점을 맞추어서 저비용 고효율을 추구해야 한다고 본다.

다섯째, 앞서 언급했던 사회보장제도의 도덕성에 대해 좀더 말해보자. 어떤 이들은 사회보장제도와 복지국가가 도덕적으로 우월한 제도이므로 무조건 국가목표로 삼거나 전면적으로 실시해야 한다고 주장한다. 과연 그럴까? 사회보장제도를 위해 돈을 내는 사람들 측면에서는 도덕적 행동이라고 말할 수 있다. 그렇다면 돈을 받는 사람들의 측면은 어떨까? 단기간 혜택이라면, 비도덕적이라고 말할 수 없으나, 사회에 공헌하지 않고 계속해서 사회로부터 혜택만 받는다면 왠지 도덕적 행동은 아닌 것 같다. 더군다나 제도를 악용하는 사람들의 경우는 말할 것도 없다.

사회보장제도와 연관성 있는 도덕적 논쟁이 또 있다. 그것은 경제적 불평등이 나쁜 것이므로 사회보장제도를 통해 결과적 평등을 추구해야 한다는 것이다. 그런데 경제적 불평등이 그렇게 나쁜 것일까? 만약 누군가가 나의 재산을 빼앗거나 나의 노동력을 착취해서 경제적으로 불평등이 발생했다면, 당연히 이 불평등은 시정해야 할 것이다. 불평등을 야기한 어떤 불법적 행위 또는 비도덕적 행위를 시정하는 것이다. 어떤 고용주가 고용인들의 임금을 착취했다면, 당연히 이것은 시정되어야 하는 것이다. 누군가가 다른 사람의 재산을 사기로 편취했다면, 당연히 사기꾼의 잘못을 처벌로써 시정해야 하는 것이 당연하다. 그런데 이런 불법적이고 비도덕적 행위가 없다 하더라도, 모든 사람들이 결과적으로 경제적 평등을 실현해야만 할까? 이런 평등은 불가능하고 불필요하다.

예를 들어보자. 우리나라에서는 매주 복권을 판매하고 1등 당첨자를 발표하는데, 만약 결과적 평등을 꼭 달성해야 한다면, 1등이나 꼴등이나 상금이 똑같아야 할 것이다. 또 다른 예를 들어보자. 프로 운동경기에서는 리그에 소속된 팀들이 서로 경기를 갖고 시즌이 끝나면 우승팀과 준우승팀을 가린다. 성적에 따라 선수들이 받을 수 있는 상금이나 연봉도 다 다르다. 만약 결과적 평등이 똑같아야 한다면, 우승팀, 준우승팀 가릴 것 없이 모든 선수들이 같은 연봉이나 상금을 받는 것이 타당할 것이다. 그러나 이것은 전혀 바람직하지 않다. 그런데 이런 결과적 평등을 운동경기나 복권 당첨을 넘어 사람들의 일생에 적용해보자. 사람들의 수명도 제각각이고 노력의 정도도 제각각이며 사람들의 관심이나 특기도 제각각인데 어떤 결과의 시점이나 평등의 계량화는 불가능하다. 예를 들어 한가족 안에서 평등을 달성하는 방법을 생각해보자. 나와 아버지, 어머니, 형제자매들이 결과적 평등을 달성하는 방법을 생각해보자. 너무나 많은 변수가 있고, 상황이 시간을 타고 예상치 못하게 변하므로 결과의 평등은 달성할 수 없을 것이다.

경제적 불평등을 시정해야 한다고 요구하는 사람들의 주장에서 또 생각해봐야 하는 점은 "왜 경제적 불평등이 문제가 되어야 한다고 말하는 것인가?" 같은 질문이다. 따지고 보면, 사람들은 서로서로 불평등한 점들이 너무 많다. 신체적 능력, 정신적 능력, 외모, 행운, 부모를 포함하여 인생의 과정에서 만나는 사람들 등등 불평등한 요소들은 너무나 많다. 어떤 사람은 가난하지만 남들이 부러워하는 신체적 능력이나 외모가 있다든지, 정신적 능력은 떨어지지만 뛰어난 외모를 가지고 있다든지 셀수 없이 복잡한 불평등의 양상이 존재하는 것이다. 그런데 이런 불평등을 다른 측면에서 보자면, 다양성인 것이다. 인간과 사회는 수도 없이 다양한 특질을 갖고 있고, 하나의 기준을 놓고 보자면 불평등이 존재한다. 그러나 총체적으로 본다면, 다 비슷비슷한 것이다. 앞서 계약론에서 보앗듯이 이 능력의 평등 또는 본질적 평등이 바로 자유민주주의가 계급주의를 타파하는 근본적 논리라고 봐야 한다. 도달할 수도 없고 이유도 불분명한 경제적 평등을 좇는 것은 신기루를 좇는 것과 유사하다고 본다.

경제적 평등을 주장하는 사람들이 빈번히 언급하는 것이 '시장의 실패'이다. 자본주의 시장경제에서 결과적으로 돈을 많이 버는 사람들과 못 버는 사람들이 나오는 것은 시장의 실패이므로, 이를 시정해야 한다는 것이다. 필자는 앞서 밝혔듯이 사회보장제도를 통해 미래세대에 대한 기회의 평등을 어느 정도 보장하고 곤경에 처한 사람들을 돕는 것은 도덕적으로 문제가 없음을 얘기하였다. 그러나 시장이 실패했다고 보는 것은 오해라고 볼 수밖에 없다. 사람들은 다양한 욕구를 갖고 있으며, 시장이란 기능을 통해서 삶에 필요한 생활 물자와 또 욕망 실현에 필요한 물자들을 조달하려고 한다. 그러므로 시장이란 경제적 욕망의 장이라고 할수 있다. 그런데 시장에 반영되지 않는 또 반영될 수도 없는 욕망들도 대단히 많다. 예를 들어, 부모들의 자식 사랑, 다른 사람들에 대한 측은함, 자연환경 보존 욕망, 특정 동·식물에 대한 애착 등의 욕망이 있는데, 이런 욕망을 달성하기 위해서는 기부 같은 일방적 행위가 이루어진다. 이런 행위들이 언제나 도덕적이라고 볼 수 없다. 서양에서는 어떤 부자가 자신의 애완동물에게 거액의 재산을 주기도 하는데 이런 행위가 꼭 도덕적이라고 할 수는 없는 것이다. 시장이 경제적 욕망 달성의 장이라면, 경제적 시장 외적으로는 또 다른 욕망을 달성하기 위한 장이 있는 것이다. 그렇다면 사회보장제도는 경제적 욕망을 달성한 후 또 다른 욕망들, 가난한 이웃에 대한 측은함 또는 가난한 사람들을 도와줌으로써 사회를 보다 건전하고 건강하게 만들고 싶은 욕망 등이 반영될 수 있는 것이다. 그런 욕망을 발전시키고 제도화해서 사회보장제도를 만들고 운영한다는 생각이 올바를 뿐만 아니라, 제도의 지속에도 도움이 된다고 본다. 자본주의 시장경제에 대한 원망과 경멸, 부자에 대한 증오, 재분배가 마치 정의를 구현하는 제도라는 편협한 심리 등으로 사회보장제도를 설치하고 운영한다면 사회나 사회보장제도의 건전성에 아무런 도움이 되지 않을 것이다.

경제적 불평등이 언급될 때마다 경제학자들이나 정치학자들 중에 이런 불평등을 좋지 않다고 보는 이들이 많다. 학자들 말의 의미를 경제적 불평등이 도덕적으로 나쁘다고 해석하는 사람들이 있다. 잘못된 해석이라고 본다. 경제적으로 보자면, 지나치게 빈부 격차가 벌어지면, 가난한 사람들의 수요 또는 소비할 수 있는 능력이 떨어지게 된다. 반면에 부자들은 일반 산업 생산에 도움이 되는 소비를 무한정 늘일 수 없다. 부자라고 하루에 식사를 다섯 번 또는 열 번 할 수 있는 것은 아니고 공산품의 수요도 어마어마하게 늘지 않는다. 총수요가 부족하게 되니 한 사회의 산업이 불경기에 들어서고 국가경제에 해가 될 수 있는 것이다. 그래서 가난한 사람들의 소득을 높이거나 자금을 공급하게 되면 총수요가 살아나고 국가경제에도 도움이 된다는 것이다. 이런 의미에서 소득불평등의 심화는 경제에 해로운 것이다. 정치학자들의 입장은 소득 불평등 또는 빈부격차가 심화될 때에 사회 불안 요소가 증대한다고 보는 것이다. 역사적으로 과거 큰 혁명들이 발생했던 시기에 빈부의 격차가 심해서 가난한 사람들이 거리로 쏟아져 나오기도 했었다. 물론 현대는 과거와 달리 신분제에 의해 생산수단이 배분되지도 않고 시민들은 선거를 통해 자신들의 불만을 표출할 수 있는 길이 열려져 있다. 그럼에도 불만이 상당히 증폭된다면, 혁명 같은 초법적 사태가 일어나 사회가 뒤집히는 상황도 발생할 수 있다. 정치학자들이나 경제학자들의 경고는 도덕적 의미보다는 사회·경제적 의미들을 품고 있는 것이다.

그렇다면 경제적 불평등이 도덕적으로는 어떻게 평가되어야 할까? 경제적 불평등이 불법적 행위, 즉 약탈이나 강탈, 착취, 사기 같은 행위들로 야기되었다면 그 불평등은 당연히 비도덕적이고 피해자는 원상복구를 요구할 수 있다고 본다. 만약 그런 행위가 있다면 또한 법으로 처벌받아야 한다. 그러나 이런 불법적 행위가 없어도 불평등은 일어날 수 있다. 어떤 이가 수 년 동안 금광을 찾아 헤매다가 금을 발견해 큰 부를 이루었다든지 어떤 발명가가 여러 해 동안 연구해서 세상이 깜짝 놀랄만한 물건을 만들어 큰돈을 벌었다면 이런 성공에는 전혀 불법적 행위가 없는 것이다. 즉 이런 경우 경제적 불평등이 있다 해도 이 불평등이 도덕적으로 비난받을 일이 아니다. 마찬가지로 재벌이 많은 돈을 벌었다고 해서 그 자체가 도덕적으로 비난받을 일이 전혀 아니다. 그러나 많은 사람들이 경제적 불평등 자체를 도덕적으로 문제가 있는 현상으로 생각한다. 특히 사회주의적 사고에 빠진 사람들일수록 그런 경향이 강하다. 경제적 불평등에 관하여 위에서 설명한 경제·정치적 평가와 더불어 경제적 불평등이란 도덕적으로 나쁜 것이라는 목소리를 높여가고 있다. 그러나 그 근거는 미약하다. 요즘 사회 일각에서 '경제 민주화'라는 말이 자주 나온다. 개인 소득에 많고 적음이 있으니 이것은 민주화된 상태가 아니라는 의미인 듯하다. 그래서 소득격차를 줄여 더 평등하게 하는 '경제 민주화'로 나아가야 한다고 주장하는 듯하다. 그러나 이것은 허술한 논리이다. 같은 논리로 하면, '정치 민주화'도 필요하다. 왜냐하면 자유민주주의 시민들은 누구나 똑같이 선거권과 피선거권이 있지만, 어떤 사람들은 고위 선출직에 진출해서 유명해지고 많은 기회도 얻고 있다. 반면에 평생 선거만 하다가 마는 시민들도 아주 많기 때문이다. 소득에 차등이 있는 상황이 경제적으로 비민주적이라면, 당연히 '정치 민주화'도 필요할 것이다. '경제 민주화'를 주장하는 유명인사들이 '정치 민주화'는 도외시한다. 우리 모두가 알고 있듯이 정치적 민주화는 시민들이 동등한 신분을 갖는 것과 시민 전체가 주권을 갖는 것을 의미한다. 마찬가지로, 경제 민주화도 모든 시민들이 동등한 자격으로 시장에 참여할 수 있는 것을 의미해야 할 것이다.

이런 점들을 고려한다면, 사회보장제도가 도덕성의 표상 같은 제도, 즉 도덕적으로 꼭 실현되어야만 하는 제도라고 볼 수는 없고, 경제적으로 어려운 사람들에게 도움을 주면서 미래세대에게 기회의 평등을 제공하는 정도에서 도덕적이라고 봐야 한다. 그래서 이 제도는 무리 없이 재원을 마련할 수 있는 선에서 또 그런 재원을 마련할 수 있는 생산력과 생산성을 유지할 수 있는 한도에서 시행되는 것이 바람직하다고 본다. 이런 조치가 중요할 수 있는 이유는 또 있다. 경제의 규모가 작은 경우, 경제적으로 부유한 계층이 정치를 좌지우지할 수도 있게 되고 잘못하면 시민들의 평등한 신분이 무너질 수도 있다. 즉 평등한 권리와 의무를 지는 자유민주주의가 위협받을 수 있는 것이다. 반대로 경제적으로 어려운 사람들 또는 그들의 대리자라고 주장하는 이들이 정치 권력을 잡고 부유한 사람들을 부당하게 대우할 수 있다. 부유한 사람들도 동등한 신분을 갖고 공정하게 권리와 의무를 갖는 것이 자유민주주의 사회인데, 부자들에게 동의 없이 더 많은 의무를 지게 하고 권리는 적게 보장한다면, 그것은 시민의 평등 원칙에 위배되는 것이다. 다시 말하면, 사회보장제도의 규모를 크게 확대하면 확대할수록 상대적으로 부유한 사람들이 더 희생을 해야 한다. 많은 이들이 부자들은 소수이므로 그들의 불만은 별로 중요하지 않으며 부자들은 다수의 욕구에 부응하는 것이 당연하다고 보기도 한다. 이런 생각은 민주주의 원칙상 잘못된 것이다. 이런 권리와 의무 관계는 더 깊이 자유와 평등을 어떻게 이해해야 하는가에 연계되어 있다. 자유와 평등의 범위에 따라서 권리와 의무의 한계도 정해진다고 할 수 있다. 이렇게 자유민주주의에서 자유와 평등은 가장 중요한 가치들임에도 많은 사람들이 피상적으로 이해한다고 생각된다. 좀더 상세히 논의해보자.

5. 자유와 평등 그리고 인권

(1) 자유에 관한 고찰

자유민주주의에서 가장 핵심 가치는 자유와 평등이고 가장 중요한 점은 자유와 평등이라는 가치를 어떻게 해석할 것인가 하는 점이다. 지금까지 필자가 언급한 많은 사안들의 핵심에 이 가치들이 있다. 먼저 자유에 대해 말해보자.

현대 자유민주주의는 처음으로 사회 구성원인 모든 사람들에게 평등한 시민권을 부여하고 자유를 보장한 제도이다. 고대 그리스의 민주사회에서는 시민의 자격을 제한하여 자유를 누리는 시민들의 수가 상대적으로 몹시 적었다. 자유를 갖는 시민이 확대된 현대 자유민주주의에서도 시민들에게 무제한의 자유를 허용할 수는 없다. 자유민주주의를 파괴하는 자유나 다른 사람의 자유를 억압하는 자유를 허용할 수 없는 것은 자명하다. 그래서 어떤 근거로 자유를 제한하고 허용되는 자유들 중 핵심적인 자유는 어떤 것들인지 또 정확히 무엇을 보장하려고 하는 것인지 살펴보기로 하자.

우선 사고·사상의 자유에 대해 생각해보자. 사람들이 갖고 있는 가치나 생각에 자유가 있다는 것으로, 이런 것을 통제하는 것은 자유민주주의적 행태가 아니다. 예를 들어, 누군가가 한국은행에서 많은 돈을 훔쳐가는 생각을 했다고 하자. 이것이 불법일까? 사고의 자유가 있으니 처벌을 할 수 없다. 또 다른 누군가가 여성에 대해 부도덕적 생각 또는 상상을 했다고 하자. 이것도 불법이라고 처벌할 수가 없다. 또 누군가가 북한 체제를 찬양하는 생각을 갖고 있다고 하자. 이런 생각을 갖는 것만으로 처벌할 수가 없다. 만약 처벌한다면, 그것은 자유민주주의라기보다는 전체주의적 행태이다. 북한 같은 전체주의 국가에서는 자유민주주의적 가치에 대해 동경하거나 북한 체제에 대해 부정적 생각을 갖고 그런 생각이 직·간접적으로 표현되는 것만으로도 처벌된다. 그러나 자유민주주의 사회에서는 이런 생각을 갖고 발설 또는 표현을 했다고 처벌할 수 없다. 즉 표현의 자유 또한 보장되는 것이다. 그러나 은행을 털거나 여성을 납치하는 구체적 모의나 실행을 했다면 처벌이 가능하다. 은행을 털기 위해 공범들을 모으고, 구체적 실행 계획을 짰다면, 사고·사상의 자유를 벗어나는 것이다. 그렇다면, 자유민주주의에서는 어떤 기준에 의해 합법과 불법의 경계선을 나누게 되는 것일까? 일반적으로 이 경계선을 설정하는 4가지 정도의 기준 또는 근거가 거론된다.

① 해악의 원칙(harm principle)

② 법적 가부장 원칙(principle of legal paternalism)

③ 법적 도덕의 원칙(principle of legal moralism)

④ 모욕의 원칙(offense principle)

① '해악의 원칙'은 어떤 행위(표현과 출판을 포함)가 상대방에게 해악을 줄 때에 그 행위를 제한할 수 있다는 원칙이다. 존 스튜어트 밀(John Stuart Mill, 1806~1873)의 「해악의 원칙(Harm Principle)」이라는 글에서 볼 수 있듯이 밀은 표현의 자유를 최대한 보장하려고 노력한다. 소수(minority)의 의견이라고 억눌러서도 안 되고, 틀린 의견이라고 해도 표현을 못하게 하는 것은 옳지 않다고 본다. 사람들은 충분한 인내심을 가지고 상대의 의사표현을 허용해야 한다. 이것은 소수의 의견을 꼭 수용하라는 것은 아니다. 의사표현 행동이 어떤 해악을 야기하지 않는 한 말하는 이의 입을 닫게 해서는 안 된다는 것이다. 물론 행위의 결과가 해악인지 아닌지가 때때로 애매모호할 수도 있으나 대개의 경우는 명확하다고 할 수 있다. 이 해악의 원칙이 자유민주주의 사회에서 자유를 제한하는 기본 원칙으로 채택된다. 나에게 명백한 피해를 주지 않는 경우 상대는 자유를 누릴 수 있는 것이다. 내가 다소 기분이 나쁘더라도 인내심을 가지고 상대의 자유를 보장해주는 것이다. 그러나 상대의 자유행사가 명백한 해를 끼칠 경우, 상대의 자유가 나의 자유를 파괴할 경우 당연히 상대방의 자유를 제한할 수 있다.

② '법적 가부장 원칙'은 정부가 법으로 어떤 경계선을 설정한다는 것이다. 즉 정부가 비이성적이고 의존적이며 책임성도 약한 국민들을 부모

가 아이들 돌보듯이 법으로 돌보는 것이다. 이 원칙은 과거 봉건시대에서 채택할 법한 원칙으로 현대 민주주의 사회에서는 이 원칙이 경계선을 정하는 기준이 되는 것을 거부한다. 시민들은 충분히 합리적이고 자신들의 행위에 책임을 질 수 있다는 것이 민주주의의 전제이며 사실이기 때문이다. 정부가 모든 면에서 시민들을 어린아이 돌보듯 할 필요가 없는 것이다. 그럼에도 이 원칙이 가끔씩 적용되기도 한다. 예를 들어, 자전거나 모터사이클을 탈 때에 정부가 법으로 보호 장구를 착용하도록 하는 법 등에서 볼 수 있다. 선진국에서 보험 등의 이유로 이런 법을 제정하기도 하는데, 서구 사회에서는 많은 시민들의 반대가 있는 것도 사실이다. 그러나 우리나라에서는 정부의 가부장적 역할을 수용하거나 기대하는 사람들이 많다고 할 수 있다. 정부의 청렴도가 높지도 않고, 시민들은 정부의 세금 징수와 예산 집행에 비교적 큰 관심도 없지만, 개인들이 해결하고 노력해야 하는 문제들도 정부가 처리해주기를 바라는 심리가 강한 것 같다. 물론 이런 심리는 조선시대의 왕권 중심적 사고의 전통일 수도 있다.

③ '법적 도덕의 원칙'은 ②와 비슷하게 정부가 시민들의 비도덕적 행위를 차단할 수 있다는 것이다. 이 원칙은 인류 역사에서 오랫동안 시민들의 자유를 제한하는 원칙으로 사용되어 왔다. 기독교적 윤리를 앞세웠던 서양의 중세시대와 유교적 윤리를 기반으로 탄생한 조선시대가 있었고 노동자의 해방과 평등한 사회 건설을 내세웠던 공산주의 국가들과 민족적 가치를 드높이고자 했던 나치 독일이 대표적 예이다. 그러나 이들 국가가 구성원들의 자유를 심하게 억압하는 것은 물론이고 사회의 활

력이 떨어져 사회가 갖는 많은 문제들을 잘 해결하기 어렵다는 것이 역사를 통해 드러난 바 있다. 어떤 훌륭한 가치 실현을 목표로 하는 사회가 도덕적으로 타락한 사회로 전락하는 것이 역사의 아이러니일 수도 있다. 왜 그렇게 되었을까? 이 원칙은 많은 경우에 정부 또는 다수의 사람들이 자신들의 도덕 가치를 다른 이들에게 강요하게 되면서, 이 가치들을 타협할 수 없는 가치로 만들고 이 가치에 저촉되는 다른 모든 가치나 견해 및 행위를 금지하게 될 경우, 그 사회는 필연적으로 전체주의 사회로 진행된다. 예를 들어, 공산주의자들이 처음에는 '노동자의 해방'이니 하며 도덕적으로 그럴듯한 구호를 내걸지만, 결국에는 공산당과 뜻이 다른 모든 계층을 적대시하고 노동자들의 기본적 권리마저 빼앗는 전체주의로 전락하게 된 것이다. 독일의 나치당 전체주의자들도 처음에는 민족주의 같은 도덕적 가치를 내걸지만, 종국에는 수많은 유대인을 학살하고, 자기들과 의견이 다른 자국민들도 수용소에 수감하는 폭정을 저지르게 된다. 도덕적 가치의 완벽한 실현이 도덕적 파탄으로 끝을 맺는 아이러니는 처음부터 이 원칙에 잠재되어 있다. 흔히 말하는 초심을 지키지 못해 일어나는 파탄이 아니다. 어떤 가치를 타협 없이 완벽하게 실현하겠다는 의지가 바로 사회를 전체주의로 몰고 간다는 것이 정치학자 한나 아렌트(Hannah Arendt, 1906~1975)가 밝힌 전체주의 기원의 핵심이다. 참으로 탁월한 견해라 할 수 있다. 자유민주주의에서도 자유와 평등이라는 가치를 그 기반으로 하고 있지만, 선진 자유민주주의 사회에서는 무제한의 자유나 무조건적 평등을 추진하지 않는다. 자유와 평등이라는 가치들이 갖는 복잡성과 상호 충돌할 수 있다는 가능성을 잘 이해하기 때문이다. 그래서 자유민주주의 사회에서 이 원칙이 상기한 경계를 정하는 일반 원칙으로 채택될 수 없다.

그럼에도 현재 자유민주주의 사회에서 이 법적 도덕의 원칙이 완전히 제거되지는 않는다. 때때로 이 원칙은 '피해자가 없는 범죄(victimless crime)'에도 적용된다. 예를 들어, 자동차가 속도위반을 했지만, 아무 피해자가 없는 경우에도 속도위반을 처벌할 수 있다. 또는 자살 등의 행위도 도덕적 이유로 범죄에 포함될 수 있다. 이런 경우 외에도 다수라고 주장하는 세력이 어떤 도덕적 개념을 법제화하려는 유혹은 아직도 계속되고 있다. 미국의 1920년대에 시행된 금주법(Prohibition Law) 같은 법은 어떤 도덕적 시각으로 제정된 법이라고 할 수 있다. 그러나 이 금주법이 결국 실패로 돌아갔듯이 권한이 있다고 해서 자신들의 도덕적 생각을 법으로 만들어 자유를 제한하는 일은 큰 문제를 낳을 수도 있다. 언뜻 보기에는 훌륭하고 도덕적 법률이 될 수 있는 것 같아도 어떤 후유증이 있을 수 있는지 신중하게 생각해보고 추진해야 한다.

우리나라 역시 이 법적 도덕의 원칙은 법체계 속에서 은근히 자리잡은 것으로 보인다. 어떤 구체적 도덕 가치를 추구하는 것은 아니지만, 정부 또는 사법부 아니면 법체계가 어떤 도덕적 우위에 있는 개체로 보는 것 같다. 그래서 시민 간의 분쟁, 예를 들어 싸움 같은 행위를 재판할 때에 양측 간에 어떤 이유로 싸우기 시작했는지 원인 제공은 누가 했는지 등을 판단하여 평범한 시민의 입장에서 판단하고 처벌하기보다는 싸움이라는 행위 자체를 처벌하는 듯한 인상을 받는다. 싸움이란 하지 말아야 할 행위인데 싸움을 벌이고 다친 사람이 생겼으니 다 똑같이 나쁜 것이고, 죄의 경중을 가릴 수 있다 해도 처벌은 다 받아야 한다고 법이나 법관은 생각하는 듯하다. 물론 우리 법에도 정당방위가 규정되어 있지만, 실제로 정당방위가 인정되는 경우는 극히 적다고 한다. 이에 비해 미국 같은 경우, 철저히 당시 상황 속으로 들어가서 원인 제공자를 파악한 후 평범한 시민의 입장에서 죄를 판단하는 것이다. 즉 우리나라의 경우 분쟁을 일으킨 보통 시민들과 도덕적으로 우월한 재판관들이 있는 반면, 미국은 다 시민들뿐이고 그 눈높이에서 원인 제공자를 처벌하는 것으로 정리할 수 있다. 우리나라 법체계는 과거 독일의 영향을 받은 권위적 일본식 법체계를 물려받았다고 하는데 그 이유 때문일 수도 있고, 과거 유교적 전통의 영향일 수도 있는데 이제는 재고해봐야 할 때가 된 것이 아닌가 싶다. 우리 전통에서 도덕적 우월성은 일반 사람들이 정부나 고위 공무원들에게 요구하는 가장 큰 덕목이라고 할 수 있다. 정부는 도덕적으로나 능력 면에서 뛰어난 사람들로 구성되어야 한다는 기대치가 높은 것이다. 그렇기 때문에 선출직 공무원들이나 고위 공무원들은 자신들의 도덕적 우월성에 대해 과신하며 일반 시민들을 낮게 보기도 한다. 비교적 최근 어떤 고위 공무원이 "국민들은 개돼지."라고 말한 것이 크게 문제가 되기도 하였다.

그런데 도덕성을 과시하는 방법 중 하나가 다른 사람들을 도덕적으로 비난하는 것이다. 다른 사람들의 도덕적 결점을 지적할 수 있는 것이 자신의 높은 도덕 수준을 드러낸다고 착각하는 것이다. 그러다가도 자신의 평범성 또는 비도덕성이 노출될 경우, 그 사람에 대한 평가는 갑자기 곤두박질친다. 따지고 보면 사람들은 다 비슷한 것임에도 높은 도덕성이 있는 것처럼 위선을 떠는 것이 일반화되었다. 이러다보니 우리나라에서는 유명인들이나 고위 공직자들 또는 기업가를 매장시키는 방법은 아주 간단하다. 사소한 도덕적 단점을 물고 늘어지거나 심지어는 있지도 않은 사례를 만들어내 상대의 도덕성에 흠집을 낸다. 도덕성에 사소한 흠결이라도 있는 사람들은 기업 활동을 해서는 안 되고 공무를 담임하는 자리에 있어서도 안 되며 연예 활동을 해서도 안 된다는 주장을 하여 당사자를 매장시킨다. 그러나 어떤 기업가의 도덕성이 마음에 들지 않는다면 그 사람이 경영하는 회사의 제품을 구매하지 않으면 되는 것이지, 그 회사의 영업을 법으로 막아서는 안 된다. 자유민주주의 사회에서는 도덕성을 오용하는 행위들은 근절하고, 다른 사람들에게 높은 도덕성을 강요하지 않는 것이 바람직하다. 굳이 도덕성을 따지려면 그 사람이 좋은 사람인지 나쁜 사람인지 따지기보다는, 그 사람이 의무를 충실히 했는가를 살펴보는 것이 더 바람직하다고 생각된다.

④ '모욕의 원칙'은 사람들이 상대방을 모욕하는 행위(offensive behavior) 또는 기분 나쁘게 하는 행위를 할 때에 이런 행위를 제지할 수 있다는 것이다. 모욕적 행위는 상대방에게 창피함(shame)을 주거나, 불편함(discomfort)을 주거나, 곤혹감(embarrassment)을 주거나 하는 등의 행위들인데, 극심한 모욕을 주는 행위를 제지하기 위해 이 원칙을 적용해서 법을 만들기도 한다. 그러나 앞서 언급한 밀이 이 원칙으로 자유를 제한하는 것에 부정적 입장을 가지고 있듯이, 자유민주주의 사회에서 이 원칙을 자유를 제한하는 일반 원칙으로 채택하지 않는다. 오히려 자유민주주의 선진국에서는 상대방에 의해 모욕감을 느꼈다고 해도 관용으로 상대의 행위나 말을 인내하도록 하는 것이 미덕이다. 많은 경우 모욕감을 주는 행위는 법의 영역에서 다루는 것이 아니라, 예절이나 에티켓의 문제로 보아야 하는 것이다. 또한 이런 감정은 주관적이

고 임의적이기 쉬우니 그 감정만으로 객관적 잣대를 정하기 어렵다. 우리나라에서도 성희롱을 규정하는 대법원 판례를 보면, "일반적이고도 평균적인 사람으로 하여금 성적 굴욕감이나 혐오감을 느낄 수 있게 하는 행위"라고 한다. 여기서 "평균적 사람이 느끼는 성적 굴욕감과 혐오감"이라는 단서를 붙여 굴욕감과 혐오감에 대한 객관화를 시도한 것이다. 그런데 아직도 이 기준은 모호한 점이 있다. '평균적 사람'을 구체화시킬 수 있을까? 물론 많은 법들이 현시대 사람들의 일반적 도덕 수준이나 사고에 기초하게 된다. 그러나 이런 경우 '평균적 사람'의 감정을 법의 근거로 삼는 것에는 모호함을 떨쳐버리기 어렵다고 생각된다. 평균적 사람의 감정은 여성의 감정일까? 아니면 남성의 감정일까? 평균적 사람을 구체화하는 것도 어렵고 감정의 강도를 객관화하는 것도 어렵다고 본다. 차라리 해악의 원칙을 적용해서 "일반적인 사람의 관점에서 그 행위가 당사자에게 성적 굴욕감이나 혐오감을 야기하며 심각한 피해를 주는 행위" 정도로 규정하는 것이 더 나을 것 같다. 비슷한 규정이지만 이것이 좀 더 객관적 근거를 제시한 경우라고 생각된다.

만약 감정에 의거한 '모욕의 원칙'을 잣대로 정할 경우, 처벌해야 하는 행위는 점점 늘어날 수 있다. '해악의 원칙' 하에서는 사소한 감정적 마찰 정도는 개인들의 아량으로 해결할 수도 있지만, 모욕의 원칙이 채택될 경우에는 점점 법의 해결에 호소하게 되기 쉽다. 감정을 내세우게 되면, 감정은 점점 날카로워지고 포악해진다고 할 수 있다. 그만큼 법적 분쟁의 소지가 점점 많아지는 것이다.

이상과 같이 자유를 제한할 수 있는 네 가지 기준을 살펴보았는데, 이 중 '해악의 원칙'이 자유를 제한할 수 있는 가장 큰 기준이라고 할 수 있다. 나머지 기준들은 제한적으로 쓰일 수 있지만 이 기준들의 적용이 확장될 경우 자유는 심각하게 손상된다. 자유를 최대한 보장하기 위해 관용과 인내심을 강조하면서도, 자유의 잘못된 행사를 제한하기 위해 예절이나 에티켓 같은 것도 지킬 것을 권고한다. 우리나라는 이 예절이나 에티켓의 영역은 점점 축소되면서 이 영역을 법이 잠식하고 있다. 사소한 예절의 위반이 법 위반으로 악화될 수 있는 것이다. 여기에 '모욕의 원칙'이 주로 적용된다. 이런 추세가 강화되면 사회생활에서 관용과 너그러움은 다 없어지고 사소한 말다툼이 큰 싸움으로 번져가는 추하고 신경질적인 모습만 남을 것이다.

(2) 평등에 관한 고찰

다음으로는 평등에 관해 생각해보자. 평등은 자유민주주의나 공산주의 모두 내걸고 드높이는 가치이다. 그런데 이 평등에는 서로 다른 몇 가지 개념들이 있다.

① 신분적, 법률적, 정치적 평등

모든 시민은 일정한 연령에 도달하면 동일하게 정치적, 법률적 평등을 누린다. 보통선거권, 피선거권, '법 앞의 평등' 등이며 이런 개념의 평등은 자유민주주의의 핵심적 가치이며 실현 또한 가능하다.

② 기회의 평등

모든 시민이 자신의 이상과 목표를 추구하고 삶을 영위하는 데 필요한 능력, 교육 등을 습득하기 위한 기회를 평등하게 얻는 것을 말한다. 일차적으로 교육 기회의 평등, 고용 기회의 평등 보장으로 기회의 평등을 추구할 수 있다. 예를 들어, 회사원, 공무원, 학생 등을 모집할 때에 나이, 학력, 성별, 재산 상태, 가문 등 차별적 요소를 철폐하는 것이다. 우리나라는 아직도 이런 기회의 평등이 완전히 보장되고 있지는 않다. 특히 나이에 의한 기회의 불평등은 아직도 만연하고 있다. 그러나 이런 기회의 평등은 법이나 관습의 변화를 통해 현실적으로 달성할 수 있다.

그런데 더 나아가서 인간들 자체가 가지고 있는 능력이나 인생에서 맞닥뜨리는 행운이나 우연까지도 기회의 평등에 포함하려고 할 수 있다. 예를 들어, 부모들이 자녀의 미래에 많은 관심이 있어 교육이나 경력 선택에 도움을 준다면, 자녀들은 다른 가정의 자녀들보다 유리한 위치에 있다고 할 수 있다. 또는 좋은 친구를 사귀거나 훌륭한 배우자를 만나서 인생에서 많은 도움을 받아 어떤 목표를 성취할 경우는 그렇지 못했던 사람들보다 더 많은 기회를 얻은 것이라고 할 수도 있다. 이렇게 기회의 평등을 제도적인 것을 넘어서 확대할 경우 완전한 기회의 평등은 달성하기 어렵다. 또 다른 문제는 '기회'라는 개념을 규정하기 어려운 점에 있다. 예를 들어, 어떤 사람들은 가난한 집안에서 태어났지만, 이 가난을 극복하기 위해 열심히 노력하고 자신들의 인생에서 성취를 이루기도 한다. 반면에 어떤 이들은 가난한 집안에서 태어나 그 가난이 굴레가 되어 평생 어떤 성취도 이루지 못할 수 있다. 이런 모든 환경을 기회의 평등에 넣으려고 한다면 기회의 평등은 달성될 수 없다. 인간의 능력, 환경, 행운 등 모든 것을 계측 가능한 요인으로 만드는 것은 불가능하기 때문이다. 어떤 사람들은 이런 모든 요소들을 평등하게 만들어야 한다고 주장하지만, 이것은 실행될 수 없는 평등이다. 그래서 관습이나 제도에 의한 기회의 평등을 일단 달성하고, 다른 부분들은 개인들의 노력과 행운에 맡겨야 한다고 본다. 앞서 보았듯이, 자유민주주의 기초를 놓은 계약론자들은 인간의 능력이 총체적으로는 평등하다고 봤다. 주어진 환경이나 조건이 어떤 사람들에게 다소 불평등하게 주어질 수 있지만, 그런 사람들이라도 열심히 자기를 계발하고 자신의 약점을 극복하려하고 끊임없이 기회를 모색한다면, 자신들이 원하는 목표를 달성할 수 있다는 가능성을 제시한 것이다. 실생활에서 기회의 평등은 제도와 관습적인 기회의 평등을 달성하고 나머지는 각 개인들의 능력과 노력에 맡길 수밖에 없다고 생각된다.

③ 결과의 평등

말 그대로 어떤 결과를 평등의 관점에서 조정하려는 개념의 평등이다. 주로 재화의 분배나 성공의 불평등을 재조정하겠다는 개념이다. 결과의 평등을 말하는 사람들은 다음과 같은 두 가지의 평등을 실현하고자 한다.

ⓐ 마르크스(Marx)적 평등: 이른바 "능력에 따라 일하고 필요에 따라 분배한다.(From each according to his ability, to each according his needs.)"는 원칙에 따른 평등이다. 일찍이 마르크스는 주장하기를, 공산주의 사회는 각 개인들은 자신들의 능력에 따라 일하지만, 일의 결과인 생산을 분배할 때에는 각자의 필요에 따라 가져간다는 것이다. 인류 역사상 이런 사회는 아직 실현된 적은 없지만, 마르크스적 사회와 아주 비슷한 것은 가족(family)이다. 대개 부모들은 직장에 나

가 열심히 일하고, 월급을 받아서 가계를 꾸려간다. 자녀들은 돈을 벌지는 않지만 교육이나 기타 필요에 따라 부모들에게 돈과 같은 자원을 요구한다. 부모들은 최대한 자녀들의 필요를 충족시키려고 노력하는 것이 한 가족의 생활이 될 것이다. 마르크스는 이런 가족 생활이 사회 전체로 확대된 삶의 형태를 꿈꾸었는지도 모르겠다. 여기서 마르크스가 원하는 공산주의 사회의 특징들을 유추해보자. 첫째, 사회 전체가 가족 같을 수도 있지만, 현재의 가족생활과는 많이 달라질 것이다. 현재의 가족은 해체되는 것이 당연할 것이다. 이웃에 사는 사람들이 몸이 아프거나 여행을 가고 싶어 하는 등 여러 가지 필요가 생길 때에 공산주의 사회에서는 이런 필요를 모른 체할 수가 없다. 그들의 필요가 분배 원칙의 가장 큰 변수이기 때문이다. 또 다른 가족이 비슷한 상황에 놓일 때에도 그들의 필요를 존중해야 한다. 우리 식구의 필요 역시 존중해야 하지만 다른 가족들의 필요에 우선할 수 없다. 이런 방식으로 살아갈 때에 현재의 가족은 해체의 길을 가게 될 것이다. 일찍이 플라톤도 정의가 완벽히 실현된 이상국가에서는 지배계급들이 공동 가족생활을 해야 한다고 말한 바 있다. 그의 논리는 지배계급이 생산 활동에 종사하지 않으므로 최소한의 물자로 살아가야 한다는 것이다. 지배계급이 가족을 갖게 되면 가족에 대한 욕심이 생기게 되고, 부패의 시작이 될 수 있으므로 지배계급은 사적 가족이 없는 삶을 살아야 할 것이라고 말한 것이다. 반면에 생산을 담당하는 계급에서는 가족을 갖고 자신들의 필요 충족을 위해 생산 활동을 지속하는 것이 당연시된다. 이렇게 플라톤의 공동생활은 필요의 최소화로 인해 만들어진다면,

마르크스의 공산주의 사회는 필요의 임의적 충족을 위해 만들어진다고 할 수 있다.

마르크스적 필요 충족은 두 번째 특징, 즉 공급의 부족으로 연결된다. 필요에 의해서 분배를 받는 사회가 되었을 때, 모든 사람의 필요가 그 사회의 생산보다 많으면 어떻게 될 것인가? 앞서 보았듯이, 계약론을 설파한 학자들의 기본 가정은 사회 전체가 항상 '심하지 않은 결핍' 상태에 있다는 것인데, 이것은 모든 사람의 필요를 합한 것은 사회가 만들어내는 생산보다 많다는 것이다. 이 가정이 맞는다면 공산주의 사회라고 해도 누구나 자신의 필요를 모두 충족시키지 못하는 것이고, 부족한 생산물로부터 나의 필요를 충족시키기 위한 갈등이 일어나는 것은 당연한 일이다. 자본주의 시장경제에서는 이런 필요의 충족, 즉 수요가 각 개인이 시장에서 기여한 결과물인 소득으로써 해결되는 것인데 마르크스의 공산주의 사회에서는 이 시장의 기능을 부정하게 되므로 필요를 분배해주는 기구가 있어야만 한다. 이 역할을 하는 것이 공산당 정부일 것이고 공산당을 통한 배급경제가 실시되는 것이다. 그런데 배급경제의 기준은 각 개인의 생산 기여도와 무관하게 되었으니 분배는 임의적(arbitrary)이기 쉽고 생산을 담당하는 사람들은 열심히 생산 활동에 종사할 동기가 없어진다. 열심히 일 해본들 필요를 분배받는 기준은 명목상 '필요'이거나 당국의 임의적 기준이기 때문이다. 결과적으로 총생산은 크게 감소하고 최소한의 필요를 충족하기 어려운 상태로도 떨어질 수도 있다. 역사적으로도 이런 상황은 확인할 수 있다. 과거 소련, 중공, 북한 등지에서 생산성은 뚝 떨어지고 이를 타개하기 위해 공산주의 정부는 일시적으로 시장경제를 도입하기도 했었다.

어떤 사람들은 생산자(또는 노동자)들이 열심히 일하지 않는 것을 도덕심의 부족으로 비난하기도 한다. 비록 자기에게 분배되는 생산물이 적다고 해도 열심히 일하는 것이 도덕적이라는 것이다. 그런데 이런 주장은 불공정한 것이다. 사회에서 열심히 생산 활동에 종사하는 것을 인정하지도 않는데 생산자들은 왜 열심히 일해야 하나? 이 상황에서 그들에게 열심히 일할 것을 주문하는 것은 도덕적인가? 이것은 임금을 충분히 주지도 않으면서 많은 일을 시키는 것과 무엇이 다른가? 또 어떤 사람들은 열심히 일하지도 않고 많은 생산물을 언제나 요구하는 것은 도덕적인가? 예를 들어, 한 집안의 자녀들이 나이를 많이 먹고서도 부모에게 많은 돈을 계속 요구하는 것은 도덕적인가? 한 마디로 도덕을 앞세워 대가도 없이 많은 일을 시키는 것은 전혀 도덕적 행동이 아니다. 또 마르크스적 공산주의 사회에서는 열심히 일하는 것이 별로 도덕적이지 않을 수도 있다. 직장에서 열심히 일하는 것보다는 여유 있는 삶을 누리는 것, 열심히 일하는 것보다는 자기 계발에 힘쓰는 것, 열심히 일하는 것 보다는 직장 동료들과 돈독한 관계를 맺는 것 등이 우선 순위를 갖는 도덕적 행위가 될 수 있다. 그런 상황에서는 열심히 일하는 것은 도덕적으로 순위가 낮은 것이니 사회 전체의 생산성은 저하되는 것이 당연하다.

마르크스가 처방한 "능력에 따라 일하고 필요에 따라 분배" 받는 구조는 어떤 평등에도 기여하지 못한다. 그의 처방이 한 사회에 적용될 수 있으려면, 그 사회는 '결핍이나 부족함이 전혀 없는 사회'이어야만 한다. 자신의 필요가 무제한으로 충족되는 사회라면 굳이 다른 사람들과의 평등을 따질 필요가 없어질지도 모른다. 그런 의미에서 결과적 평등이 달성되었다고 생각할 수도 있다. 그러나 인간이 갖고 있는 욕망의 크기, 부존자원의 제한, 미래에 대한 불안과 불확실성 등을 고려한다면, 그런 사회가 도래하기를 바라는 것은 공상적 사고에서나 가능한 것이다. 모두 잘 알다시피, 실제 공산주의 사회에서는 노동자들에게 일을 더 시키기 위해 엄청난 노력을 하였다. '천리마 운동', '노동 영웅' 등 칭호를 만들어내며 인센티브가 없는 노동을 시키기 위해 온갖 아이디어를 짜내었다.

ⓑ 결과의 평등은 자원이나 소득 등의 분배를 어떤 결과적 시점에서 평등한지 아닌지를 평가하는 것이다. 만약 결과의 완전한 평등을 추구한다면, 이것은 개념조차 불확실하고 따라서 실현 불가능해 보인다. 우선 '결과'를 어떤 시점으로 볼 것인지가 문제가 된다. 매년 연말을 '결과'로 볼 것인가? 또 인생의 마지막 시점을 '결과'로 볼 것인가? 매년 말에 같은 소득을 받는다고 해도 자산의 차이가 생길 수 있다. 아껴 쓰는 사람, 낭비하며 사는 사람 등 개인 간의 차이가 아주 많을 것이다. 여기에 삶의 질이나 행복 같은 개념을 포함시킨다면 대단히 복잡한 평등의 추구가 될 것이다. 돈이 있어도 삶의 질이 떨어지는 사람들이 있고 반대인 경우도 많을 것이다. 결국 나보다 더 많은 것을 소유한 사람들은 반드시 있고, 나보다 더 성공한 사람들도 반드시 있다. 현실적으로 결과의 평등은 소득의 재분배를 통해 소득 격차를 줄이는 정도에 그칠 수밖에 없다.

결과의 평등을 추구할 때에 생각지 못했던 큰 문제가 생길 수밖에 없다. 결과의 평등은 다른 평등이나 자유를 훼손할 수 있다. 100미터 달리기 경주를 예로 들어보자. 선수들의 능력이 제 각각인데 결승선에 선수들이 똑같이 들어오게 할 수 있을까? 그렇게 하기 위해서는 잘 뛰는 선수는 150미터나 120미터를 뛰게 할 수 있다. 그래야 선수들이 전력으로 뛰었을 때 결승점에 똑같이 들어오게 할 수 있다. 그러나 이 방법은 선수들의 기회의 평등 또는 신분적 평등을 훼손한다. 누구나 다 똑같은 출발선에서 뛰지 못하기 때문이다. 이런 방법을 다른 분야에도 적용해보자. 장사를 잘 하는 상인이나 기업가들에게는 어떤 제약을 가해서 결과적인 소득이 똑같아 지도록 하는 것이다. 예를 들어, 은행 대출을 못 받도록 한다든지 어떤 업종에 진출하지 못하도록 한다든지 하는 방법으로 능력이 있다고 평가되는 사람들에게 제약을 가하는 방법이다. 이런 것들도 제약의 정도에 따라 기회의 평등 또는 신분적 평등을 훼손할 수 있다. 결과적 평등을 보장하는 다른 방법은 자유에 제한을 가하는 것이다. 달리기를 잘 하는 선수의 경우 잘 뛰지 못하게 몸에 무거운 추를 달거나 양다리를 끈으로 묶어 빨리 뛰지 못하게 할 수도 있다. 이렇게 자유를 속박하는 방법으로 결승전에 통과하는 선수들을 통제할 수 있을 것이다. 비슷하게 특별한 능력이 있다고 판단되는 사람들의 자유를 제한해서 결과의 평등을 달성할 수도 있을 것이다. 그래서 '결과'가 어느 시점인지 정할 수 있다고 해도, 결과의 평등을 달성하려는 시도가 있다면 다른 기본적 가치를 훼손할 수가 있는 것이다.

이런 문제 때문에 결과의 평등을 최우선의 가치로 두고 추진하는 것은 불가능하며, 앞서 보았듯이 기술적으로도 불가능하다. 이러한 이유들로 자유 민주주의에서는 신분적, 법률적, 정치적 평등을 보장하고 기회의 평등을 보장하기 위해 노력하지만 결과의 평등은 보장 불가능한 것이다. 공산주의자들은 자유민주주의가 결과의 평등을 보장하지 못함을 공격하지만, 공산주의 역시 이를 보장하지 못한다. 단지 명목상 추구하며 그것을 근거로 자본주의를 비난할 뿐이다. 자유민주주의에서는 사회보장제도라는 재분배 정책을 시행하여 결과의 불평등을 다소 완화하는 정책을 펼친다. 이것은 결과의 평등을 보장하려는 생각에서 추진되는 것이 아니라 신분적 평등을 확실하게 하고 기회의 평등을 좀 더 확보한다는 관점에서 추진된다고 봐야 한다. 자유민주주의가 시민들의 자유를 보장하는 한, 사회보장제도의 추진이 시민들의 자유에 앞서는 가치가 될 수 없다. 사회보장제도는 재분배를 기반으로 하는 제도이므로, 시민들의 재분배에 대한 합의와 생산력의 확보가 무엇보다도 필요하다. 시민들을 부자와 빈자로 나누고, "빈자들을 돕기 위해 부자들 돈을 빼앗는 것은 무조건 도덕적인 일이다."라고 말하며 사회보장제도를 운영하는 것은 시민들의 신분적 평등을 훼손하고, 납세자들의 자유를 제한하는 정책이 될 가능성이 크다. 우리나라에서 어떤 이들은 스웨덴이나 덴마크 같은 사회보장제도를 추구하면서도 부자들에 대한 증오나 질시 같은 적개심을 부추기고 그들의 재산을 빼앗아 사회보장제도를 시행해야 한다고 주장하기도 한다. 그러나 이런 태도는 사회보장제도의 재원을 빠르게 고갈시킬 것이며, 스웨덴이나 덴마크의 제도도 아니다. 그런 나라들은 사회보장제도의 재원을 마련하기 위해 자유시장경제를 철저히 보장한다. 기업 활동과 상업 활동의 결과로 이익이 발생하여야 그 이익을 바탕으로 사회보장제도가 가능하기 때문이다.

이 세 가지 개념의 평등은 우리가 흔히 일상적으로 논하는 평등 속에 포함되어 있다. 예를 들어, 양성평등을 논할 때에 여성과 남성의 법적, 신분적 평등을 보장하려고 할 때가 있고, 어떤 때에는 여성과 남성 간 기회의 평등 아니면 남녀의 결과적 평등을 주장할 때가 있다. 필자의 입장에서 보자면 남녀의 법적, 신분적 평등을 보장하는 것은 당연하고 가능하다. 남녀의 기회의 평등도 사회에서 어느 정도 보장할 수 있다. 그러나 기회의 평등을 해치는 요인을 무엇으로 보는가에 따라서 완전한 보장이 가능하지 않을 수 있다. 비슷하게 남녀 간 결과의 평등도 평등을 해치거나 달성하게 하는 요인들을 무엇으로 보는가에 따라 보장이 아예 불가능할 수도 있다. 무리하게 기회의 평등이나 결과의 평등을 달성하려는 시도는 법적, 신분적 평등 또는 자유를 훼손할 수 있음을 명심해야 한다.

(3) 천부인권, 기본권, 인권 그리고 실정법적 권리

천부인권, 기본권, 인권 등은 실정법 이전의 권리라고 말할 수 있다. 실정법은 그런 권리들을 좀 더 구체적으로 보장하기 위한 것이라고 할 수 있는 것이다. 이런 권리들은 계약론적으로 말하자면 자연상태에서의 권리이다. 특히 천부인권이라는 개념은 정부와 실정법이 없는 상태에서 권리를 말하는데, 자연상태에서는 누구나 원하는 행동을 하는 것을 권리 행사라고 말할 수 있다. 그런데 그 근거를 따지자면 하늘이 주신 것이라는 외에 달리 할 말이 없다. 그러나 천부인권이라고 불리는 이 권리의 대부분이 시민사회에 들어오면서 포기된다. 천부인권 중 자유, 생명, 안전, 재산(로크의 경우)이 시민사회에서도 유지·존중되고, 명시되지 않은 다른 권리들(즉 자기 마음대로 행사하는 많은 권리들, 다른 사람들에 대한 처벌권 등)은 버려야만 하는 것이다. 그런데 우리나라에서는 모든 천부인권이 언제 어디서나 보장받아야 하는 하늘이 주신 권리로 잘못 인식되고 있다. 즉 천부인권에 (직업 보장에 의한) 생존권, (소득 기준에 의한) 기본적 생활 보장권, (정부 보조에 의한) 인간답게 살 수 있는 권리 등이 추가되면서 정부와 사회 또는 다른 시민들이 반드시 보장해주어야 한다고 주장한다. 이런 개념의 권리들이 천부인권이 되기 위해서는 왜 그 권리들이 실정법 이전의 권리인지 설득력 있는 설명이 필요하다. 예를 들어, '새로운 계약론' 같은 이론을 제시하면서 논리적 체계를 갖춰야 하는 것이다. 그렇지 않다면, 그런 권리들은 듣기에는 그럴듯하지만 매우 임의적이라고 볼 수밖에 없다. 논리적 설득력을 갖추지 못한다면, 특정한 권리들의 위상을 실정법적 권리가 아닌 천부인권으로 끌어올려 상대방으로부터 재론의 여지를 없애려는 것, 즉 천부인권과 같은 성역화된 권리로 만들려는 의도로밖에 볼 수 없다. 이런 사정은 기본권이나 인권의 경우도 비슷하다. 기본권이나 인권에 이런저런 권리를 함부로 추가하고 성역화해서 절대적인 권리로 격상시킨다. 그 결과 우리는 인권 과잉국이 되었는데, 실제로는 자유민주주의에서 보장해야 하는 가장 기본적 권리들, 예를 들어 언론의 자유 같은 것이 잘 지켜지는 것도 아니다. 차후 이런 권리들에 대한 개념 정리부터 시작해서 불필요한 권리 과잉을 정리해야 한다고 생각된다.

무엇보다도 실정법 이전의 권리들은 보편성이 있어야 하고 쌍무적(雙

務的)이어야 한다. 어떤 인권이 있다면 누구에게나 그 인권이 보장되어야 하며 누구에게나 그 권리를 지켜줄 의무가 있는 것이다. 그런 태도와 원칙이 시민사회 구성의 필수적 요소이다. 그런데 우리나라에서는 특정한 계층에만 적용하는 인권이 아주 많다. 노동자 인권, 학생 인권, 여성 인권 등이 그 예이다. 노동자들에게만 어떤 인권이 있고 노동자 아닌 사람들에게는 그 인권이 없다면, 또 노동자들은 다른 계층에게 자신들의 권리를 요구할 수 있지만, 다른 계층에게 행해야 할 의무가 없는 것이라면, 노동자들은 다른 이들보다 권한이 더 많은 특수한 계층이 되었다고 봐야 한다. 평등한 사람들이라기보다 노동자들은 더 많은 권리를 누리는 존재가 되는 것이다.

이렇게 왜곡된 의미로 인권을 사용하는 이면에는 인권을 '약자의 권리'라는 인식이 깔려있다. 사회를 약자와 강자, 남성과 여성, 사용자와 노동자 등으로 나누고 약자에 노동자, 여성, 장애인 등을 넣으면서 그들의 권익 보호를 인권이라는 말로 포장하는 것이 시작이다. 참으로 기묘한 개념의 인권이다. 원래 약자와 강자의 구분법은 마르크스에게서 찾을 수 있다. 강자와 약자의 구분을 사용자와 노동자에 적용하였었는데, 마르크스는 인권이라는 개념을 맹렬히 반대하였다. 현재 대한민국은 마르크스의 강자와 약자의 구분을 받아들이면서 그가 반대했던 자유민주주의의 인권 개념을 왜곡 적용하여 '한국식 인권'을 만들어냈다. 그 결과로 자유민주주의의 기본인 신분적, 법률적 평등이 무너질 수 있다. 더 많은 인권을 부르짖고 법적으로 보장받을 수 있는 계층은 다른 계층보다 상위 계층이 될 수 있는 것이다. 어떤 이들은 이런 방식으로 소위 약자를 보호할 수 있을 것이라고 생각할 것이다. 처음에는 그런 효과를 낳을 수도 있다. 그러나 법적으로 이렇게 '기울어진 판'을 만들어놓고 나면, 시간이 지나면서 점점 불평등이 심화된다. 비슷한 예로, 도박장의 '회수율'이라는 것이 있다. 도박장이 어느 정도 수익을 유지할 수 있도록, 도박판에서 도박장에게 약간이나마 유리한 결과를 낳도록 하는 제도이다. 슬롯머신을 사용할 경우 도박장이 이길 확률은 예를 들어 51%, 방문객이 이길 확률은 49%로 정하는 것이다. 약간의 차이지만 도박이 반복적으로 계속될 경우 도박장이 손님들의 돈을 따가는 경우는 100%로 근접해간다. 신분상의 불평등이나 법적인 불평등은 이런 효과를 낳는다고 할 수 있다. 처음에는 작은 특권을 가지는 듯 보여도 시간이 지날수록 엄청난 특권이 될 수 있다. 처음부터 강자와 약자로 나누는 것이 잘못이라고 봐야 한다. 일부 노동자나 여성이 일시적으로 약자의 위치에 있을 수 있지만 동등한 자격을 유지할 수 있는 규정을 마련하는 선에서 실정법이 정비되어야 하며 인권을 빌미로 특권을 부여하는 것은 결국 자유민주주의를 해치게 된다.

이번에는 인권의 보편성에 대해 생각해보자. 흔히 평가하기를 우리나라는 '인권 과잉국'이라고 말한다. 인권에 대한 정확한 이해가 없는 것이 인권과잉을 불러온다고 할 수 있다. 인권이란 개념은 근본적으로 계약론 또는 자연법 사상과 연계된 것이다. 계약론자들은 이성적, 논리적 사고가 자연법이라는 생각을 하였다. 특정한 권리가 인권으로 제시된다면 왜 그것이 인권이 되는가에 대한 설득력 있는 논리가 있어야 하며, 인권의 적용은 보편성이 있어야 하는 것이다. 앞서 보았듯이, 홉스나 로크는 인간들이 시민사회를 구성하는 이유는 생명, 자유, 재산 등을 지키기 위한 계약으로 탄생한다고 보았으니, 이런 것들이 인권에 해당한다고 하겠다. 또 이 계약은 실제 계약이 아니라 논리적 사고를 할 수 있는 사람들은 누구나 동의할 수 있다고 보았으므로 여기서 보편성이 생기는 것이다. 하느님이 인권을 주었다든지 이런저런 인권을 존중해주면 누구에게 득이 된다든지 하는 이유가 보편성의 근원인 것이 아니다. 논리적 사고를 할 수 있는 인간이라면 누구나 동의할 수 있고 다른 사람들에게도 적용할 수 있는 것이 보편적 인권이다. 그래서 특정한 인간들에게만 적용되는 권리는 인권이 아닌 것이다. 예를 들어, 여성 인권, 노동자 인권 같은 용어들이 있다. 말 그대로 여성들만 갖는 인권이나 노동자들만 갖는 인권을 말하는 것이라면, 이것들은 이미 본래적 의미의 인권이 아니다. 보편성이 없기 때문이다. 여성들은 어떤 인권을 가져야 하는데, 남성들은 그 인권을 가질 수 없다면, 이 인권은 보편성이 없는 것이다. 이것은 마치 대한민국 국민들이 갖는 인권이 있는데, 다른 나라 사람들은 이 인권을 가질 수 없다고 말하는 것과 같다. 여성 인권이나 노동자 인권이 인권으로서 의미를 가지려면, 어떤 특정한 인권이 그동안 여성들이나 노동자들에게 적용되지 않았으므로 그들이 그 인권을 회복할 수 있도록 강조할 경우에 쓸 수 있는 개념일 것이다.

인권이란 계약론이란 사고 과정과 뗄 수 없는 개념인데, 이 과정을 무시한 채, 인권을 확장시킨다면 인권 과잉이 일어나기 쉬운 것이다. 그래서 우리가 인권이라고 지정할 수 있는 개념들은 홉스와 로크가 제시한 자유, 신분적 평등, 안전의 확보, 생명, 재산 등 그 수가 많지가 않다. 만약 홉스나 로크 같은 계약이론으로부터 자유민주주의적 인권이 도출되는 과정에 어떤 문제가 있다고 느끼는 사람이 있다면, 새로운 논리를 개발해서 또 다른 계약론을 제시할 수 있다. 예를 들어, 20세기 미국의 정치철학자 존 롤스는 빈곤층에게 혜택이 좀 더 갈 수 있는 새로운 계약론을 제시했다. 또 만약 누군가가 자본주의보다는 공산주의가 더 좋다고 생각한다면 마르크스의 이론보다 더 설득력 있는 계약론을 제시할 수도 있다. 그런데 이런 계약론에서 가장 중요한 것은 설득력 있는 논리이다. 설득력 있는 논리 없이 어떤 계약론을 사회에 적용하려고 한다면, 이것은 마치 잘못된 교통법규 같은 것이 되고 만다. 승용차는 오른쪽 차선으로 주행하라고 하면서 트럭은 왼쪽 차선으로 운행하라고 지시한다면 반드시 교통사고가 일어나는 것과 같은 이치이다.

그런데 이런 논리적 엄격성을 무시하고 마구 인권을 만들어내는 것이 현재의 상황이다. 원래 개념의 인권은 선험적이고 보편적인데 반해 최근 인권의 개념은 그런 조건을 충족하지 못한다. 오히려 누군가가 갖고 싶어 하는 법적 권리를 인권으로 승격시켜서 그 법적 권리에 인권이라는 절대성을 부여하려는 정치적 시도라고 볼 수 있다. 예를 들어, 보통 여성이 남성보다 열악한 상황에 있으므로 여성들의 인권은 더 존중되어야 한다는 식이라면 과연 여성이 남성보다 열등한 위치에 있는가? 이 글을 쓰고 있는 남성인 나보다도 여러 면에서 우월한 여성은 도처에 많이 있다. 체구도 크고 근력도 좋은 많은 여성 운동선수들이 있으며, 권력이나 돈을 소유해서 보통 남성을 가볍게 압도할 수 있는 여성들도 수없이 많다. 그렇다면 지극히 평범하거나 평범 이하인 나는 우수한 여성들보다 더 많은 인권을 누려야 하나? 이런 인권은 그 개념조차가 편향적이므로 당연히 보편성이 없다. 애초부터 특정인에게 더 많은 인권을 부여하는 '여성 인권', '학생 인권' 같은 말은 성립조차 할 수 없다고 본다. 자유민주주의 사회에서 시민적 평등이 이루어졌다면, 여성이나 학생이 왜 특정한 인권을 더 가져야 하고 나머지 사람들은 그런 인권을 가져서는 안 되는지 전혀 논리가 없다. 당연히 보편성도 없는 것이다. 이렇게 남발되는 '인권'은 인권이 아니라 법적 권리라고 봐야 한다. 여건이 성숙했을 때 법으로 특정한 입장에 있는 사람들을 보호하자는 것이지 그것이 보편적 인권이기 때문에 보호하자는 것이 될 수 없다고 본다. 그런데도 '인권'을 내세워 어떤 사람들은 특정한 (법적) 권리를 더 가져야 한다는 식의 논리를 전개해서 법체계와 그것에 근거한 사회 질서를 혼란스럽게 한다고 본다.

인권이란, 실정법 이전의 권리이며, 계약론적 사고의 산물로서 보편적이다. 또한 인권은 경험보다는 논리적 사고에 의존하기 때문에 선험적이라고 할 수 있다. 실정법은 이렇게 만들어진 인권을 보호하기 위한 것이며 인권은 실정법의 근간이다. 많은 법적 권리들은 실정법을 운용하며 살아가는 과정에서 필요에 의해 만들어진 권리들이므로 보편성이 꼭 있어야 하는 것이 아니다. 예를 들어, '여성 보호에 관한 법률', '학생 보호에 관한 특별법' 등이 있다고 하자. 이런 법들은 여성이나 학생에게 모두 적용되는 일반성은 있지만 보편성은 없다. 보편성은 '이성적 사고를 할 수 있는 모든 인간'에 적용되는 것이고 일반성은 대상(즉, 학생, 여성 등)에 해당하는 모든 사람들에게 적용되는 것이다. 우리나라 소년법에는 '촉법 소년'이라는 규정이 있어 10~14세 미성년자들은 범죄를 저질러도 법적 처벌을 받는 대신에 교정에 중점을 두고 있다. 그런데 이런 청소년의 권리를 인권으로 격상시키고 촉법소년이 중범죄를 저질러도 전혀 법적 처벌을 받지 않는다고 해보자. 어떤 결과가 나올 수 있나? 촉법소년이 성인들을 크게 해쳐도 피해자들은 아무런 대응을 할 수 없다. 성인들은 신분적 평등 또는 정치·사회적 평등을 보장받지 못하므로, 소년들은 특권층이 되는 것이다. 성인들의 가장 중요한 인권, 즉 기본적 평등이 훼손되는 것이다. 그래서 '촉법소년 불처벌법' 같은 것이 있다면 이런 권리는 인권이 될 수 없다. 이런 것은 필요에 따라 만들어질 수 있는 법적 권리이며 다른 필요가 생기면 그 권리를 철회할 수도 있어야 한다. 비슷하게 특별한 법적 권리들이 인권으로 간주될 때, 신분적 평등은 아주 쉽게 깨질 수 있다. 법적 권리와 인권은 반드시 구분되어야 하는데, 그렇지 않으면 인권 과잉이 생기고 평등이 무너질 수 있는 것이다.

어떤 이들은 특정한 '인권'이 너무 중요하므로 기존의 법이나 시민적 평등보다 우선해야 하는 것처럼 말하기도 한다. 이렇게 된다면 이것은 마치 '인권'을 정치적 무기로 휘두르며 특권 계급이 되기 위해 법체계를 마구 유린하는 것과 비슷하다. 공정한 법체계야말로 인권을 보호하고 시민들의 권리와 의무를 균등하게 배분하는 것이다. 그런데 인권이라는 이름으로 특정 계층에게는 더 많은 권리를 부여하고 다른 계층은 손해를 보도록 강요한다면, 결과는 불공정한 사회가 될 뿐이다. 우리나라에는 상기한 '인권'을 사회에 적용하려는 국가인권위원회라는 기관이 있어 특정 사안에 대해 독자적인 판단을 내려 사법 절차에 영향을 미치고 있다. 이것은 자유민주주의 입장에서는 적절하지 않은 것으로 생각된다. 현행 제도에서는 국가인권위원회의 권고는 초법적 판단과 다름없기 때문이다. 필자의 생각으로는, 국가인권위원회를 입법기관 안으로 옮겨서 입법 활동에 도움과 조언을 주도록 하면서 입법부의 감독도 받게 해야 한다고 본다.

특정 계층에 특정 인권을 부여하는 것은 보편성이 없지만, 확장된 인권들 중 보편성을 갖는 것처럼 보이는 것들도 있다. 생존권, 노동권, 교육권 등은 누구에게나 해당될 수 있으니 보편성이 있어 보인다. 이런 종류의 권리들이 방어적 권리로 이해될 때 인권으로 이해될 수도 있다. 즉 누구나가 자신의 생존과 노동과 교육을 추구할 수 있는 권리가 있다는 의미이고, 각 사람들은 다른 사람들과 마찬가지로 이런 권리로부터 소외되어서는 안 된다는 의미이다. 그런데 이런 권리들이 다른 사람들에게 또는 정부에게 무엇을 요구할 수 있는 권리로 인식된다면, 문제가 발생한다. 즉 다른 사람들이 나의 생존권, 노동권, 교육권들을 존중해주고 그런 권리를 실현하기 위해 도와주어야 할 의무가 있는가를 따져보지 않을 수 없다. 다른 사람들이 나를 생존하게 해주고 나에게 노동할 수 있는 직업을 보장해주고 교육도 받을 수 있도록 해주어야 하는 근본적 의무는 없다고 할 수 있다. 이런 인권이 내게 있고 다른 사람들은 나의 권리를 존중해줄 수 있는 의무가 있다면 나는 언제 어디서나 다른 사람들에게 무엇을 요구할 수 있게 된다. 이런 권리가 법적 강제성을 갖게 된다면 역시 신분적 평등을 훼손할 수 있다. 어떤 부류의 사람들은 항상 다른 이들에게 어떤 요구를 할 수 있지만, 반대편 사람들은 항상 그 요구를 존중해야만 하기 때문이다. 이것은 불공정한 권리와 의무의 분배이다. 쉽게 예를 들어보자. 국민들 중 어떤 계층의 사람들을 약자로 보고 정부와 사회는 약자들을 위한 법안을 만든다고 하자. 이 계층에 속하지 않는 사람들은 이 법안의 혜택을 보지 못할 뿐만 아니라, 법에 의해 구체적 또는 광범위한 의무를 지게 된다. 이런 법안은 약자 계층의 범위나 혜택이 늘어나면서 점점 많아지게 되고 약자에 포함되지 않는 일반 국민들은 점점 의무는 많아지지만 권리가 없는 불리한 처지로 떨어진다. 결과적으로 '법 앞의 평등'이라는 가장 기본적인 평등, 즉 신분적 평등이 무너지게 된다. 거듭 말하지만, 우리나라에서는 인권을 '약자의 권리' 쯤으로 이해하고 있는데, 이것은 처음부터 잘못된 것이다.

(4) 자유민주주의와 시장경제의 특징들

여기서는 우리들이 자유민주주의 사회의 일원으로서 살아가면서 좀더 주의를 기울여 이해해야 할 사회의 특성 몇 가지에 대해 생각해보자.

첫째, 주권재민이라는 원칙으로 알 수 있듯이, 자유민주주의 사회의 주인은 시민들이다. 각 시민들이 계약에 의해 정치 권력을 탄생시켰으니 당연히 주인이 되는 것이다. 그런데 이 주인이라는 역할에 대해 많은 사람들이 오해하고 있는 것 같다. 자유민주주의 사회의 주인은 군림하고 지위를 즐기는 봉건적 주인이 아니라, 사회의 운영에 책임을 진다는 적극적 자세를 가지는 주인이 되어야 한다. 그래서 선출직 공무원들을 끊임없이 감시하며 그들이 책무를 소홀히 하지 않는지 권한을 오·남용하지 않는지 살펴야 한다. 어떤 이들은 정치에 관심을 갖는 것은 속물스럽고 바람직하지 않은 것으로 치부하는데, 이런 태도는 무지한 것이라고 생각된다. 이런 주인 의식이 없을 때, 시민들의 정치 의식은 현실적 권력자의 동향이나 정치 권력의 향방에 대한 관심 정도에 머무르게 된다. 자유민주주의 사회의 주인이란 자유민주주의에 대한 확고한 믿음을 가져야 할 뿐만 아니라, 오만하고 게으른 주인이 되어서는 안 될 것이다. '주인'이라는 개념에서 주의해야 할 또 다른 점은 모두가 주인이라는 것이다. 흔히 저지르는 잘못은 다수의 국민들만 주인이고 이와 대비될 수 있는 공무원이나 기업인 등은 종복이라는 생각이다. 물론 이런 생각을 노골적으로 주장하는 것은 아니지만, 앞에서 말한 소수 계층의 기본권이 다수 또는 주인의 이름으로 빈번히 침해되는 경향이 있다. 특히 어떤 도덕적 이슈에 소수의 사람들이 연루된 경우 이들의 기본적 인격도 무시한 채 가혹하게 다루는 것이다. 봉건적인 '종복'의 개념을 갖고 있게 되면,

그 종복들은 하위 계급이라는 생각을 가질 수 있지만 자유민주주의에서는 계급의 상하가 있을 수 없는 것이다. 그래서 어떤 이들이 잘못을 저지르거나 그런 의혹을 받게 될 때에도 그들의 기본적 인격과 인권을 존중해야 하는 것인데 이것이 잘 지켜지지 않는 경우가 많다.

이런 주인 의식은 정부의 역할에 대해서도 다시 생각해 볼 여지가 있다. 어떤 이들은 정부의 역할은 가부장적이어야 하며 반면 국민들은 보호의 대상이 되어야 한다고 보기도 한다. 정부는 국민들의 모든 어려움을 살펴주고, "국민들의 눈물을 닦아주어야 한다."는 입장이다. 정부가 이런 일을 하지 말아야 하는 것은 아니지만, 자유민주주의 사회에서의 주인은 국민들이므로 국민들은 스스로 눈물을 흘릴 일은 만들지 않도록 노력해야 한다. 물론 인생살이란 미래를 알 수 없고 종종 어려움에 빠지기도 한다. 이럴 때 정부가 도움을 줄 수도 있다. 그러나 정부란 시민들의 대표 역할을 할 뿐 시민들과 분리된 또는 시민들 위에 군림하는 분리된 집단으로 보면 안 될 것이다. 이에 연관해서 민주주의와 민본주의의 차이를 생각해보자. 조선시대 왕정 체제에서도 민본주의가 있었다. 이것은 왕 또는 정부가 백성을 긍휼히 여기고 왕이나 정부가 백성들을 위해서 일한다는 개념이다. 그러나 이 민본주의는 민주주의와 다르다. 민본주의는 계급제도를 전제로 왕과 정부는 국민들 또는 백성들보다 높은 곳에 두는 개념이다. 어리석은 백성들을 위해서 왕과 정부가 최선을 다한다는 개념이다. 그러나 자유민주주의는 이런 계급도 없을 뿐만 아니라, 정부는 어리석지 않은 시민들이 구성한 조직일 뿐이다. 그래서 정부를 가부장적 상위 기관으로 보고 정부에 의지하려는 생각은 자유민주주의 시민의 주인 의식과 맞지 않는다.

둘째, 자유민주주의는 당연히 법치주의가 그 근간이 될 수밖에 없다. 평등한 구성원들이 모여서 계약에 의해 사회를 이룬다는 생각이 기초이므로, 법을 만들어 권리와 의무 및 문제 해결을 위한 법을 만드는 것이다. 그중 중요한 것은 절차법이다. 즉 문제 해결을 위해 어떤 절차를 미리 규정하는 것이다. 이렇게 하지 않으면 저마다 문제 해결을 자기 방식으로 하겠다고 주장하며 사회를 혼란에 몰아넣을 수 있다. 절차법이 또 중요한 이유는 평등한 주권자들이 합의한 법보다 높은 어떤 권위를 인정하기 어렵기 때문이다. 민주주의 사회에서 가장 큰 권력을 갖고 있는 행정부 수반도 법의 제약을 받으며, 주어진 권한 밖에 일을 하는 것을 경계하고 있다. 삼권분립도 지나치게 큰 권력이 만들어지는 것을 막기 위함이다. 따라서 시민들도 법치주의를 인정하고 법을 통해 문제 해결을 하는 것을 받아들여야 한다. 우리나라는 오랫동안 왕이 다스리는 사회에 살면서, 법치보다는 인치에 더 익숙한 상황이다. 그래서 공정한 법질서를 통한 법치를 중시하기보다는 권력자의 인치에 의존하려는 경향이 강하다. 따지고 보면, 우리나라 현행법들은 국민들이 절실하게 필요를 느껴 제정된 것이라기보다는 자유민주주의의 근간으로서 법체계가 국민들에게 주어진 것이라고 볼 수 있다. 그래서 빈번히 '법감정'이라는 용어를 사용한다. 예를 들어, "어떤 판결이 국민들의 법감정에 맞지 않는다."는 식의 주장이다. 그러나 전통적으로 우리는 법치보다는 인치에 의존했음을 깨닫고 법치의 원칙을 체득해야 한다.

법치주의와 함께 또 중요한 것은 언론의 자유이다. 언론의 자유는 자유민주주의의 기본적 권리인 바, 사람들 간에 제한 없는 의견교환을 장려할 뿐만 아니라, 끊임없이 다가오는 불확실성에 대해 시민들이 책임을 지고 대처할 수 있도록 하는 것이다. 예를 들어, 어떤 정책을 채택하고 어떻게 실시할 것인지 등을 누군가의 지시가 아니라 시민들의 합의에 의해 결정해야 하므로 언론의 자유가 꼭 필요하다. 그런데 언론의 자유는 어떤 사람들의 기분을 나쁘게 할 수 있다. 그래서 자유민주주의에서는 관용을 중요한 덕목으로 생각한다. 즉 당사자가 다소 기분 나쁘고 불쾌할 수 있는 말들도 관용으로써 너그럽게 대한다는 것이다. 현재 우리나라에서는 이 관용의 정신이 대단히 부족하다고 할 수 있다. 명예훼손, 심지어는 죽은 자의 명예훼손 등 감정싸움 같은 사건들을 빈번히 법정으로 가져오기도 하는데, 사법부 역시 적절한 판단을 하지 못하는 경우가 있는 것 같다. 물론 개인이나 사회에 해악을 주는 행위들마저 관용으로 대하라는 것이 아니다. 거짓 사실을 전파하거나 사실을 왜곡해서 누군가를 비방하는 등, 선을 넘은 행위에 대해서는 엄격하게 처리하는 것이 자유민주주의의 기본 원칙이지만 "기분 나쁨"이나 수치심을 내세워 상대의 입을 봉하려는 것은 자유민주주의적 행위라고 할 수 없다.

셋째, 자유민주주의 사회가 잘 다루어야 할 문제 중 하나가 '국제주의와 민족주의를 어떻게 소화할 것인가?' 하는 문제이다. 자유민주주의의 원리인 계약론은 인간의 보편적 사유 능력에 기초하고 있으므로 자유민주주의 사회는 국제주의 또는 보편주의를 받아들이는 입장에 선다. 즉 인간에게 자유가 있고 인간은 평등하다는 생각이 모든 인간 사회에 미치는 것이다. 우리 사회 안에서 노예가 존재할 수 없듯이 다른 나라 사람들도 우리의 노예가 될 수 없고 우리도 다른 나라 사람들의 노예가 될 수 없다는 것이다. 한때 미국 등 서구 사회에서 민주주의를 실행하면서도 노예제도를 운영한 적이 있었다. 그러나 자유민주주의가 정착되면서 결국은 노예제도를 철폐할 수밖에 없었다. 노예제도는 자유민주주의 사회 원리와 맞지 않기 때문이다. 이와 비슷하게 인권이라는 개념도 보편성을 갖는 것이다. 인권도 인간의 보편적 사유 능력으로부터 나온 것이기 때문이다. 인권이란 어떤 특정인들만 갖는 것이 아니라 모든 사람에게 공통으로 적용되는 권리가 되어야 한다. 인권이라고 말하는 권리들이 우리 사회뿐만 아니라 다른 사회에도 적용되어야 하기 때문이다. 예를 들어, 인권의 확대를 주장하는 사람들이 북한 주민들의 인권에 대해서는 외면하는 경향이 있다. 비슷하게 여성 인권을 주장하는 단체에서도 막상 어떤 특정한 여성이 곤경에 처했을 때, 자신들과 정치적 입장에 따라 선택적으로 지지하기도 한다. 이런 문제는 처음부터 인권에 대해 이해를 잘못했거나 인권이라는 개념을 정치적 목적으로 사용하려고 했기 때문이라고 할 수 있다. 인권이란 개개인 모두에게 부여된 권리이지 누군가가 가지면 좋을 법한 권리로 이해해서는 안 된다. 인권은 보편적으로 적용되어야 하는 개념임을 명심하여 과잉된 인권은 정리하고 꼭 필요한 인권 문제는 시정하도록 해야 할 것이다.

그렇다면 민족주의는 어떻게 해석해야 할 것인가? 민족주의는 아무래도 민족 중심적 사고이기 때문에 국제주의나 보편주의와는 대립될 수 있기 때문이다. 민족의식이 사회 구성원들의 정체성에 중요한 부분이라면 이런 민족의식을 반드시 배제할 필요는 없다고 본다. 그러나 민족의식이 지나쳐서 자유민주주의적 가치, 즉 자유, 평등, 정의 등을 훼손하거나 배타적 민족중심주의로 흐르게 된다면, 그것은 바람직하지 않을 것이다. 예를 들어보자. 우리나라 축구 대표 팀이 다른 나라 축구 대표 팀과 경기를 한다고 하자. 대한민국 사람들은 당연히 우리나라 대표 팀을 응원하게 된다. 민족의식 또는 '우리'라는 의식이 있기 때문이다. 그런데 민족의식이 지나쳐 우리나라 선수들이 반칙을 하거나 불공정한 경기 운영을 하면서까지 경기에서 이기는 것을 용인해서는 안 된다는 것이다. 경기에는 규칙이 있고 이런 규칙을 지키는 것은 우리의 민족적 가치보다 더 소중하게 인정해야 하는 것이다. 여러 해 전, 축구 월드컵 경기에서 우리나라 대표 팀이 상대 팀 문전에서 골을 넣을 수 있는 상황이었다. 그런데 심판이 오프사이드를 선언함으로써 그 기회가 무산된 적이 있었다. 경기를 관람하던 우리나라 관중들은 심판 판정이 잘못이라고 모두 비난을 했었다. 그런데 이 경기를 중계하던 우리나라 방송 해설자가 심판의 판정이 옳다고 선언했다. 그러자 모든 방송과 관중들이 이번에는 그 해설자를 비난하였다. 우리 편을 들지 않았다는 것이 그 이유였다. 그러나 시간이 지난 후 방송 화면을 반복해서 검토한 결과(그 당시에는 비디오 판정이 없었다) 심판과 해설자의 판단이 옳았음이 밝혀졌다. 그럼에도, 그 해설자는 다시 방송에 나오지 못했다. 물론, 다른 이유가 있을 수도 있다. 그런데 만약 우리나라에서 자유민주주의적 사고와 가치가 존중되었더라면, 이런 일이 일어나지 않았을 것이라고 생각된다. 규칙과 사실의 중요성을 민족이나 우리 편의 이익이라는 이름으로 무시하는 것은 자유민주주의적 사고라고 할 수 없다.

넷째, 자유민주주의 사회의 정치 형태는 다양하다. 자유민주주의의 가치를 중요시한다면 대통령제나 의원내각제 또는 이원집정부제 등 모두 허용될 수 있으며, '최소한의 정부'를 주장하는 신자유주의나 강한 사회보장제도를 채택한 북유럽식의 정부 형태도 자유민주주의 정부에 포함될 수 있다. 이런 사실을 여기서 언급하는 이유는 많은 사람들이 자유민주주의를 너무 좁게 해석하는 경향이 있기 때문이다. 특히 자유민주주의 안에도 진보와 보수(또는 좌파나 우파)가 있을 수 있는데, 서로 반대편을 자유민주주의 지지자가 아니라고 비난하기도 한다. 그러나 여러 가지 차이가 있다고 해도, 자유민주주의의 기본적 가치를 존중한다면, 어느 정도 서로 용인하는 자세가 필요하다고 본다. 이런 자세는 앞서 말한 관용의 자세와 더불어 화합과 용서를 가능하게 하여 구성원들을 단합하게 하니 서로 경쟁하면서도 상대를 불구대천의 적으로 만들지 않는 장점을 낳게 되는 것이다.

다섯째, 자유민주주의와 자본주의(시장경제)는 완벽한 제도가 아니다. 사람들의 욕망을 다 만족시키고 삶의 모든 어려움을 해결할 수 없다. 이 제도는 단지 시민들의 욕망과 의사를 다른 제도들보다 더 잘 반영할 수 있다는 것이 장점일 뿐이다. 이런 제도들은 규제를 최소한으로 해서 시민들의 자유로운 선택과 행동 또는 의사 표현을 최대한으로 보장하므로 시민들의 심성과 마음, 도덕 수준이 가장 잘 반영되는 제도인 것이다. 그러므로 시민들이 너무 다른 또는 모순적 요구를 하게 된다면, 이 제도는 제 기능을 할 수 없다. 예를 들어, 20세기 초반 독일에서는 자유민주주의 제도를 채택하고 있음에도 자유민주주의 선거를 통해 시민들이 자유민주주의를 무너뜨리는 선택을 하고 말았었다. 이렇게 시민들이 자유민주주의를 부정하는 욕구를 드러낸다면 자유민주주의 제도가 그것을 감내할 수 없다. 이것은 자유를 부정하는 자유를 용납할 수 없고, 그런 자유를 허용한다면 일반적 자유가 사라지는 것과 같다. 사람들이 적절하지 않은 욕구를 자제하고 현명하게 판단할 때 자유민주주의 제도가 잘 작동할 수 있다.

또한 사람들은 여러 가지 다른 종류의 욕망을 갖고 있다. 한편으로는 불안한 미래에 대처하고 스스로 생존해 갈 수 있도록 넉넉한 물자를 필요로 한다. 그런 욕망을 성취하기 위해 시장에서 경제활동을 한다. 그 욕망이 어느 정도 성취되면 또 다른 욕망이 표면에 떠오른다. 안전한 사회생활, 가난한 이웃들에 대한 복지, 장애인들에 대한 연민 등등이 그것이다. 이런 욕망들은 특성상 경제활동을 위한 시장에서 모두 해소되기 어렵다. 그래서 기부 또는 재분배라는 방법을 통해 해결하려는 것이다. 기부를 하거나 정부에서 세금을 통해 문제를 다루는 것이다. 그런데 시장이 이런 이차적 욕구를 해결해주지 못한다고 해서 시장이 실패한 것일까? 실패가 무엇인지에 따라 대답이 달라질 수 있지만, 실패라는 어휘가 적절하지 않다고 볼 수 있다. 예를 들어보자. 여기에 A와 B라는 두 개의 휴대폰 회사가 있다. A회사의 제품이 가격도 좋고 품질도 우수한 반면, B회사의 제품은 그렇지 못하다고 하자. 그래서 B회사는 망하기 일보 직전이고 종업원들도 일자리를 잃을 상황이 될 것이다. 만약 소비자들이 동정심도 많고 소위 패배자들에 대한 배려심도 많아 A회사 제품 대신 B회사 제품을 구입한다면, B회사는 그럭저럭 버틸 수 있을 것이다. 그런데 이런 선택이 일반화된다면 휴대폰의 품질은 점점 떨어질 것이고 기업 운영과 상품 생산의 효율성도 저하될 것이다. 이런 비슷한 경향이 과거 공산주의국가에서 일어난 일이다. 물론 그곳에서는 시장에서의 경쟁은 없었지만, 공산당 정부에 의해 낮은 생산성과 효율성이 용인되었으며 시간이 지날수록 국가 전체 시스템이 붕괴되고 사람들은 경제적 어려움에 빠질 수밖에 없는 지경이 되고 말았다. 다행스럽게 자유민주주의 국가들에서는 시장을 통해 경제적 성취를 얻어내고 또한 재원도 마련해서 경제적 어려움에 처한 사람들을 도울 수 있게 된 것이다. 필자가 말하려고 하는 것은 인간은 다양한 욕망을 갖고 있고 그 욕망이 때로는 서로 상충될 수도 있다는 점이다. 나의 성공을 위해 다른 사람보다 앞서야 한다는 생각이 있는 반면, 뒤처진 사람들에 대한 연민과 측은함도 있다. 시장경제에서 모든 욕구가 충족되기 바라는 것은, 지나친 바람이다. 사람들 스스로가 충돌하는 욕구가 있어서 모든 욕망을 한꺼번에 성취할 수 없듯이, 시장이 완벽해서 사람들의 모든 욕망을 채워줄 수 없는 것이다. 가난한 사람들이 있다고 해서 그것이 시장의 실패가 아니라, 모든 사람들의 자발적 선택의 결과일 수 있는 것이다. 그러나 경제적 어려움에 처한 사람들이 있을 때 그들에게 도움을 제공할 수 있는 시스템을 생산력 증가라는 방법을 통해 만들 수 있는 것이 자유민주주의·자본주의임을 잊지 말아야 한다.

(5) 자유민주주의사회 시민으로서 가져야할 개인적 윤리

여기서 자유민주주의 사회를 살아가는 시민으로서 가져야할 몇 가지 기본적 태도에 대해 말해보자. 첫째 자유민주주의는 기본적으로 모든 시민들의 독립적 사고를 요구하는데, 이것은 자신의 삶을 스스로 판단해서 영위할 것을 의미한다. 이런 윤리는 계약론으로부터 볼 수 있는데, 모든 사람들은 스스로 판단해서 계약을 맺을 수 있는 존재로 인식하는 것이다. 이런 독립적 사고를 개인주의라고 부를 수 있다. 우리나라에서는 빈번히 개인주의를 이기주의와 혼동하는데 개인주의는 남에게 의존하지 않고 스스로 판단하며 살아가는 삶의 기본 자세를 의미한다. 이런 생각은 자유민주주의 이전의 귀족제도 등 신분제 시대의 사고 방식이나 전체주의적 사고 방식과 대비되는 것이다. 과거에는 사람의 능력과 사고력에 등급이 있으며 그런 차이가 사람의 등급을 나눌 수 있다고 보았다. 유교에서도 사람을 인(人)과 민(民)으로 나누어 계급 제도에 정당성을 부여했고, 서양 사회에서도 신분제와 혈통에 따른 인간의 능력을 연계시켰다. 반면에 자유민주주의의 탄생 배경에는 사람들 간에 격차가 없다는 평등 사상이 자리 잡고 있으니, 모든 시민들에게 자유를 보장하여 스스로 결정하고 살아가게 하는 것이다. 그러므로 개인주의는 자율성의 근본 요소라고 할 수 있다. 그런데 실제로는 많은 사람들이 이런 독립적 사고를 하며 스스로의 삶을 책임지는 자세를 갖고 있지 못하다. 끊임없이 부모나 정부 또는 지인들에게 정신적으로나 경제적으로 의존하려고 하는 사람들이 있다. 이런 삶을 살게 된다면, 자유민주주의와 자본주의 사회에서 남들보다 좋은 기회를 잡기 어렵다. 왜냐하면 사회가 독립적 사고를 할 줄 아는 사람들을 중심으로 움직이기 때문이다.

둘째, 자유민주주의는 또한 구성원들이 자신들에게 어느 정도의 자존심을 가질 것을 요구한다고 할 수 있다. 스스로 독립적이며 자기 삶을 영위해갈 수 있는 존재이므로, 마땅히 자존심이 있어야 하는 것이다. 다른 사람들에게 무조건 나의 존재감을 강요하거나 지나친 우월감을 말하는 것이 아니다. 상황에 따라 예의를 갖추고 양보하거나 상대를 존중할 수 있다. 그러나 자기 자신에 대한 가치를 깨닫고 마음 깊이 자신을 존중할 줄 알아야 한다. 이런 태도는 다른 사람들의 자존심을 존중해주는 것과 통한다. 다른 사람들과 의견 대립이 있거나, 그들이 어떤 잘못이 있어도 상대방을 인간으로서 존중하는 것이 필요한 것이다. 즉 근본 인격을 무시하지 말자는 것이다. 같은 맥락에서 타인에 대한 굴종이나 지나친 열광 등은 자신에 대한 자존심이 부족하다는 것이며, 내가 다른 사람들에게 이런 것들을 요구해서도 안 된다.

셋째, 모든 자유의 행사에는 책임이 따른다. 책임을 진다는 것은 때로 몹시 힘든 결과를 감당하는 것이다. 다른 사람들에게 책임을 돌리는 것, 누군가가 나의 책임을 대신 져주기를 바라는 것 등의 책임 회피는 바람직하지 못하다. 앞서 언급했듯이, 모든 사람들에게 기본적인 능력의 평등이 있다고 전제함으로 모두가 동등한 존재로 인정받는 것이고 또한 동일하게 자유가 부여되는 것이다. 자유의 행사에 책임을 진다는 것 역시 스스로 판단하고 책임질 수 있는 자율적 인간임을 보여주는 것이다.

넷째, 자유는 나의 자유와 함께 타인의 자유도 보장하는 자세가 있어야 한다. 내 자유를 무제한으로 주장하는 것은 필연적으로 타인의 자유를 침해한다. 무제한의 자유를 허용하는 경우는 혼돈스런 약육강식을 조장하는 것과 같게 되고, 자유민주주의를 파괴하게 된다. 따라서 자유민주주의에서는 상호간 자유의 보장과 나아가 질서를 존중하는 시민들의 자세가 필요하다.

다섯째, 자유민주주의 제도는 기본적으로 의무와 권리로 구성되어 있다. 그 누구도 무한의 권리나 의무를 질 수 없다. 따라서 각 개인들에게 무한의 선행을 할 것을 요구할 수도 없고 해서도 안 된다. 의무는 아니지만 선행을 베푸는 것을 의무초과라고 하는데, 누구도 다른 사람들에게 의무초과 행위를 강요할 수 없다. 아프리카의 배고픈 아이들에게 돈을 보낼 것을 강요할 수 없는 것이다. 사람들이 공정하게 같은 수준의 권리를 갖게 되므로 의무 또한 같은 수준을 부담하는 것이다. 그런데 어떤 이들은 어떤 행위, 예를 들어 기부나 봉사가 좋은 결과를 낳을 수 있다는 이유로 타인들에게 그런 행위를 강요하기도 한다. 다시 말하면, 의무가 아니라 의무초과 행위를 강요하는 것이다. 이런 강요는 타인의 권리를 인정하지 않는 것이므로 전혀 도덕적이라고 할 수 없다.

자유민주주의에서 시민들이 갖추어야 하고 존중해야 하는 덕성들은 동등한 존재로서 타인의 권리와 의무 존중, 나아가 인격 존중으로 나아가야 하는 것인데, 우리 사회에서는 잘 지켜진다고 할 수만은 없다. 그 이유 중 하나가 시민들을 강자와 약자로 구분하고 약자에게는 원천적으로 더 많은 권리를 부여한다는 사고가 있기 때문이다. 이것은 시민들이 평등하지 않다는 전제를 바탕으로 하고 있으므로 권리와 의무도 평등하게 배분되지 않는 것이다. 이것은 자유민주주의적 사고가 아니라고 할 수 있다. 물론 일시적으로 상대적인 약자가 있을 수 있다. 자유민주주의에서는 법으로 그들을 보호할 수도 있다. 그러나 어떤 부류의 사람들을 약자라고 규정하고 처음부터 더 많은 권리를 가져야 한다는 생각은 신분제적 사고 방식과 비슷한 것이라고 할 수 있다.

Ⅲ

유교 중심의
전통적 윤리와
사고

우리 사회의 전통적 윤리에 대해서는 생소한 것도 아니고 그동안 연구가 없었던 것도 아니다. 다양한 연구가 있었던 만큼 세부적으로 조금씩 다를 수 있다. 그러나 큰 틀에서 보자면 대동소이하다고 할 수 있다. 본 장에서는 철학자 김태길(1920~2009) 교수가 집필한『변혁시대의 사회철학』에서 정리된 전통적 윤리와 사고의 특징을 중심으로 논의를 전개하겠다. 김태길 교수의 주장을 단지 소개만 하는 것이 아니라, 그가 잡아낸 특징들을 중심으로 필자의 생각을 전개해보려는 것이다.

1. 전통적 윤리: 김태길 교수의 논의를 중심으로

우리 민족의 역사는 반만년이 된다고 하지만, 실제로 우리의 전통과 문화의 대부분은 지난 조선왕조 시대에 형성된 것으로 볼 수 있다. 조선은 그 이전의 고려시대를 개혁하면서 많은 사회제도와 관습을 버리면서도 동시에 어떤 부분들은 계승했을 것이다. 우리는 그렇게 계승해서 변화·발전시킨 것들이 전통문화라고 본다. 즉 우리의 전통문화는 조선시대를 통해서만이 알 수 있는 것이다. 그러면 우리가 전통 윤리라고 부르는 것이 형성된 경제·사회적 배경은 어떤 것이 있을까? 이 질문에 대해 김태길 교수는 다음과 같이 세 가지로 정리한 바 있다.

① 농업경제 사회
② 주로 친족끼리 모여 사는 사회
③ 유교적 이념에 의한 인간관계와 사회 질서

이 세 가지 외에 필자는 다음 한 가지를 더 넣고 싶다.

④ 계급 제도와 왕정

물론 ④번 계급 제도와 왕정은 ③번에 포함될 수 있다. 그러나 필자가 ④번을 특히 넣고 싶은 이유는 ④번 요인이 유교적 이상과는 다소 다르게 전개된 측면이 있으며, 생생한 정치·사회적 특징이 조선사회 전체를 아우르는 진정한 윤리 의식의 근간이 될 수 있다고 생각되기 때문이다. 이 특징은 유교적 이념이 사라진 후에도 아직까지 남아서 현대 한국인들의 의식에 큰 영향을 미치고 있다고 보고 있다. 즉 유교에서의 왕정은 유교적 논리로 움직이는 이상적 군왕 제도를 상정하지만 실제 왕정은 그런 이상을 반드시 따르기보다는 좀 더 권력 지향적 특징을 보이고 있는데 우리의 전통 의식은 이런 특징에 더 뿌리박고 있는 듯하다.

① 농업경제 사회는 농업을 통해 소규모 단위의 협동과 협업을 하면서 살아가는 사회라는 것이다. 한반도는 산지가 많고 가용할 농경지가 적으므로, 조선인들은 작은 촌락을 이루면서 마을 단위의 소규모 협동이나 협업을 하게 된 것이다. 상황이 이렇다보니, 촌락이나 가문에 대한 소속감은 사람들의 정체성을 규정하는 데에 아주 중요한 요소로 작용하였고 사람들이 소속된 촌락이나 가문이 사람들이 생각하는 세상의 거의 전부라고 해도 과언이 아니었을 것이다. 이런 소규모 집단에 대한 소속감은 조금씩 희석되어가고 있지만, 지금도 면면히 이어지고 있다고 생각한다. 현재의 많은 한국인들은 어떤 집단이나 단체에 소속되는 것을 아주 중요하게 생각하고 그런 소규모 집단 안에서의 협동이나 협업을 진정한 인간관계라고 믿는 경향도 있다. 그러나 현대적 삶은 이

미 농업보다는 상공업 나아가 지식산업이 주 산업으로 바뀐 지 오래되었다. 작은 단위의 협동과 협업보다는 국가 전체, 나아가 해외의 단체와도 협동·협업하는 세상이 되었다. 그래서 스스로의 정체성을 보다 넓고 큰 사회에서 규정해야 함에도 전통적 사고에 집착하는 사람들은 작은 집단 속에 속하는 것을 더 소중히 하면서 자신들이 속한 집단의 이익만을 추구하는 경향마저 있다. 예를 들어, 지역 이기주의, 직장 이기주의, 학벌과 연고 등을 내세워 때때로 사회 전체의 공익을 해치기도 한다. 그런데 이런 행태를 비도덕적이라고 보지 않는 사람들도 있으므로 청산해야 할 전통이라고 생각된다.

또한 조선시대에는 국가에서 농업 외의 산업은 장려하지 않았기 때문에 상공업은 발전하지 못하였다. 사람들은 자기가 사는 촌락 밖으로 거의 나가볼 필요가 없었으며 기회 또한 없었다. 여러 곳을 다녀야 하는 상업은 농사에 방해가 된다는 이유로 국가에서 억압하기까지 하였다. 이런 생활로 인하여 사람들의 진취성이 떨어지게 되었다. 이런 이유로 조선사회 전체가 정체되고 새로운 발전을 기대하기 어렵게 되었다고 할 수 있다.

② 그런데 조선인들에게 이토록 영향을 준 촌락의 구성을 보자면, 주로 친족끼리 모여 사는 대면 사회였다. 혈연과 지연으로 강하게 뭉친 촌락에서는 구성원들끼리 상부상조하는 좋은 전통도 있었지만, 알지 못하는 타지인들에 대해서는 상당한 배타적이었다. 물론 타지인들을 언제나 부당하게 대우한 것은 아니지만, 그들을 신뢰하지 않고 친밀하게 대하지 않은 것이다. 그래서 어떤 마을로 이주를 해가면 몇 대가 지나도록 그 마을 사람들로부터 따돌림을 당하기도 했다. 현대에는 가족과

친족의 개념도 희박해지고 새로운 형태의 가족 개념도 생기고 있지만, 아직도 친밀한 관계 밖의 사람들을 쉽게 믿지 못하고 잘 모르던 사람들과는 쉽게 인간관계를 잘 맺지 못한다고 할 수 있다. 그만큼 가족과 친족 간의 관계가 끈끈한 정과 친밀감으로 뭉쳐있었으니 낯선 사람과 친밀한 관계를 맺기 쉽지 않은 것이다. 우리의 가족제도가 깊은 정으로 뭉쳐진 우수한 제도일 수 있지만, 현대의 인간관계는 반드시 그런 깊은 관계일 필요는 없다고 본다. 가볍고 지속성이 없는 관계라고 할지라도 서로의 약속과 상대의 권리를 존중하는 것이 현대적 삶의 자세라고 할 수 있다. 현재 우리나라에서 일어나는 범죄 중 다른 나라와 비교했을 때 월등히 많은 범죄는 사기라고 한다. 필자의 소견으로는, 전통적인 깊은 인간관계를 이용하는 범죄인 것이다. 상대와 친분을 쌓은 뒤 전통적인 끈끈한 관계를 요구하면서 상대를 속이는 것이다. 친밀한 관계를 보장하는 것 같은 작은 대면 사회(얼굴을 마주할 수 있는 사람들로 구성된 사회) 속으로 사기 희생자를 끌어들이고, 실제로는 그들을 속여 이득을 취하는 것이다. 너무 깊은 관계를 요구하기보다는 가볍지만 서로의 권리와 의무를 존중하게 된다면, 사기 범죄가 좀 줄어들 수도 있다고 생각된다.

사기 같은 범죄로 이어지지 않더라도 상대방에게 지나친 정과 친밀감을 요구하는 것은 불편한 관계로 이어지기 쉽다. 누구나 주변을 잘 살펴보면, 친하게 잘 지내던 사람들이 다투거나 헤어지는 경우를 자주 본다. 여러 가지 이유가 있겠지만, 흔히 볼 수 있는 이유로 상대를 너무 자신의 생각대로 행동해주기를 기대하는 경향이 있다. 서로 아주 친한 사이니까 내가 좋아하는 것을 상대도 좋아하고 내가 하는 말은 모두 상대가 동의해주기를 바라는 것이다. 그러나 모든 면에서 같은 사람들은 없다고 본다. 그래서 친밀도가 높아지면 높아질수록, 서로 다투거나 관계가 깨질 가능성은 점점 높아져 가는 것이다. 상대의 선택과 취향을 존중하면서 상대가 나와 다를 수 있음을 인정하는 것이 현명한 행동일 것이다.

③ 이런 촌락 사회의 질서를 유지하던 정신적 가치의 가장 큰 부분은 유교적 이념이라고 할 수 있다. 유학자들이 제시하는 복잡한 논리와 세계관을 촌락민들이 알지 못해도, 삼강오륜과 관혼상제를 규정한 유교적 예법에 따라 크고 작은 분쟁과 중대사들을 처리하였다. 유교 이념 자체를 좋다 나쁘다고 말할 수는 없을 것 같다. 고려사회가 갖는 문제점들을 해결하고자 유교 이념을 도입해서 사회에 적용한 것은 혁명적이고 진취적인 조치라고 생각된다. 그러나 조선사회가 점점 역동성을 잃고 새로운 문제들이 계속 발생할 때에 유교가 또한 걸림돌이 된 것도 사실이다.

④ 계급 제도와 왕정은 유교적 특징이라고 할 수도 있지만, 유교와 무관한 정치 사회에서도 계급 제도와 군왕이 다스리는 정치 체제는 찾아볼 수 있다. 유교가 조선사회의 문화에 전반적인 영향력을 행사하였지만, 계급 제도와 왕정은 조선사회의 정치·사회적 행동과 실질적 윤리 의식을 담당했다고 볼 수 있다. 조선사회의 계급 제도는 몹시 엄격하였으므로 하위 계급 사람들이 상위 계급으로 이동하기가 쉽지 않았다. 그럼에도 하위 계급 사람들이 겪는 불이익은 상상을 초월할 정도였기 때문에 하위 계급은 기를 쓰고 여러 가지 방법을 동원하여 양반 계급

으로 편입되려고 노력했다. 조선 말기에는 전체 인구의 60퍼센트 이상이 양반에 편입되었으나 양반 계급 안에서도 여러 배타적 계층이 존재하였으므로 기를 펴고 살 수 있는 상위 계층 사람들은 아주 적었다고 할 수 있다. 조선사회는 점점 시간이 지날수록 계급 제도에 의한 폐해, 예를 들어 하위 계급이 겪는 좌절과 억울함은 점점 커지고, 가장 바닥층인 노비들은 인간 이하의 삶을 사는 경우도 많았다. 사람들은 정치 권력의 무서움과 잔혹함 또 불공정함을 잘 알고 있었지만, 그런 현실을 개선할 수 있는 방법은 없었고, 군왕 제도와 유교 이념에 젖은 지배층은 문제 해결의 핵심으로 다가가지도 못했다. 기껏해야 역성혁명 정도를 생각할 수 있었을 것이다. 이 방법은 사회에 신선함을 불러올 수는 있지만 근본적 해결책이 되지는 못했음을 역사는 말하고 있다. 새로운 왕조가 들어서고 새로운 인물들이 나라를 이끌고 나가지만 사회가 귀족화, 문벌화되면서 앞선 왕조의 문제점을 반복하였다. 반면에 앞에서 살펴본 서구의 계약론자들은 과감히 왕권신수설을 거부하고 새로운 권력의 근거를 제시하여 사람들의 사고 방식과 사회를 새롭게 건설하였지만, 그런 혁명적 사고는 조선시대에 일어나지 못했다. 그것이 조선이 낙후되고 주변 열강에 침탈당한 원인이 아닌가 싶다.

또한 정치 권력을 무소불위라고 생각하는 경향이 강하여, 자신의 이익이나 문제 해결을 위해 권력에 의존하려는 생각도 강하게 나타났다고 생각된다. 이런 심리는 권력의 잔인함과 불공정함을 용인하는 것이다. 어차피 권력이란 그런 것이므로 내가 피해자가 되기보다는 가해자가 되는 것이 낫겠다는 생각을 할 수 있다. 물론 조선시대에 있었던 많은 권력의 충돌 사건에서 명분이나 이유 없이 무자비한 적은 없었을 것이다. 그러나 그 내면을 들여다보면, 피의자들의 기본적 권리나 배려가 전혀 없는 상황에서 그들을 처벌하는 행위가 무자비해질 수밖에 없다고 본다. 역모 사건 등에 연루되면 3족 또는 9족을 멸하거나, 운이 좋아도 졸지에 노비로 전락하여 가족은 뿔뿔이 흩어지고 모든 재산도 뺏기게 되는 상황은 잔혹하고 무자비한 것이다. 오늘날 북한에서 정치범으로 낙인찍히면 생사의 보장이 없는 정치범 수용소로 끌려가는 것과 비슷한 일들이 조선시대에도 드물지 않게 일어났다고 할 수 있다. 필자가 지적하고 싶은 것은 조선인들이 갖고 있었던 권력에 대한 시각이며 그런 시각은 면면히 전통으로 내려오고 있다는 점이다.

이런 요인들이 서로 혼합되어서 김태길 교수가 진단했듯이, 전통적 윤리의 특징은 다음 몇 가지로 정리할 수 있다. 김태길 교수가 지적한 특징들을 따르면서 필자의 생각을 더해보기로 한다. 필자가 강조하고 싶은 것은 앞에서 설명한 요인들이 어우러지면서 전통의 구체적 특징들이 어떤 모습으로 나타났는지 살펴보는 것이다.

첫째, 사람들이 평생 살아가는 세상의 전부가 친족관계로 맺어진 작은 촌락이었기 때문에, 친족 내 구성원들 사이의 관계가 가장 중요한 것이었다. 지금은 거의 잊혀진 친족 간의 호칭과 서열, 한 마을 안에서도 엄격히 자리잡은 신분적 구분 등이 존재하면서 개인보다는 소속된 집단이 우선시되는 윤리 의식이 강하게 뿌리내렸다. 이런 의식은 대한민국 건국 이후 현재에는 많이 희석되었지만, 아직도 소규모 집단에 대한 소속감이 개인들의 정체성이나 삶에 중요한 요소가 된다고 생각된다. 직장 이기주의나 지역 이기주의, 학연을 중시하는 것들은 이런 심리에서 비롯된 부정적인 결과물이 아닌가 생각된다.

둘째, 수직적 질서(상하 예절)를 존중하고 강화하는 특징이 있다. 즉, 계급과 서열을 중시했다. 촌락에서 이 계급과 서열의 정점에 있는 사람들은 연장자 양반들이었다. 많은 전통 사회에서 노인들은 그 사회에 필요한 지식과 경험을 제공한다. 조선사회의 촌락에서도 노인들이 그런 역할을 했을 것이라는 추측은 할 수 있지만, 그들은 양반이었고 그들에게 중요한 지식은 대개 실용적이 아니었다고 생각된다. 또한 사회가 진행됨에 따라 연장자와 양반들이 많은 권리를 갖게 되었지만, 그만큼 그들의 의무가 늘어난 것은 아니었다. 외국의 사례에서는 많은 권리를 가진 귀족 계급은 전쟁이 일어난다든가 국가의 비상사태가 발생하면 앞장서서 문제 해결에 노력하는 것이 정상이었다. 노블레스 오블리주(noblesse oblige)라는 말이 바로 그것이다. 서양의 귀족 계급은 무사 계급이므로, 특히 큰 변란이 발생하면 자기들 목숨을 걸고 참여하는 것이 그들의 전통인 것에 반해, 조선의 양반 계급은 대부분 변란이 일어나면 자신들을 희생하면서 국가를 방어해야 한다는 기풍이 약했던 것 같다. 평민들을 의무 이행에 밀어 넣고 자신들은 빠져나가는 경우도 많았던 것 같다. 유교의 문약함과 더불어 자신들의 권리나 권력만을 주장했던 것이 조선시대 지배층의 문제였던 것이다. 이런 전통이 아직 다 없어지지 않아, 사회에서 출세한 사람들 대부분이 외면은 화려해도 자신들의 의무를 잘 이행하지 않는 경우가 많다. 다른 사람들에게는 공정과 정의를 강조해도 자신들은 뒤로 불공정하게 자신들의 이익만을 추구하는 경향이 강하다. 이런 사람들은 조선시대의 타락한 신분적 사고에 젖어있는 것이라고 말할 수도 있겠다. 자기는 상위 계급이니 내키는 대로 무엇을 해도 되지만, 아래 계급은 모든 규정을 지키며 궂은일을 해야 한다는 것이다. 이런 잘못된 생각이 전통이라면 우리는 과감히 이런 전통을 버리고, 건전한 기풍과 의무감, 신분적 평등사상 없이는 좋은 사회를 만들지 못한다는 교훈을 잊으면 안 되겠다.

셋째, 정서적 판단의 비중이 크다는 것이다. 이것은 우리 모두가 인정하는 사실이고 김태길 교수도 강조한 부분인데, 많은 사람들이 '우리의 민족적 특성이 아닐까?'하고 생각한다. 즉 한국인들은 태어나기를 정서적, 감성적 인간으로 태어난다는 것이다. 이에 대해 필자는 좀 달리 생각한다. 사람들이 합리적으로 사고하고 행동할 때에는 기존의 생활 방식이나 사고 방식에 문제가 있다는 깨달음을 갖게 됐을 때라고 본다. 반면에 어떤 삶의 환경이나 조건이 강한 전통으로 주어질 때, 사람들은 합리적으로 따지기보다는 그런 전통에 순응하는 것이 더 편리하고 안락하다고 생각한다. 이런 삶에서는 정서적 판단과 반응이 더 필요하다. 더군다나 합리적 사고와 판단을 권력이 배제하려고 할 때에는 정서적 판단과 반응에 더 매달리게 된다. 예를 들어, 어떤 사회가 몹시 엄격한 계급 제도를 채택하고 있다고 가정해보자. 이 사회에 사는 어떤 사람들은 합리적 사고를 할 수 있다. "과연 이 계급 제도가 옳은 것일까?" 또는 "사람들은 이 계급 제도 안에서 진정한 행복을 느낄까?" 등의 질문을 던질 수 있다. 이런 질문을 출발점으로 해서 많은 논리적, 합리적 사고와 더 깊은 질문으로 발전해 갈 수 있다. 그런데 그 사회의 권력이 이런 합리적 사고를 체제에 대한 위협이라고 볼 수 있다. 그래서 계급 제도에 반하는 합리적 사고와 주장을 탄압하는 조치를 취했다고 하자. 이런 상태가 계속된다면, 이 사회의 구성원들은 괜히 권력의 눈 밖에 나기보다는 주어진 제도에 순응하면서 자신들의 안전을 도모하려는 경향이 강할 것이다. 이렇게 주어진 체제와 제도에 순응하기로 한 사람들은 합리적 판단보다는 정서적 판단에 의존하게 된다. 합리성이라는 기능을 닫아버릴 때, 사람들의 사고를 지배하는 것은 정서적 반응이나 판단이 되는 것이다. 조선시대부터 정서적 판단의 비중이 컸다는 것은, 그 사회가 몹시 경직적이어서 사람들의 자유롭고 합리적인 사고를 허용하지 않았다는 사실을 반영하는 것이라고 생각된다. 이런 사회 전통 속에서 수백 년을 살아간다면, 사회의 기풍이 달라져서 합리적 사고보다는 감정적 판단을 더 인간적이라고 생각할 수도 있고, 합리적 사고와 판단을 하는 사람들을 전통의 파괴자 또는 개인주의자 정도로 치부할 수도 있다. 오늘날에도 발생하는 여러 사회문제들에 대한 바른 이해가 없고 탐구심이 적은 사람들에게는 합리적, 논리적 생각은 불필요한 것이고, 관습과 체득에서 오는 감정적 판단을 더 중요하게 여길 수 있다.

자유민주주의 사회에서도 물론 어떤 전통이 있고 그런 전통 안에서 정서적 판단을 자주 하기도 한다. 자유민주주의를 채택했지만 전통 또한 강한 영국이나 프랑스, 이탈리아 같은 나라 사람들이 전통이 약한 미국인들보다 정서적 판단 또는 전통을 중시하는 판단의 비중이 크다고 할 수 있다. 그러나 자유민주주의의 장점이자 특성은 합리적 판단과 합리적 삶에 있다고 생각된다. 이런 장점이야말로 학문과 새로운 산업을 일으키며 사회에서 일어나는 많은 문제들을 해결해나갈 수 있는 힘이 된다고 본다. 우리가 자꾸 과거의 전통에 매달리기만 할 때, 우리는 퇴보할 수도 있다. 이런 진취적 자세가 진정한 진보이며, 과감히 과거의 불합리한 전통을 버릴 수 있어야 한다고 본다. 그러기 위해서는 우리 자신과 전통을 객관적으로 바라보면서 무엇을 버릴 것인지를 곰곰이 생각해봐야 한다고 본다.

　김태길 교수가 지적한 넷째 특징은 실질적 일처리보다는 형식과 허례를 강조하는 경향이 강하다는 점이다. 이 특징은 앞서 언급한 소속감, 친밀감, 지위로부터 오는 체면과 신분 의식 등이 합쳐져서 형식과 허례를 강조하는 경향으로 발전된 것인 듯하다. 실질적으로 바른 일처리를 하려는 사람들은 주어진 사안의 결과와 그것이 연관된 사람들에게 어떤 영향을 줄 것인가를 생각하고 공익에 맞는 판단과 결정을 중시한다고 생각된다. 반면에 허례와 형식을 중시하는 사람들은 '일처리를 통해서 타인들이 자신을 어떻게 평가할 것인가?' 또는 '자신의 위치와 평판에 어떤 영향을 줄 것인가?' 등을 우선해서 생각한다고 본다. 계급 사회 속에서는 나의 위치와 나에 대한 평판 등이 더 중요시되기 쉬운 것이다. 이런 특징은 아직도 한국인들의 사고 방식 속에 많이 자리 잡고 있지만, 현대사회에서는 좀더 실질적 일처리가 필요하다고 할 수 있다. 이미 신분제도나 좁은 사회의 예절 등이 더 이상 통용되지 않기 때문이라고 할 수 있다. 이런 허례와 형식 중시는 유교적 명분과 결합하여 합리적 사고와 실질적 문제 해결을 더 어렵게 했다고 할 수 있다.

　김태길 교수가 지적한 특징들 중 한 가지 더 언급하자면, '부의 생산이 단순노동에 의존하였으므로 부의 축적이 어렵고, 부자를 경원시하는 경향이 강하다.'는 것이다. 이것 역시 우리에게 잘 알려진 특징인데 그 이유에 대해 생각해보자. 조선사회는 농업을 중시했고, 농업을 통한 부의 축적은 당연히 어렵다. 농업 생산량은 비교적 꾸준하지만 갑자기 크게 증가하기 어렵기 때문이다. 물론 생산량을 늘리기 위한 정부 차원의 시도는 있었다. 예를 들면, 봄에 모를 심을 때 일정한 간격을 유지함으로써 생산량을 늘리는 방법 등이 있었다. 그러나 조선 말기 인구 증가에 비해 당시 농업 생산량으로는 전 인구가 풍족히 먹기에는 많이 부족했을 것이다. 그런 상황에서 가끔 천석꾼·만석꾼 등 많은 농토를 소유한 큰 부자들이 등장하는데 이들은 어떻게 부를 축적할 수 있었을까? 요즘 같으면 상공업을 통해 큰 부를 축적할 수도 있지만, 과거의 부자들은 주로 고리 대금업을 이용했다고 한다. 한 세대나 두 세대에 걸쳐 엄청난 절약을 하면서 어느 정도의 농토와 여유자금이 모이게 되면 그 다음부터는 비교적 수월했다고 한다. 큰 가뭄이나 흉년이 들면, 인근 농부들이 땅을 담보로 급전을 빌려가게 되는데 높은 이자와 거듭되는 흉년 때문에 담보로 잡힌 농토를 빼앗기게 되기 쉬운 것이다. 이런 방식으로 부를 점점 늘여 천석꾼·만석꾼이 되지만 땅을 빼앗긴 주변 사람들은 당연히 곱지 않은 시선으로 부자를 보게 되는 것이다. 과거 유학자들도 표면적으로 부에 대해 부정적 생각을 갖고 있었다. 그들도 농업 생산이 주는 한계에 대해 잘 알고 있었지만 그런 한계를 뛰어넘기보다는 그 안에 머무르려는 생각이 강했던 것으로 보인다. 그래서 부자가 되려고 하거나 귀한 물건을 탐하는 취향에 거부감이 있었던 것으로 보인다. 성호(星湖) 이익(李瀷) 같은 분도, 먼 지방의 진기한 생산품에 관심을 갖거나 그런 욕구를 해소해주는 상업을 좋게 보지 않았다. 농업을 통한 생산은 결국 모든 사람들의 끝없는 욕구를 채워줄 수 있을 만큼 풍족하지 않았으니 안분지족의 삶을 살아야 한다고 본 것이다. 그러니 부의 축적을 옳은 삶이라고 볼 수가 없었을 것이다. 아이러니하게도 그런 유학자들도 문벌화, 정치 세력화되면서 많은 부를 축적하게 된다. 상대 파벌과 경쟁하고 살아남으려면 경제력이 또한 중요한 것임을 잘 알고 있었기 때문이다. 조선 후기로 넘어오면서 나타나는 엄청난 매관매직과 탐관오리들의 전횡은 부를 추구하는 타락한 유학자들의 전형을 보여준다고 할 수 있다.

부자에 대한 경원은 현대에도 전통 같이 내려오고 있다. 노사 갈등이나 세금 부과 문제가 생길 때마다 부자들에 대한 증오와 적개심을 심심찮게 찾아볼 수 있다. 그런데 오늘날 부자들이 고리대금업이나 토지를 빼앗아 부자가 되고 있을까? 또한 노동자나 가난한 자들의 부를 빼앗아 부자가 되고 있을까? 우리가 잘 알듯이 오늘날 부의 원동력은 농업이 아니라 상공업과 지식산업이다. 새로운 제품, 새로운 시장 개척 등을 통해 부를 축적하는 시대가 된 것이다. 물론 마르크스적 경제관에 젖어있는 사람들은 '착취'에 대해 말하고 싶을 것이다. 이 부분에 대해서는 다음 장에서 설명하기로 하겠다. 즉 현대에는 생산 방식과 부를 축적하는 방식이 크게 달라졌음에도 과거에 갖고 있던 부자에 대한 나쁜 인식은 쉽게 없어지지 않고 있다. 사실은 누구나 부를 소유하고 싶어 하면서도 부자에 대한 부정적 생각을 하는 것을 강압적으로 바꿀 수는 없다. 그러나 잘못된 생각에 기초해서 인생을 살아가고 또한 사회의 정책이 결정되어 간다면, 결과는 결코 바람직하지 못할 것이다.

부자에 대한 적개심, 증오, 질투가 빚어낸 대표적 사회가 공산주의 사회임을 말할 필요도 없다. 20세기 들어 러시아와 중국, 북한 등지에서 공산주의 국가가 들어서면서 공산주의 이념과 정책은 충분히 실험되고 관찰되었다. 공산주의는 결코 좋은 열매를 맺지 못했다. 오늘날 중국에서 덩샤오핑 이래 정치적으로는 공산당을 그대로 두면서, 경제적으로는 자본주의를 실시하고 있는데, 그 결과가 어떻게 될 것인지 매우 흥미롭다. 과거 덩샤오핑과 많은 공산당 간부들은 서구식 자유민주주의로 점점 나아가는 중국을 용인하려고 했다는데, 현 집권자인 시진핑은 공산당의 권력을 강화하면서 자본주의와 자본주의적 사고를 공산주의적 가치로 통제하려는 것으로 보인다. 그간 중국의 경제성장은 공산주의 경제 방식으로 성공했다고는 말할 수 없다. 과거 마오쩌둥 시대 자본주의적 경제를 배척하고 추진한 계획 경제와 생산 수단의 국유화는 언급할 필요조차 없는 대실패로 끝나고 말았다. 중국이 다시 공산주의 경제를 주장하려 한다면 과거의 실패에 대한 검토가 선행되어야 한다고 본다.

조선은 신분적 질서에 기초한 좁은 사회였으며, 그 안에 살던 사람들은 태어나서 살아가던 촌락 밖으로 돌아다니지 않는 유동성이 적었던 사회였다. 조선인들은 주어진 사회생활에 적응하기 위해 노력했고, 정부는 제도를 정비하면서 이런 삶을 강요하게 되었다. 조선 중기 이후 확고한 유교 질서가 자리 잡혀 진취성이나 제도 개혁을 기대할 수 없었다. 오히려 진취적인 사람은 사회 체제에 도전하는 역도로 낙인찍힐 수 있었고, 사회 상층부의 사람들은 유교적 질서에 대한 자부심과 체제 유지가 근본 목표였으므로 여기에 맞추어 교육과 사회풍속이 만들어졌다. 그러다보니 진취적 인간들이 거의 나오지 않았다. 실제로 조선 중기 이후가 되어서야 진취적 사람들(예를 들어, 실학파)이 등장하기 시작한다고 봐야 한다. 이들은 조선사회에 대한 개혁의 필요성을 느끼고 있었고, 유교적 관념론보다는 삶의 실질적 개혁을 목표로 했지만, 권력 구조에 관해서는 어떤 부분을 어떻게 개혁할 것인가에 대해서는 구체적 생각과 복안이 없었던 것 같다. 탐관오리 척결과 더불어 유교적 이상을 강화하면서 실용적 사고와 기술 도입 등이 이들의 개혁 사상이었다. 그런데 가만히 따져보면, 조선시대가 갖고 있던 문제들의 근원에는 유교로 대표되는 권력 구조에 있었고, 유교의 세계관·정치관·경제관 등으로는 조선사회가 당면한 심각한 문제들을 해결할 수 없었다. 서양도 비슷한 상황을 겪게 되는데, 르네상스와 종교개혁을 거치고 계약론이라는 혁명적 생각을 통해 정치관과 정치 권력을 과감하게 바꾸어서 자유민주주의와 시장경제를 수용할 수 있는 사회로 탈바꿈시켰다. 반면 조선은 실학자들 같은 선각자들조차 여기에까지는 생각이 미치지 못했고, 사회 전체는 유교적 세계관에 얽매여 구습을 반복하기에 이르렀다. 이런 구습이 현재 대한민국에까지 전통이라는 이름으로 영향을 미치고 있다고 생각된다.

이런 환경 속에서 살다보니 결과적으로 조선인들에게 합리적 사고를 기대할 수도 없었다. 모든 갈등과 문제를 합리적으로 책임 유무를 따져 해결하기보다는 신분적 질서와 권력을 가진 상위 계급의 결정으로 해결되었기 때문이다. 그래서 사람들은 합리적 사고를 멀리하게 된다. 합리적 사고로 해결할 수 있는 사안들이 많지 않았기 때문이다. 대신에 인정과 도리에 호소하고 친분 관계에 의지하거나, 더 높은 권력에 호소해서 자신들이 처한 문제를 해결하려 했었다. 이렇게 조선 사회는 정체되어 사회 개조의 역동성이 사라지고, 구성원들은 부당한 일들을 구조적으로 당해도 해결할 길이 없게 되었다. 그러다 보니 구성원들의 불만은 점점 쌓여만 갔다. 지배층들도 더 높은 권력을 얻기 위한 끊임없는 정쟁 속에서 엄청난 소모전을 하는 형국이었고, 오늘의 권력이 내일 몰락할 수 있다는 불안감 속에서 지배층의 인성은 매몰차고 냉혹해져 갔을 것이다. 권력은 일시적으로 향유될 뿐이었고, 권력의 행사를 통해 더 나은 사회를 만들려는 시도는 별로 없었다고 할 수 있다. 지배층이 진취성이 없고 무기력하니 국가 전체의 역량이 떨어질 수밖에 없었고, 나라밖으로부터 오는 도전에 대응할 수 있는 능력이 거의 없어지게 되었다. 결국 모든 구성원들의 문제는 해결될 기미가 보이기는커녕, 문제조차 발설하지 못하는 상황이 되어, 외국의 침입 전에 이미 내부적으로는 망한 사회가 되었다고 할 수 있다. 불행하게도 우리가 소중히 받드는 전통은 이러한 어두운 상황과 밀접한 관계가 있다고 생각한다. 우리가 우리의 전통에 집착하기보다는 이제는 좀더 객관적인 입장에서 전통을 분석해 볼 때라고 생각된다. 전통을 소중하게만 생각하지 말고 과거에 대한 철저한 분석과 반성을 통해 우리의 행동 자체를 바꾸어 나가야 한다고 생각된다.

물론 우리의 전통을 모두 버리고 무조건 서양 사회를 따라가자는 주장을 하는 것은 아니다. 우리의 전통 문화 속에는 가족과 친구·친지 간에 친밀하고 정이 돈독한 관계(예를 들어, 우정과 효도 등)는 앞으로도 장점이 될 수 있는 가치들이라고 볼 수 있다. 그러나 앞서 언급했듯이 지구촌은 합리적 사고를 더 요구하는 방향으로 나아가고 있다. 물론 이것은 서구화이다. 그렇다고 전통에 매달리며 서구화를 거부하는 것은 바른 자세가 아닐 것이다. 서구적 사고의 중심도 인간의 합리성과 보편성에 있으니 우리가 서구화의 길로 나간다고 해도 이것은 서양 세계를 단지 모방하는 것이 아니라, 우리의 내부에 잠재되어 있던 능력을 새롭게 계발하는 것이라고 할 수 있다. 우리에게는 전통 속의 장점을 어떻게 현대적으로 잘 살리고 서구에서 시작한 현대 문화를 어떻게 잘 수용해서 발전시킬 수 있을지를 고민하고 대답해야 하는 어려운 과제가 주어져 있다고 할 수 있다.

2. 전통적 윤리와 사고 방식이 현대 사회에서 일으키는 문제들

이제까지는 전통적 사고와 윤리의 특징에 어떤 것들이 있는지에 대해 논의해보았다. 이번에는 이런 특징들이 현재 우리가 살고 있는 대한민국에서 어떤 마찰을 일으킬 수 있는지에 대해 생각해보기로 하겠다. 물론 모든 전통이 현재 사회와 마찰을 일으키고 있다고 말할 수는 없다. 또 모든 전통을 버리고 서구식 삶을 받아들여야 한다고 말하려는 것도 아니다. 어느 정도는 앞에서 살펴본 전통적 사고의 특징과 비슷한 내용의 반복일 수도 있지만, 이번 논의에서는 문제점에 좀더 초점을 맞추어서 생각해보기로 하겠다. 과거 왕조 시대의 가치와 사고방식에서 오는 문제는 물질적 및 정신적 근대화가 오랜 세월에 걸쳐 진행된 오늘날 서구인들에게는 상당 부분 해소되었다고 할 수 있다. 그러나 한국인들은 일본에 의한 식민지 시대를 거쳐 타율적 해방과 압축적 경제성장이라는 과정을 거치면서, 현대 사회가 요구하는 사고방식과 인간형을 충분히 이해하지도 못했고 내재화시키지도 못했다고 할 수 있다. 그렇기 때문에 전통적 윤리관이 강하게 남아 있고, 이것과 현대 사회가 요구하는 윤리 사이의 갈등이 다른 사회보다 크다고 할 수 있다. 현대 사회에서 드러나는 전통 윤리의 문제들 중 다음과 같은 것들이 두드러진다고 할 수 있다.

(1) 계급주의적 사고와 그것에 부수하는 행태들

현대 생활에서 더 이상 계급은 존재하지 않지만, 사람들 간에 서열을 강하게 의식한다고 생각된다. 이런 서열 의식에 집착하는 사람들은 근거 없는 상대적 우월감이나 열등감을 갖기도 하고 더 높은 서열을 차지하기 위한 불필요한 갈등을 일으키기도 한다. 또한 자유민주주의 시장경제와 더불어 도입된 경쟁이 이런 서열 의식을 더 강화하기도 한다. 어떤 사람들은 무슨 방법을 쓰던지 서열 속에서 일정한 자기 몫과 우월한 위치를 유지하려는 생각이 강하다. 더 높은 서열로 나아갈 수 없다면, 자신보다 낮은 서열의 사람을 일정 수 확보해두는 것이 필요하다고 생각하는 경향도 있다. 서열을 높인다는 것은 출세한다는 의미인데, 출세욕이 강한 사람들은 자신의 능력 향상보다는 연줄 같은 것을 만들어 출세를 하려고 한다. 출세를 통한 물질욕, 권력욕 등을 채우기 위해 서열로 조직된 집단을 구성하는 경향도 있다. 물론 모든 사람들이 이런 목적으로 서열 확보를 하려는 것은 아니다. 많은 사람들이 서로를 존중하는 바람직한 삶을 살고 있는 것도 사실이다. 요즘 서열 의식으로부터 오는 어떤 개념에 대해 생각해보기로 하자. 그것은 소위 '갑질'이라는 것인데, 실제로 부당한 권력의 행사가 많이 있을 수 있다. 그런데 어떤 때에는 부당한 권력의 행사보다는 소위 약자들의 피해의식으로 인해 표출되기도 한다고 생각된다. 계급이 없어져도 현대 사회는 일의 배분과 원활한 수행을 위한 권한은 있을 수밖에 없다. 즉, 조직 내에 어떤 서열 관계나 권력 관계가 있을 수밖에 없다. 회사·관청·학교 등지에서 모두가 수평한 관계일 수가 없는 것이다. 그런데 어떤 사람들은 상급자의 권한 행사를 불편하게 느낄 수도 있다. 이런 권한에 의한 상하 관계를 소위 '갑질'이라고 느낄 수 있다. 예를 들어, 어떤 회사에서 상급자는 어떤 일에 대한 결정을 하고 하급자들에게 일의 실행을 강하게 지시할 수 있다. 일에 의한 상하 관계에서도 피해 의식이 강한 사람들은 상사의 지시를 갑질이라고 느낄 수도 있다. 필자가 말하고 싶은 것은, 갑질이란 서열 의식에 의해 실제 일어나는 일일 수도 있고, 서열 의식 속에서 일어나는 피해 의식일 수도 있다. 국민들이 서열 의식에서 벗어날 때에, 사람들 간의 권력 관계도 좀 더 건전하게 받아들일 수 있다고 본다.

　서열 의식이 존재하다보니까 그런 서열 의식을 확인하는 많은 비민주적 의식들이 존재하고 있다. 예를 들어, 요즘에는 많이 줄었지만, 대학에서도 상급생들이 신입생들의 군기를 잡고 무리한 일을 하게 함(hazing)으로써 상급생의 권위와 지위를 확인하려고 한다. 이런 의식들을 집행하는 이들은, 서열 질서 속에서 일정한 자기 몫과 우월한 위치를 유지하려는 생각이 강하다. 자신보다 낮은 서열의 사람들을 어느 정도 확보해두면서 자신의 위치를 확고히 하는 것이 필요하며, 상위의 서열에 있는 사람에게서는 자신에게 이익을 줄 수 있는 어떤 능력을 확인하는 것도 중요하다. 이런 서열 의식은 자유민주주의 사회에 도움이 되지 않는데, 왜냐하면 인간의 평등함에 기초한 자유민주주의 질서와 배치되기 때문이다. 오늘날 한국 사회에서 이런 서열 의식이 잘 사라지지 않고 있다. 우리나라 직장에서는 연령이 높은 사람을 아래 직책에 두기를 꺼려하고 반대로 연령이 낮은 사람을 상사로 두는 것에 거부감이 있다. 따라서 거의 모든 직장에서 신입사원의 연령을 제한하는 조건들이 있는데, 서열 의식 유지에 도움이 되기 때문이라고 본다. 중·고등학교에서는 우수한 학생의 월반 제도가 계속 좌절되고 있다. 이런 것들도 선·후배 관계라는 서열 의식을 파괴한다고 보기 때문인 듯하다. 이렇게 서열 의식이 명백히 드러나지 않으면서도 사회의 구성원들의 행동 양식을 지배하고 있는데 이것은 자유민주주의 질서 확립에 도움이 되지 않는다고 본다.

서열은 권력 구도와 밀접한 관계가 있다. 서열을 정하기 위한 노력, 또는 서열의 상층부를 점유하기 위한 노력 등은 권력 투쟁으로 나타난다. 오늘날 한국 사람들이 정치 권력의 동향에 민감한 것은 이런 요인과 밀접한 관계가 있다. 한국 사회에서 공식적으로 계급이나 서열이 존재하지 않지만, 서열 의식이라는 허위 의식을 갖고 있는 사람들은 부단하게 서열 상승을 시도하며, 존재하지도 않는 신분 상승의 헛된 꿈을 꾸게 된다. 또 이런 사람들은 세상을 계급이나 서열로 구성(신분 사회)되어 있다고 봄으로써 건전한 자유민주주의의 발전에 걸림돌이 된다.

서열 상승에 대한 욕구가 강하다는 것은 특권을 갖겠다는 욕심이 강하다는 것을 말한다. 상위 서열을 차지한다는 것은 어떤 특권이 동반됨을 기대하기 때문이다. 사회조직상 조직의 상층부가 일을 제대로 수행하기 위해 일종의 특권이 있어야 함은 피할 수 없는 일이다. 그러나 불필요한 곳에서 특권을 찾고 서열 게임을 하는 것은 자유민주주의적 질서와 맞지 않는다. 이런 생각이 강한 사람은, 자신이 어떤 행위를 해도 괜찮지만 다른 이들은 그런 행동을 해서는 안 된다고 보는 경향이 강하다. 과거 양반과 같이 자기는 특권적 지위를 누려도 되지만, 다른 사람들은 자기보다 아래 서열이므로 자신과 같은 행동을 해서는 안 된다는 것이다. 즉 "내가 하면 로맨스, 남이 하면 불륜."이라는 속어가 잘 맞는 경우가 된다. 자유민주주의가 제시하는 평등은 이런 서열 의식에 대한 대안이다.

권력의지가 약한 사람들에게도 서열 의식은 부정적 효과를 낳기 쉽다. 이 경우 빈번하게 사람들은 피해의식을 갖게 된다. '누군가 나를 깔아뭉개지 않을까?' 하는 두려움이다. 물론 법이 존재함을 누구나 다 알고 있지만, 법도 궁극적 의지처가 되지 못한다고 생각할 수도 있다. 법이란 힘 있는 자의 도구가 되기 쉽다고 생각하며 미리 좌절부터 한다. 자유민주주의에서 이런 태도도 역시 바람직하지 않다. 인간의 평등함을 믿고 법이 오용되는 경우 분연히 잘못을 지적할 수 있어야 한다. 자유민주주의에서는 모두가 사회의 주인이기 때문이다. 어떤 이들은 주장하기를, 이런 권력의지가 약하거나 불리한 위치에 있는 사람들을 보호하는 것이 자유민주주의 제도의 목표이어야한다고 한다고 한다. 물론 제도적으로 불리한 위치에 있는 시민들을 보호하는 제도가 마련되어야 한다. 그러나 소위 '약자 보호'가 자유민주주의의 목표가 될 수 없다. 왜냐하면 "모든 시민들은 평등하고 스스로 자신의 문제들을 해결하면서 삶을 영위할 수 있는 능력을 갖고 있다."는 믿음 위에 자유민주주의가 성립하기 때문이다. 자유민주주의는 과거의 정치 체제와 달리 사회 전체적으로 지향해야 하는 관념적 목표가 없다고 할 수 있다. 굳이 목표를 기술한다면, 각 시민들은 기본적 의무와 권리를 이행하면서 각자가 갖고 있는 개인적 가치를 자유롭게 추구하는 것이라고 할 수 있다. 또한 이런 삶의 태도가 사회전체에 다가오는 많은 문제들도 합리적으로 잘 해결할 수 있다는 믿음을 동반한다. 소수 엘리트도 필요하지만 그들에 대한 의존보다는 전체 시민들의 능력에 대한 신뢰가 더 큰 것이다. 이 또한 평등이라는 가치가 중요하기 때문이다.

실제로 우리 민족은 수천 년간 계급적 사회구조에서 살아왔으며 그로 인한 피해의식이 대단히 크다고 할 수 있다. 특히 최근 조선시대에서 노비와 같은 낮은 계급 사람들에 대한 처우는 상상할 초월할 정도로 나빴다. 대한민국의 건국 이후 계급이 없어졌음에도 계급적 차별에서 오는 두려움은 쉽게 없어지지 않는 듯하다. 누군가가 권력이나 기타 다른 수단을 통해 나를 누를 수 있다는 두려움이 세대를 거쳐 지속되고 있다. 물론 이런 두려움은 부당한 횡포에 대한 저항으로 이어지기도 하지만, 자신이 높은 서열이나 권력을 차지했을 때에는 무자비한 상전으로 돌변하기도 한다. 이런 계급적 행태는 모두 바람직하지 않은 것들이다. 자유민주주의의 발전과 평등 정신의 발휘를 통해 점진적으로 개선될 수 있을 것이며 과거에 비해 점점 나아지고 있다고 할 수 있다. 하지만 아직도 계급이나 서열과 연관된 심리가 많이 있다고 할 수 있다. 예를 들어, 허영심이나 과시욕 같은 것들이 이런 의식을 반영할 수 있다. 누구나 허영심을 가질 수 있지만, 합리적 사고를 발휘해서 지나친 허영을 자제해야함은 말할 필요도 없다. 허영심은 서열 의식과 만나면서 외모지상주의, 과시욕구 같은 것을 만든다. 완벽한 외모를 꿈꾸며 이것이 또한 사람 간 서열의 기준이 될 수 있다고 보는 것이다. 부(富)나 권력의 소유 정도가 때때로 서열적 기준이라고 생각하는 것과 비슷하다. 이런 기준들은 일차적으로 개인들이 만든 허상 같은 것이지만, 많은 이들이 이런 생각에 동조하게 되면 사회 전체가 비뚤어진 기준에 의해 굴러가게 될 것이다. 즉 국민들이 건전하고 합리적 사고와 행동을 하지 못하면 사회 자체가 건전하지 못하게 되고 미래가 어두워진다.

비슷한 예로 수동적 의사소통을 지적할 수 있다. 계급이 존재하던 시대에는 솔직한 의사 표현이 큰 위험을 초래할 수도 있으므로 서열적 질서 속에 자신을 조용히 숨기는 것이 미덕이었다. 그러나 그런 습성이, 각 개인들의 활발한 의사 표시를 요구하는 자유민주주의에서는 미덕이 아니다. 오랫동안 자신을 숨겨오던 습성은 의사소통의 부재와 같다고 할 수 있다. 그러나 불만이 없어지는 것은 아니다. 그러니 솔직한 자기 의사

표현과 소통이 없다가 어떤 순간 갑자기 일시에 불만을 폭발시키는 경우가 있다. 현대 사회에서는 직접적 소통을 통해 갈등을 지속적으로 해소하는 것이 바람직하다. 또한 갈등 해소를 위해서는 전향적 자세, 즉 솔직함·관대함 같은 것들이 필요한 것이다.

(2) 좁은 사회의 윤리를 극복하지 못함

좁은 사회란 대면 사회로서, 혈연과 지연, 학연 등에 기초한 사회이며 이런 좁은 사회를 효과적으로 유지해주는 윤리로는 유교가 대표적이었음을 언급해왔다. 반면에 오늘날 국가는 서로 친숙하지 않은 많은 시민들을 포용한 거대 익명 사회라고 할 수 있으니 윤리적 자세도 바뀌어야 한다.

① 전통사회에서는 경제력이나 권력이 있는 친족·친지에게 의지해서 사는 삶이 일반적이었다. 지금은 친족 간의 유대감이 많이 사라지고는 있지만, 아직도 부모·친구·친지에게 의존하고, 권력(정부)에 의존하려는 습성이 아직 강하다고 할 수 있다. 이런 의존 성향의 원인은, 전통적으로 스스로의 힘과 생각으로 삶의 문제를 해결하기보다는 계급적·서열적 구조 속에서 문제를 해결하는 습성이 강하기 때문이 아닌가 싶다. 계급적이고 집단적인 삶 속에서 성공하는 방법은 힘 있거나 힘이 있어 보이는 존재들에게 의존하고 그들에게 줄서기 하는 방식이 더 효과적이었기 때문이다. 심지어 이런 의존 성향이 악화되어 소위 인간관계를 이용한 줄서기를 하기도 한다. 혈연 외에 학연, 지연 등을 최대한 이용해서 개인적 목표를 달성하는데, 능력을 발휘해서 삶의 목표를

얻는 것이 아니라 불공정한 방법으로 욕심을 채우는 것이다. 이런 태도는 대개 비도덕적·불법적 결말을 낳기 쉽다. 남에 대한 의타심을 버리고 자신의 능력을 갈고 닦아 인생의 목표를 달성하는 것이 바람직하다.

② 현재와 같은 민주주의 사회에서 전통적 대면 사회 방식에 의존하는 태도는 공정성을 훼손하기 쉽다. 대면 사회에서 익명 사회로 전환하면서 공정하게 배분된 의무와 권리에 대한 의식이 정착되어야 한다. 그러나 좁은 사회의 윤리에 매여 있는 사람들은 익명 사회적 윤리가 낯설기만 하고 거추장스럽기까지 하다. 특히 익명 사회에서는 소집단의 일원으로서보다는 큰 사회의 일원, 즉 모두가 평등한 시민이라는 의식(시민 의식)이 우선되어야 한다. 그러나 전통적인 좁은 사회 의식에 집착하는 사람들은 이런 시민 의식이 부족하기 쉽다. 예를 들어, 자기가 속한 소집단의 이익보다는 사회 전체의 이익을 존중할 줄 아는 사고방식이 부족하고, 편파적이거나 지역적 관습을 더 중요시해서 사회 전체의 공정성을 소홀히 할 수 있다.

③ 익명성에 기초한 자유민주주의는 우리 전통이 아니므로 전통적 윤리의식으로는 자유민주주의를 제대로 파악할 수 없음이 당연하다. 자유민주주의가 단지 다수결 원칙에 근거하는 제도적 장치만이 아님을 앞서 필자는 주장하였다. 그래서 자라나는 세대에 자유민주주의적 가치관을 교육해서 문화로 자리잡게해야 함에도 불구하고 최근 중고등학교 교육은 이런 점을 등한시한다고 본다. 입시교육에 과도하게 치중하는 문제도 있으나, 요즘은 과거의 전통적 사고를 마치 더 바람직한 것처

럼, 아니면 소위 '진보적 의식'이 자유민주주의의 대안이 될 수 있는 것처럼 강조되기도 한다. 한편으로는 낯설고 익숙하지 않은 자유민주주의적 윤리보다는 익숙한 전통적 윤리에 더 끌릴 수도 있다. 그러나 전통적 윤리로는 자유민주주의 체제를 운영해 나갈 수 없다. 이것은 정밀한 최신 기기를 낡은 소프트웨어로 작동시키려는 것과 같다.

이런 현상은 대한민국에 자유민주주의 발전을 선도하는 주체 세력이 약하다는 점과도 상통한다. 일제시대에 민족지도자들이 자유민주주의를 지지했지만, 이 이념을 제도로서만이 아니라 지속적인 문화로 자리 잡게 하려는 노력이 부족했다고 본다. 당시 지도자들도 자유민주주의를 문화로 받아들여 우리 사회에 정착시켜야한다는 생각까지는 미치지 못했던 것이 아닌가 싶다. 그러다보니 아직까지도 자유민주주의 가치를 진정으로 옹호하고 정착시키려는 주도 세력이 굳건하지 못다고 본다. 물론 정치적으로 또는 다른 목적으로 자유민주주의를 내세우는 사람들은 많다. 그러나 이런 이들 모두가 자유민주주의를 잘 이해하고 순수한 마음으로 자유민주주의를 옹호하지는 않는다고 생각된다. 대한민국 자유민주주의의 장래는 이런 주도 세력을 양성할 수 있는지에 달려있다고 봐도 무방할 것이다. 주도 세력이란 자유민주주의적 가치를 존중하고 실천하려는 사람들인데, 여기에는 사회 지도층이나 여론 주도층과 더불어 이런 가치를 이해하고 지지하는 중산층이 필수적이다. 우리나라에서 자유민주주의적 가치의 정착이 잘 되고 있지 않은 단적인 사례가 있다. 최근 중산층에 대한 신문기사가 있었는데, 우리나라에서는 철저히 소득이나 재산 같은 부의 소유를 기준으로 중산층을 정의하는 반면에, 서양에서는 '자신의 신념을 당당하게 주장하는 것'이라든지 '약자를 돕고 불의에 저항하는 것'이라든지 '페어플레이를 하는 것' 등 좋은 가치를 얼마나 내재화하고 있는지가 중산층의 기준이 었다. 이런 가치들은 자유민주주의 사회에서 훌륭한 시민이 될 수 있는 기준들이니 우리도 자유민주주의적 가치 수용에 좀더 노력을 기울여야 할 것이다.

④ 다양한 의견을 수용하고, 이견을 존중하면서 합의를 도출하는 데에 우리의 약점이 있다. 왜냐하면 이런 다양한 의견의 통합과 양보는 익명 사회에서 기본적으로 요구되는 과정인 반면에, 질서와 신분이 고정된 대면 사회에서는 거의 불필요한 것이기 때문이다. 대면 사회에서는 대개 신분이 높은 인사가 결정을 하는 것이 합의보다 중요했을 것이다. 그러다 보니 건전한 합의를 하는 문화 풍토가 부족했다고 볼 수 있다. 건전하고 합리적 합의를 잘 못하니, 사람들은 대개 자기들의 입장만을 내세우고 감정적 대응을 하게 된다. 빈번하게 강경한 입장을 주장하면서 자기의 순수함 또는 도덕성을 강조하는 것이 더 바람직해 보일 수 있다. 심지어는 저항하거나 상대편을 무자비하게 깎아내리는 행동을 더 순수하고 정직한 것으로 보는 잘못된 문화도 자리잡고 있다. 타협이나 합의를 위한 대화를 순수하지 못한 행위로 보는 경향이 강하다보니 사회의 중요한 문제들을 자발적으로 잘 해결하지 못하는 경향이 있다. 특히 상당히 큰 집단적 이익이 걸려 있을 경우, 이런 떼쓰기 같은 행태는 더 큰 위력을 발휘한다. "목소리 큰 쪽이 이긴다." 또는 "독한 놈이 이긴다." 같은 속설이 신조처럼 작동하기도 한다. 그러나 건전한 대화를 통한 합의와 양보가 없다면 사회는 계속해서 분열해 나갈 것이

다. 나의 이익 또는 내가 속한 집단의 이익을 위해서는 사회가 박살나도 상관없다는 파멸적 행태로 귀결될 수도 있다.

⑤ 좁은 사회의 행태에 익숙한 사람들은 친밀하고 친숙한 소속감이 중요하므로 무리를 지어 비교적 작은 집단에 소속되기를 좋아한다. '작은 집단'이란 서로 대면적 관계를 지속하는 직장일 수도 있고, 학연·혈연·지연 같은 인연에 의한 관계일 수도 있고, 같은 취미와 관심사로 엮인 동호회가 될 수도 있다. 물론 공동의 이익으로 묶인 각종 기업이나 노동단체 등도 이런 집단에 포함될 수 있다. 이런 소속감 자체는 좋고 나쁨이 없으나 결속된 집단과 단체가 바람직하지 않은 방향으로 발전하기도 한다. 소집단을 이용해 개인이 부당하게 자신의 이익을 도모하거나 구성원 전체가 단합해서 다른 이들로부터 이익을 과도하게 빼앗아 내려고 할 때 그런 소집단은 사회 전체에 해가 되는 것이다. 극단적인 예가 조직폭력 단체이다. 그러나 합법적 단체에서도 자유민주주의의 가치인 공정한 경쟁이나 법질서를 준수하지 않는다면 바로 불법적 단체나 마찬가지가 되는 것이다. 작은 집단이나 조직에 강한 소속감을 갖고 있고 충성심을 보이는 사람들은 사회 전체가 요구하는 덕목보다는 집단의 이익을 지나치게 추구하는 경향이 생길 수 있으며 그런 사람들이 많이 모인 경우에는 집단의 타락을 막기 어렵다고 할 수 있다. 소집단을 통해 불공정한 경쟁을 즐기는 사람들은 자기 집단에 속하지 않거나 독립적 행동을 좋아하는 사람들을 적대시하는 경우가 있을 수 있다. 후자의 사람들을 기댈 곳이 없는 사람들이라고 경시하거나 무시하기조차 한다. 현시점에서 대한민국에서 가장 불리한 위치에 있는 사

람들은 어떤 세력에도 속하지 못했거나 기댈 언덕이 없는 사람들이라고 할 수 있다. 사회의 중요한 의사 결정 과정에서 집단들의 요구에 더 귀를 기울이다 보면, 분리된 상태에 있는 일반 시민들이 가장 불리한 처지에 놓이는 것이다. 힘 있는 단체들 또는 단결이 잘 되는 노조 같은 단체들이 정부에 과도한 영향력을 행사할 때 사회의 공익이 세력 있는 집단의 이익에 희생되기 쉬운 것이다. 이런 현상이 빈발할 때에 당연히 자유민주주의는 퇴보하는데, 더 무서운 것은 사람들이 이런 세력의 행사를 당연한 것으로 여기는 것이다.

자유민주주의는 정직함과 능력을 존중하고 서로 간의 개성 또한 존중하며 나와 다름을 인정하는 아량과 모든 사람의 가치는 평등하다는 정신 위에서 꽃 피울 수 있다. 이익이 앞에 있다고 해서 나와 남을 적으로 만들려 하지도 말고, 무리를 지어 부당하게 이익을 낚아채지 말고 공정한 경쟁과 경쟁의 결과를 받아들이는 정신이 없다면, 자유민주주의·시장경제는 유지될 수 없다. 자유민주주의·자본주의 정신은 건전한 스포츠맨십과 비교될 수 있다. 그러나 사회를 건전한 경쟁의 장이라고 보기보다는 약육강식의 장이라고 보는 사람들이 많다면 그 사회는 약육강식의 사회가 될 것이다. 또 공정이나 준법 같은 가치는 말뿐이며 실제로는 이전투구가 불가피하다고 보는 사람들이 많은 사회는 이전투구의 사회가 될 것이다. 이와 같이 사회는 우리의 생각과 가치를 투영해서 만들어가는 것이니 좋은 자유민주주의 사회가 되기 위해서는 개인들이 좋은 가치를 갖고 행동해야한다.

(3) 도덕적 명분의 악용

과거 조선시대에는 유교적 명분이 중요한 사회였다. 당시의 명분이란 유교적 이상의 실현과 유지를 위한 정신적 기둥 같은 것이었다. 조선 중기를 거치면서 유교적 명분은 반대파를 제거하고 탄압하는 수단이 되었다. 수많은 당파 싸움의 표면에는 이런 명분이 동원되었다. 이런 전통은 오늘날에도 어느 정도 반복되는 듯하다. 사회의 다양한 문제들을 다루면서 문제의 정확한 진단을 시도하고 해결책을 제시하기보다는 그 문제에 관련된 사람들, 특히 그들의 인간성이나 도덕성을 공격함으로써 반대파의 제거에 더 역점을 두는 경향이 있다. 결국 문제 해결은 지연되지만 사람들을 자꾸 바꿈으로써 문제 해결에 다가가는 인상을 줄 뿐이다.

이런 도덕적 명분이 더 심각하게 악용되는 경우도 있다. 민족적 감정이나 기타 호소력이 있어 보이는 명분들을 이용해서 상대를 공격하거나 제거하려고 하기도 한다. 예를 들어, 친일 논쟁, 독재 논쟁, 친미 논쟁 등이 있다. 무엇이 친일이고 독재이고 친미인지를 미리 잘 규정하거나 또 어떤 확실한 증거가 있는지 살펴보지 않고, 감성을 동원한 명분을 내세워 상대방을 비방하는 경우가 빈번하다. 심지어는 사실관계가 아예 무시되기도 한다. 특히 대중들이 감성적일 때, 이런 방법은 더 효과적이다. 이쯤 되면 도덕적 명분을 내세운 선동에 불과하다. 흔히 말하는 포퓰리즘(populism)도 이런 형태를 띨 수 있다. 사실과 진실이 무시되는 도덕적 명분은 문제 해결에 아무건 도움이 되지 않는 만큼, 해로운 것이라고 할 수 있다. 이런 비합리적 사고는 아무리 도덕적 명분을 내세운다고 해도 윤리적 사회를 만드는 데 전혀 도움이 안 된다.

(4) 풍부한 감성의 부정적 측면

김태길 교수가 강조했듯이, 한국인들은 감정과 정서가 풍부하다고 할 수 있고, 부정적 감정, 즉 시기·질투·증오·분노 등도 강하다. 예를 들어, "사촌이 땅을 사면 배가 아프다."는 속담은 한국인들의 부정적 감성을 솔직하게 보여준다. 이런 감정을 앞세워 다른 사람들을 평가하게 된다면, 사람들은 부정적이고 냉소적 인간이 되기 쉽다. 사소한 이유로 남을 증오하거나 질투를 시작하고 잘 멈추지를 않는다. 더욱 나쁜 현상은 이런 감정을 합리화하려는 경향이 강하다는 것이다. 자신이 남을 시기·질투·증오한다고 스스로 인정하지 않고, 상대의 작은 결점을 찾거나 사소한 실수를 근거 삼아서 시기·질투·증오를 정당화하려 한다.

또한 남을 증오하고 질투하는 것을 마치 정의로운 행동인 것처럼 왜곡하기도 한다. 이런 행위는 자신의 잘못된 감정을 합리화하려는 것일 뿐이다. 이런 종류의 '정의'로는 사회를 발전시킬 수 없다. 이런 형태의 정의로 무장한 사람들은 빈번히 법질서조차 무시한다. '내 생각과 행동이 충분히 정의로우니, 나의 행위를 막는 법질서는 잘못된 것이다.'라는 생각을 갖고 있을 수도 있다. 이런 생각은 자신의 판단만이 옳고 다른 사람들은 자신만 못하다는 근거 없는 우월감에 바탕을 두고 있을 수도 있다. 부정적 생각을 합리화하기 위해서는 일종의 아집을 가지게 되고, 아집에 따라 행동하게 되면 사회의 분란만을 조장하게 된다. 이런 사태를 막기 위해서 법이 존재하는 것이다. 미리 정해놓은 절차(절차법)에 따라 분란을 해결해나가는 것이다. 나만이 옳고 나의 생각은 꼭 실현되어야한다는 잘못된 주장은 사회 문제를 해결하지 못하고 더 나쁜 상태로 떨어뜨리게 된다.

어떤 사람들은 풍부한 감성이 우리 민족의 특성이라고 말한다. 우리의 문화 속에서 풍부한 감성이 특징일 수 있지만, 한민족 또는 한국인들 자체가 다른 민족보다 더 풍부한 감성을 갖고 태어난다고 보기는 어렵다. 사람들이 사는 사회의 문화가 달라도 사람들의 기본적 성향은 다 비슷하다고 할 수 있다. 백인들이 다른 인종들보다 타고난 지능이 뛰어나다고 할 수 없다. 단지 백인 문화권이 다른 문화권보다 두뇌 훈련을 어려서부터 더 요구한다고 말할 수는 있다. 비슷하게 한국인들이 특히 다른 민족들보다 좋은 지능이나 판단력을 갖고 태어나는 것이 아니며, 더 풍부한 감성을 갖고 태어난다고 볼 수도 없다. 단지 우리의 문화가 특정한 방향으로의 발달을 장려하고 있다고 할 수 있다.

부정적 감정을 앞세울 경우 합리적 생활이나 합리적 논의는 고사하고 인간관계를 더 분열시키고 악화시키기 쉽다. 부정적 감정을 내뱉는 것은 상대의 감정을 해치게 되고 즉시 설전으로 발전했다가 싸움으로 이어지기 쉽다. 상해버린 감정을 가지고 합리적·논리적 논의를 다시 시작하기가 불가능하다. 더 큰 문제는 이런 심성이 악용되기도 한다는 것이다. 누군가가 사람들을 선동하려고 할 때에 부정적 감성이 풍부한 사람들은 쉽게 이용당할 수 있다. 그럴듯한 명분이 동반되는 선동이라면 때때로 법질서조차 무시하는 시위나 폭력으로 이어질 수 있다. 법체계는 평등한 시민들이 합의를 통해 만든 규약인바, 법질서를 무시하는 행위는 그런 행위를 하는 사람들은 자신들에게 법체계를 뛰어넘는 권위가 있는 것처럼 생각할 수 있다. 이런 행위야말로 시민들 간의 평등을 위배하기 쉽다. 이렇듯 봉건 시대적 마음자세와 행동으로는 21세기 자유민주주의 사회를 발전시킬 수가 없다.

3. 전통적 사고방식의 장단점과 긍정적 사회로의 지향

이제까지 개선해야할 전통적 특징에 대해서 얘기했는데, 전통적 사고
방식의 장점들도 분명히 있다. 따지고 보면, 거의 모든 단점은 장점으로
변하게 할 수도 있으며, 역시 모든 장점도 단점이 될 수가 있다. 예를 들
어, 자신이 속한 집단에 대한 충성심과 애정을 장점으로 꼽을 수도 있다.
이런 충성심이 타 집단에 대해 배타적으로 작용할 때, 여러 문제를 일으
킬 수 있음을 앞서 지적한 바 있다. 그러나 자신의 이익이나 소집단의 이
익추구에 몰두하지 않고 자기가 속한 집단이 사회 전체에 도움을 줄 수
있도록 한다면, 장점이 될 수 있는 것이다. 이런 장점이 60년대 이후 경
제개발 추진의 밑거름이 되었다. 한때 외국이 우리나라를 유교적 자본주
의라고 부른 것도 이런 특징 때문이었다. 비슷하게 끈끈한 가족 관계 역
시 장점으로 꼽을 수 있다고 본다. 효심과 자녀에 대한 애정이 충만해서
서로를 배려한다면 돈독한 가족 관계를 유지할 수 있을 것이다. 물론 이
것도 가족만을 생각하는 이기주의로 흘러간다면, 사회 전체로는 해가 될
수도 있다. 현재 대한민국에서 볼 수 있는 특징적인 장점을 꼽는다면, 사
회 구성원들 간의 동질성 의식과 보살핌을 베풀려는 생각을 지적할 수
있을 것 같다. 물론 이 장점이 완전히 전통적이라고 단정지을 수는 없을
것 같다. 과거 계급주의 사회에서는 모든 사람이 동질적이고 서로서로
인정을 베풀어야한다는 생각이 없을 수도 있지만, 대한민국 건국 전후
'배달의 민족' 같은 민족 동질성 교육이 효과를 나타나게·되었을 수도 있
으며, 경제 수준의 향상과 더불어 생활이 여유롭게 되어서 발현된 특징
일 수도 있다. 그런데 이런 장점도 잘못하면 외국인들을 배척하는 국수

적 태도로 발현될 수도 있다. 그래서 중요한 것은 현재 대한민국 사람들이 갖고 있는 전통적 또는 특징적 자질들을 밝은 사회를 만들어가는 데 쓰겠다는 의지와 바른 판단이다. 현재는 전통의 여러 부정적인 측면들이 뒤섞여 사회가 마치 헝클어진 실타래 같기도 하지만, 우리들의 밝은 심성을 사회에 투영하면서 부정적 측면들을 고쳐나간다면, 더 좋은 대한민국을 만들어 갈 수 있을 것이다.

그런데 진취적이고 긍정적인 자세로 자유민주주의를 향해 나아가지 않고 상기한 부정적 측면들과 또 어두운 심성, 즉 시기·질투·증오·적개심 등을 앞세우게 된다면 대한민국은 점점 망가져 갈 수도 있다. 우리 사회는 지금 방황기에 있다고 생각된다. 많은 사람들에게는 현재의 자유민주주의가 내 몸에 잘 맞지 않는 옷 같은 느낌이 든다. 자유민주주의 사회 구조나 법이 잘 맞지 않는 것 같고, 또 자유민주주의가 요구하는 덕목이 잘 이해되는 것도 아니다. 그럴 경우, 전통으로 돌아가는 것이 바람직해 보일 수도 있지만 실패한 과거 사회의 전통을 다시 부흥시키는 것도 바람직하지 않은 것 같다. 주도적 윤리 체계의 부재는 정신적·윤리적 혼란으로 이어질 수도 있고 어떤 선동에 취약할 수도 있다. 무엇을 해야 할지 잘 모르니 누군가의 선동이 잘 먹히는 것이다. 실제로 현재 우리 사회는 나름의 확고한 목표를 가지고 선동이라는 무기를 장착한 공산주의 이념과 세력이 존재한다. 자유민주주의 사회 확립에 가장 큰 걸림돌인 공산주의에 대한 이야기해 보기로 하자.

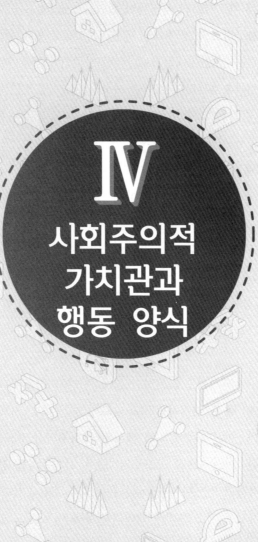

IV
사회주의적 가치관과 행동 양식

1. 사회주의와 공산주의

공산주의 사상이 우리에게 도입된 것은 꽤 오랜 역사를 가지고 있다. 일본을 통해 마르크스의 서적들이 번역, 소개되었고 러시아혁명이 성공한 1917년경부터 소련과 연계된 공산주의자들도 있어 왔다. 초기에는 공산주의 이론을 깊이 이해하기보다는 공산주의가 부추기는 반제국주의에 동승해서 일본으로부터의 독립을 꾀하려는 분들도 있었다. 세월이 지나면서 우익 민족주의자들이 막연히 공산주의자들을 독립운동과 반제국주의의 동지로서 이해하고 있던 반면에, 공산주의자들은 조직 구축과 철저한 사상 교육을 통해 공산주의가 지향하는 사회 체제와 국제주의(공산주의식 제국주의)를 수용하고 있었다. 다시 말하면, 공산주의자들은 민족 단위의 국가인 '조선' 또는 '대한민국'을 건설하는 것이 전혀 목표가 아니었다. 당시 코민테른의 강령과 지시에 의해 한반도에 소련공산당 조선 지부를 건설하는 것이 목표였다고 할 수 있다. 즉 그들의 목표는 조선의 해방일 수는 있어도 조선의 독립은 아니었던 것이다. 이 같은 목표는 박헌영에 의해 드러난 적도 있으나 아직까지 많은 사람들이 오해하고 있는 부분이다.

공산주의를 본격적으로 논하기 전에 사회주의라는 용어에 대해 좀 생각해보자. 이 둘은 비슷하면서도 다르기 때문이다. 사회주의의 의미는 대단히 넓다. 이론가들에 의해 제시된 사회주의적 제도도 수십 가지가 된다고 한다. 마르크스와 공산주의자들은 사회주의를 공산주의의 전단계라고 생각하고 있으며, 어떤 이들은 사회주의를 공산주의보다 좀더 자유주의에 가까운 제도 그래서 개인의 자유를 어느 정도 인정하는 제도라고 보기도 한다. 또 다른 사람들은 공산주의는 사회주의의 한 부분이고, 사회주의 자체는 억압적 공산주의와는 본질적으로 다른 제도라고 생각하기도 한다. 이 인식은 사회주의자로 가장한 공산주의자들에 의해 선전 도구로 빈번히 악용되는 부분이다. 즉 공산주의 혁명가들이 자신들을 사회주의자로 소개하고, 인간의 자유를 충분히 인정하는 것처럼 호도하면서 실은 사람들의 자유를 다 빼앗으려는 것이다. 일반적으로 얘기하자면, 사회주의는 공산주의를 포함하는 넓은 개념으로서 사회의 운영을 개인적 선택과 판단에 맡기기보다는 집단적 가치와 체제에 더 무게를 두는 사상이라고 할 수 있다. 따라서 사회주의는 항상 정부가 큰 역할을 할 것을 강조하고, 공무원제도(관료주의)도 확대하게 된다. 개인적 선택의 자유보다는 사회나 집단의 선택을 더 중요하게 생각하는 경향이 있다. 정치적 자유가 보장된다고 해도, 경제적 자유는 정부가 제한을 할 수 있는 것이다. 우리가 잘 아는 사회보장제도에서는 정치적 자유를 인정하지만, 재분배를 통한 경제적 자유를 제한하는 것이 사회주의적 요소라고 말할 수 있다. 공정한 절차를 통해 재분배를 선택한다면, 사회주의적 요소인 사회보장제도는 자유민주주의나 개인의 선택과 조화롭게 양립할 수도 있다. 물론 그것은 시민들의 동의를 요하는 절차가 있어야할 것이며 많은 시민들이 그 제도를 원하지 않을 경우에는 중단할 수도 있어야 한다. 그러나 공산주의는 개인의 자유와 선택을 근본적으로 부정하고 집단(사회)의 이름으로 기본적 인권조차 무시하는 제도이므로 자유민주주의와는 공존할 수 없다.

사회주의와 공산주의가 자유민주주의·자본주의의 대안으로 보는 생각이 오랫동안 존재했다. 자본주의 초기에 여러 문제들이 발생했을 때에 공산주의자들이 사회주의나 공산주의만이 자본주의의 문제점을 고칠 수 있다는 잘못된 확신과 그런 확신이 당시 지식인들에게 확산되면서 그런 생각이 고착되었다고 할 수 있다. 그 이후 일반인들에게까지 이런 확신이 전파되어 하나의 정설같이 자리잡아 왔다. 그러나 소련의 몰락과 중국의 변화를 바라본다면, 이런 시각이 잘못된 것임을 알 수 있다. 오히려 자본주의와 자유민주주의가 공산주의의 대안이 된다고 할 수 있다. 인간이 만든 어느 제도에나 다 그렇지만, 자유민주주의·자본주의도 어떤 구조적 문제를 가지고 있을 수 있다. 마르크스는 자신이 그 고질적 문제를 발견했으며 또한 고칠 수 있다고 착각하였고 그런 착각으로 인해 자신이 세상의 진리를 한 손에 쥔 듯 엄청난 지적 오만에 빠져들었다. 물론 마르크스는 공산주의자가 되기 전부터 겸손한 사람은 전혀 아니었다. 오늘날 마르크스의 추종자들도 비슷한 오류에 빠져있다고 볼 수 있다. 이런 확신과 자신감이 공산주의자들이 자랑하는 '원자폭탄보다 강한 무기' 또는 '마르크스주의의 무오류성'으로 표현되기도 한다. 그러나 역사는 그런 확신과 착각, 오만이 잘못임을 보여준다. 이것을 인정하기 싫은 공산주의자들이나 그 추종자들은 아직도 강한 확신으로 반대진영을 압도하려 하고 있다. 그들은 자유민주주의·자본주의와의 전쟁에서 이기기 위해 선전과 선동 또 협박과 공포, 물리력 사용 등을 포함한 다양한 전술을 무기로 하고 있다.

이렇게 사회주의는 뜻이 다양해서 애매한 용어가 될 수밖에 없다. 그래서 누군가가 "나는 사회주의를 지지한다."고 말한다면, 그것이 정확히 무슨 뜻인지 설명할 수 있어야한다고 생각된다. 또한 사람들이 빈번히 갖고 있는 오해는, "사회주의는 인간 사회를 생각하는 제도인데 반해 자유민주주의는 개인적 자유나 가치를 보장할 뿐 사회 전제의 문제나 복리는 고려하지 않는다." 같은 생각이다. 이것은 전혀 잘못된 것이다. 자본주의 시장경제나 사회주의 모두 사회 전체를 운영해나가면서 발생할 수 있는 문제들을 해결하기 위한 제도들이다. 자유민주주의·자본주의는 각 시민들에게 먼저 책임을 지워 문제를 해결하고 차후에 국가가 나서서 해결하지 못한 문제나 개인들이 풀 수 없는 문제를 다루는 것이고, 사회주의는 여기서 개인의 역할을 최소화 또는 부정하는 것이 다른 것이다. 사회주의, 특히 공산주의는 개인들이 갖고 있는 능력, 도덕심, 사고력 등을 높이 평가하지 않기 때문이다. 그래서 사회주의에서는 소수의 정치권력 소유자들만이 사회문제를 주로 담당하게 되는데 이들이 대단한 능력의 소유자도 아니고 도덕심이 훌륭한 사람들일 가능성 또는 별로 높지 않다. 더군다나 소수의 정치 엘리트가 다수의 전문가 그룹들이나 일반 시민의 사고력과 지식보다 언제나 우월하다고 보는 것 자체가 우스운 일이다.

사회주의는 여러 의미를 갖고 있지만, 필자는 크게 두 가지로 구분하고 싶다. 첫째는 마르크스 이론에 기초한 사회주의이고, 또 다른 종류는 마르크스 이론과 무관한 사회주의이다. 전자는 마르크스 이론을 통해서 자유민주주의·자본주의를 분석하고 이해하는 것이다. 반면에 후자는 마르크스의 이론 및 분석과 무관하다고 할 수 있다. 전자에 해당하는 사회주의로는 당연히 공산주의나 그 변종들, 마오이즘(Maoism)이나 북한의 주체사상, 한때 유럽을 풍미하던 네오마르크시즘(neo-Marxism) 등이 있고 더 거슬러 올라가면 19세기에 칼 카우츠키(Karl Johann Kautsky, 1854~1938)나 베른슈타인(Eduard Bernstein, 1850~1932) 등이 주도하던 독일 사회민주주의(Socialistic Democracy)가 있다. 기타 폭력을 통해 자유민주주의 전복을 강조하는 공산주의 혁명 이론 등도 여기에 포함된다. 후자는 마르크스가 조롱하던 '공상적' 사회주의와 현재 스웨덴이나 덴마크에서 시행되는 민주사회주의(Democratic Socialism) 등이 있다. 공상적 사회주의는 마르크스가 등장하기 전 인간이 갖고 있는 도덕심(예를 들어 박애 정신이나 측은지심 공동체 정신 등)에 호소해서 빈자들의 가난과 경제적 어려움을 해결하려 하였다. 민주사회주의를 주장하는 사람들은 공산주의가 갖는 폭력성, 비인간성, 전체주의 성향 등에 환멸을 느끼고 새로운 제도를 모색하고 있던 바, 민주적 절차와 자본주의를 통해서 사회보장제도를 중심으로 하는 사회 제도를 제시하기에 이른 것이다. 앞서 언급했다시피, 사회보장제도는 막대한 지출을 통해 유지되므로, 이 값비싼 제도가 유지되기 위해서는 재원 조달 수단이 가장 중요하다고 할 수 있다. 이 수단으로 자본주의·시장경제를 활용하고 있다. 국가는 열렬히 기업과 개인의 경제활동을 지원하고 재분배를 위한 세금을 걷어 사회보장제도의 재원을 마련하는 것이다.

그런데 어떤 이들은 사회보장제도를 마르크스의 이론과 연결시키려고 엄청난 노력을 한다. 예를 들어 자본주의 시장경제는 실패를 할 수밖에 없고 그 보완책 또는 타개책으로 마르크스의 이론을 도입해서 사회보장제도를 수립한다는 식이다. 그런데 이것은 매우 비논리적 조합이다. 먼저 마르크스는 사회보장제도에 대해 맹렬히 반대하였다. 그에게 사회보장제도는 노동자들에게 약간의 혜택을 제공하고 혁명성을 약화시키려는 자본가들의 술수에 지나지 않는 것이었다. 사회보장제도를 반대하는 마르크스의 이론이 사회보장제도를 기초할 수 있는 이론으로 변신이 가능한 것이 아니다. 진짜 문제가 발생하는 부분은, 자본주의나 자본가 또는 기업을 보는 시각차인 것이다. 민주사회주의는 사회보장제도 유지를 위한 막대한 재원 조달을 위해 자본주의·시장경제에 의존함을 이미 설명하였다. 반대로 마르크스의 공산주의는 기업과 자본가의 역할을 철저히 배제하고 부정하는 제도인데, 경제적 자유를 인정하고 장려하는 민주사회주의와 어떻게 공존할 수 있겠는가? 논리적으로 맞지 않는 주장일 뿐이다. 이런 억지 주장을 하는 사람들은 민주사회주의를 진실로 지지하는 사람이라기보다 공산주의자로서 민주사회주의 건설을 공산주의 수립의 중간 단계 정도로 이용하려는 것이라고 생각된다. 사회보장제도가 자체로서 가치 있는 제도가 아니라 공산주의의 배급 제도를 위한 전단계로 보는 것이다. 사회보장제도를 무절제하게 확대하고 거기에 맞춰 세금을 마구 올리는 방법으로 일종의 공산주의식 배급 제도를 구축하려는 것이다. 그래서 민주사회주의를 주장하거나 사회보장제도를 옹호하려는 사람들은 공산주의와 확연한 선을 긋는 것이 아주 중요하다고 본다. 어설프게 논리적·이론적 확고함이 없이 사회보장제도를 강조하다가는 사회보장제도나 자유민주주의에 해를 주는 길로 가기 쉽다. 2020년 미국 대선에서 버니 샌더스(Bernie Sanders, 1941~)가 민주사회주의자로 자처하며 경선에 뛰어들었었다. 그러나 알려진 그의 행적은 단지 부자를 경원시하거나 기업들을 국유화겠다는 등 사회보장제도보다는 반자본주의를 주장하는 것일 뿐이다. 이런 방식의 민주사회주의는 반자본주의나 공산주의 실현의 도구가 되기 쉽다.

2. 칼 마르크스와 공산주의

현실은 마르크스 경제 이론에 기초하는 이론들이 사회주의의 다수를 점하고 있으며, 또한 위험성도 내포하고 있다. 그래서 싫든 좋든 그의 이론에 대해 주마간산식으로라도 들여다보지 않을 수 없다. 먼저 그의 출생과 주요 저서들을 간단히 살펴보자.

- ■ 칼 마르크스(Karl Marx)의 주요 연표
  - 1818 출생. 변호사의 아들로 태어남. 30세까지는 극단적 자유주의자로서 공산주의자라고 자처하지 않음.
  - 1848 「공산당 선언」 발표(Friedrich Engels와 함께). 이때부터 과학적 공산주의를 주창함.
  - 1857 『정치경제학서설(Grundrisse)』 출간
  - 1867 『자본론』 1권 출간
  - 1883 사망
  - 1885 『자본론』 2권 출간(프리드리히 엥겔스에 의해)
  - 1894 『자본론』 3권 출간(프리드리히 엥겔스에 의해)

마르크스는 개종한 유대인 변호사의 아들로 태어났는데, 성인이 된 후 언론인으로 활동하였다. 좋게 말하면 언론인으로서 그는 극단적 자유주의자 또는 급진적 개혁가라고 할 수 있었다. 당시 마르크스의 모국 프로이센과 러시아의 군주제 등을 통렬히 비판하였고 그로 인해 곤경에 빠지게 되어 파리와 영국 등지에서 망명 생활을 하게 되었다. 파리 망명 시절인 1844년 그의 평생 친구이자 후원자가 되는 프리드리히 엥겔스

(Friedrich Engels, 1820~1895)를 만나게 되고 점점 공산주의자로 기울게 된다. 흔히 그렇듯 급진적·극단적 개혁가들은 처음에는 제도의 어떤 부분들을 개혁하는 것인데, 점점 좌절을 겪으면서 기존 체제의 견고함을 알게 되면 전부를 뒤집는 쪽으로 나아가게 된다. 어쨌건 1848년「공산당 선언」을 발표하면서 본격적 공산주의자의 길을 걷게 된다.

그런데 당시 공산주의는 마르크스 입장에서 보자면 큰 문제가 있었다. 당시의 공산주의 이론은 마르크스가 이름 붙인 '공상적 사회주의'라고 할 수 있다. 즉 사유재산제를 없애고 공산주의 사회를 만듦에 있어, 사람들의 윤리적 심성에 호소하는 것이다. 사람들의 도덕적 심성들 중 박애주의나 공동체 정신 같은 것들에 호소해서 공산주의 사회를 만들자는 것이다. 생 시몽, 프루동, 로버트 오웬 등이 이런 생각을 갖고 있었으며, 그 중, 로버트 오웬은 1825년 미국 인디애나에서 공산주의 정착촌을 건설하고자 하였으나 결국 실패로 돌아가고 말았다. 우리나라에서도 김진홍 목사가 1970~80년대에 두레공동체를 만들어 비슷한 시도를 하였으나 성공하지 못했다. 초기에는 뜻을 모아 공동의 노동과 노력으로 공동체가 번성하는 듯하기도 하지만, 재산이 생기고 분배에 불만이 생기면서 공동체가 깨지게 되는 것이다. 이런 경우, 똑같이 나눠도 불만이 생길 수밖에 없다. 누구는 일을 더하고 누구는 덜했는데 어떻게 똑같은 분배가 옳은가 하는 의문이 들 수밖에 없다. 그렇다고 차등으로 지급하자니 공산주의 공동체 정신에도 맞지 않으며 어떤 기준으로 차등 지급하는지 불만이 생길 수밖에 없다. 이런 문제 때문에 자본주의·시장경제에서는 각 시민들이 시장에서 알아서 해결하라는 것이다. 시민들이 자유 선택권을 갖는 대신 결과를 스스로 책임지는 것이다. 어쨌건 마르크스는 이런 유약해

보이는 공상적 사회주의가 마음에 들지 않았다. 사회주의와 공산주의의 도래, 즉 자본주의·시장경제의 멸망이 역사의 필연이라는 것을 보여주고 싶었다.

원대한 목표가 설정되었으나 마르크스는 당시 자신의 지식으로는 이런 엄청난 목표를 논리적으로 또는 과학적으로 보여줄 수가 없었다. 그래서 그는 엥겔스로부터 경제적 지원 등을 받으며 영국왕립도서관에서 자본주의 경제학을 맹렬히 공부하였다. 그러다가 「공산당 선언」 발표 후 약 20년의 세월이 지나 그의 역작 『자본론』 1권을 출간하였다. 참으로 각고의 노력이 있었다고 할 수밖에 없다. 그의 집요한 성격과 강한 의지를 보여주는 업적이라고 하겠다. 그러나 그의 저서가 순수한 학문적 엄밀성을 갖고 있으며 나아가 그것을 바탕으로 사회를 개혁할 수 있는 만한 걸작일까? 그의 『자본론』이 인간 역사에 대단한 영향력을 가졌던 것은 부인할 수 없다. 많은 사람들이 그의 사상에 열광했기 때문이다. 그러나 그의 책은 혁명의 도구로서의 성격이 더 강하다고 본다. 그의 『자본론』은 체계가 복잡하고 독자들을 질리게 할 만한 수많은 통계 자료가 제시되고 있지만 학문적 엄밀성은 떨어진다고 봐야한다. 특히 자본주의가 많이 진전된 현재 상황에서 볼 때, 마르크스가 자본주의를 이해하는 정도는 별로 높지 않다고 생각된다. 이제부터 그가 말하는 과학적 사회주의의 골격을 훑어보고 무엇이 잘못인지도 따져보기로 하자. 이런 분석은 공산주의자들의 행태, 그리고 그들이 자유민주주의의 도덕적·법적 질서에 어떤 영향을 미치는지를 이해하는 데에 아주 중요하다고 본다.

마르크스의 『자본론』과 그의 정치·경제론에 대해 기본부터 일일이 설명을 하는 것은 이 책의 목적상 바람직하지 않다고 본다. 그런 시도를 할 경우, 그가 만들어 놓은 복잡한 이론의 덫에 갇혀 그의 이론 체계를 객관적으로 보는 것에 소홀하게 되는 결과를 가지고 올 수 있다. 그래서 그가 말하는 과학적 사회주의의 기본 골격을 소개하는 것으로부터 시작하기로 하자. 이런 골격은 상식적으로 잘 알려진 것이기도 하다. 마르크스는 생각하기를, 자본주의 사회를 구성하는 몇 가지 계급들이 존재한다고 보았다. 첫째는, 공장 같은 생산 수단을 소유하고 노동자들을 고용해서 생산 활동을 지속해가는 자본가 계급(bourgeois)이 있고, 둘째로는 자본가들과 연대해서 그들의 생산 활동을 도울 뿐 아니라, 국가 조직을 운영해가는 관료 계급(bureaucrat)이 있을 것이다. 이들이 지배계급을 구성하고 있다면, 피지배계급의 대표 격인 노동자 계급 또는 무산자 계급(proletariat)이 세 번째 계급이다. 이들은 오직 신체적 노동력만을 갖고 있으며 자본가들에게 고용됨으로써 생계를 해결하는 이들로서 어떤 자산도 갖지 못한 사람들이라고 마르크스는 이해했다. 네 번째로는 농민이 있다. 이들은 육체적 노동력만을 갖고 있다는 점에서 노동자 계급과 비슷하지만, 무산자들과는 달리 끊임없이 자본재에 대한 강한 욕구가 있다. 즉 농민들은 언제나 토지에 대한 소유 욕구가 있다는 것이다. 이런 농민의 토지소유욕 때문에 마르크스와 레닌은 농민들이 공산주의 혁명의 주역이 되지는 못한다고 보았다. 모든 생산 수단을 공유화(또는 사회화)하려는 공산주의 혁명에 생산 수단을 갖고 싶어 하는 농민들이 주체가 될 수 없다고 본 것이다. 그러니 처음부터 농민들은 공산주의 혁명에서 이용물이 될 수밖에 없는 운명이라고 할 수 있다. 그래서 실제로 공산주의 혁명이 소련과 중국 등지에서 일어났을 때에 당시 공산당은 농민들에게 "토지를 무상으로 분배한다."는 슬로건을 내세워 그들을 혁명에 끌어들이지만, 혁명이 성공한 후에는 집단농장을 만들어 농민들에게 분배했던 땅을 도로 빼앗게 된다. 물론 이 과정에서 농민들은 격렬히 저항하게 되지만 이미 군대와 경찰 같은 국가조직을 만들어 장악하고 있는 공산당은 농민들의 저항을 무자비하게 탄압한다. 그러나 자본주의가 발달하면서 주식회사가 나오고 노동자들도 생산 수단의 일부인 주식을 소유하려는 욕구가 강할 수 있는데, 노동자들의 소유욕을 마르크스가 어떻게 평가할지 궁금하다. 마지막으로, 자본주의 사회에는 중간 계급(middle class)으로 불리는 사람들이 있는데, 회사원, 은행원, 교사, 하급 관리 등이 여기에 포함된다고 할 수 있다.

마르크스는 단순히 생각하기를, 자본주의가 진행되면 될수록 기업이나 자본가들 간의 경쟁은 심화되고 경쟁에서 패퇴한 자본가들과 그들에 딸린 중간 계급들도 모두 무산자 계급에 합류하게 된다는 것이다. 자본주의 생산 과정에서는 노동자들은 필연적으로 착취를 당하고, 그들이 노동을 투하해서 만든 생산물을 갖지 못하는 '소외'가 일어나는 등 비인간적 형태의 생산이 계속된다는 것이다. 결과적으로 무산자 또는 노동자들의 숫자는 점점 늘어나니 자본주의 사회의 불안은 증대하고 이들과 극소수의 자본가(즉 생산 시설을 소유한 사람들) 간에 대결 구도가 지속되다가 자연 발생적(spontaneous) 폭력 혁명을 통해 자본주의가 종식된다고 보았다. 엄청난 수의 무산자들과 극소수의 자본가들 대결 구도에서 자본가들이 패배할 수밖에 없으니 자본주의의 가장 큰 장점이라는 '경쟁'이 자본주의를 무너뜨리는 치명적 역할을 한다는 것이다. 이런 자본주의가 갖고 있는 모순을 통해 자본주의는 종식된다는 것이다. 이렇게 자본주의는 필연적으로 멸망하고 자본주의를 뒤집은 공산주의가 필연적으로 올 수밖에 없다는 것이 마르크스의 과학적 사회주의의 요체이다.

이렇게 자본주의가 종식된 이후 어떻게 사회 제도를 만들어 갈 것인가 생각하지 않을 수 없다. 마르크스 입장에서는 자본주의의 2대 특징, 즉 생산 수단을 개인이 소유하는 사유재산제도와 시장을 통한 경쟁이라는 특징이 자본주의 자체를 붕괴시키게 되니, 이 두 특징을 모두 버리고 그 반대가 되는 특징들, 즉 생산 수단의 사회화(공유화, 국유화)를 채택하고 시장경제 대신 계획경제와 배급 제도를 도입해야한다는 것이다. 자본주의를 철저히 뒤집어버리는 것이 마르크스의 해법이다. 정치적으로는, 무산자들이 정권을 장악하고 무산자 계급이 중심이 된 계급 독재를 민주주의(인민민주의)로 보았다. 그는 모든 노동자들이 평등하게 사회 운영에 참여할 수 있을 것이라는 단순한 생각을 하였는데, 소련에서와 같이 독재와 전체주의 그리고 개인숭배가 일어날 수 있다는 가능성에 대해서는 충분히 생각하지 못한 듯하다. 더 구체적인 공산주의 사회 건설에 대해서는 마르크스는 스스로가 '예언자'가 아님을 주장하면서, 자세한 언급을 회피하였다.

3. 소련: 마르크스 이론의 실제적 적용

학자들 간에는 이 '자연발생적' 혁명 발생이 결정론적인가 아닌가에 대해 논쟁이 있다. 마르크스의 이론에 의하면 자본주의가 발달하면 할수록 자본주의가 망해버릴 가능성은 커지게 되니, 당시 발전된 자본주의 사회인 영국, 독일, 프랑스 등지에서 공산주의 혁명이 먼저 일어나야 그의 이론에 맞는 것이었다. 또한 당시 농업 사회에 머물러 있던 러시아에서 공산주의 혁명이 일어날 가능성은 아주 낮은 것이었다. 그러나 역사는 정반대의 결과를 보여주었다. 영국 등지에서 마르크스주의자들이 공산주의 혁명을 일으키기 위해 엄청난 노력을 하였음에도 결국은 혁명이 실패하고 말았으며, 후진국이었던 러시아에서 공산주의 혁명이 성공하고 말았다. 이것은 마르크스가 묘사한 공산주의 혁명 발생이 결정론적인 것이라면, 즉 인간의 노력으로 크게 바뀔 것이 없는 것이라면, 마르크스 이론 자체가 큰 하자를 갖고 있는 것이다. 공산당의 역할이 없더라도 자본주의가 진행되면서 자연스럽게 공산주의 사회로 진입해야하는 것이니 말이다. 반면 마르크스의 혁명론을 결정론적으로 해석하지 않고, 단지 공산주의 혁명이 일어날 수 있는 여건에 대한 설명이라고 보면서 혁명을 성공시키는 가장 중요한 역할을 공산당 활동에 부여한다면, 마르크스의 이론은 부족한 대로 설득력을 계속 가질 수도 있다.

　실제로 당시 러시아 공산주의자들은 자국 러시아가 공산주의 혁명이 일어날 수 있는 단계에 도달했는지 마르크스에게 여러 번 문의했다고 한다. 처음에는 마르크스가 답하기를, 러시아는 아직 자본주의가 충분히 발달하지 않은 농업 사회로서 공산주의 혁명이 가능한 사회가 아니라고 하였다. 그러나 러시아 공산주의자들이 끈질기게 마르크스로부터 긍정적 대답을 요구하게 되니 나중에는 마지못해 수긍을 하였다고 한다. 마르크스의 이론에서 봤을 때 러시아가 후진국이며 공산주의 혁명이 일어날 가능성이 낮은 것은 사실이다. 그렇기 때문에 러시아 공산주의자들, 특히 레닌은 공산주의 혁명에서 공산당의 역할이 중요함을 깨닫고 이를 강조하게 되었다. 그가 주장한 공산당의 특징과 혁명 전술을 간단히 살

퍼보자. 먼저 공산당은 소수정예의 직업 혁명가 집단이다. 직업 혁명가 집단이란 군대 조직과 마찬가지로 상부의 명령을 받아 목숨을 걸고 주어진 임무를 수행하는 것이다. 따라서 공산당은 전투 조직이며 일반적 시민 정당이 아니다. 즉 공산당이란 공개되어 누구나 가입하고 탈퇴할 수 있는 정당이 아니다. 탈퇴는 물론 허락되지 않고 가입은 당에서 철저한 성분 심사를 통해 허가하는 것이다. 이 특징은 당시 러시아 공산주의자들 대다수도 생각하지 못한 것이었다. 그래서 레닌은 동료 공산주의자들을 끊임없이 설득해 러시아 공산당을 이런 전투 조직으로 결성하였다. 이후 전 세계의 공산당은 레닌이 만든 공산당 조직 원리와 행동 강령을 수용하여 통칭 마르크스-레닌주의를 완성하게 된다.

혁명을 획책하는 공산당은 비밀 조직이므로, 대개 공산당과 당원들의 정체는 주변 사람들과 동료들 심지어는 가족들마저 눈치채지 못 하게 해야 한다. 특히 정부가 공산당을 불법화했을 경우 더욱 그럴 것이다. 그렇다고 해서 공산당이 숨어 지내지만은 않는다. 공산당원들은 끊임없이 외곽 단체 전위 조직 등을 구축해서 활동 범위와 세력을 넓히고 대중에게 친근한 이미지를 구축한다. 예를 들어, 공산당원이 동물권리 보호단체, 여성권리 보호단체, 재소자들 인권보호단체, 심지어는 자유민주주의자 시민단체 등을 결성해서 활동할 수도 있다. 이런 단체들의 활동을 통해 공산당의 영향력을 높이며 은근히 공산주의의 이념을 확산하고 이미지 개선을 도와주는 것이다. 과거 월남이 패망하고 월맹의 스파이들과 공산당원들이 드러났을 때, 많은 월남 사람들이 경악했다. 왜냐하면 상당수 정부의 주요 인사들조차 숨어있던 공산주의자들로 드러났기 때문이다. 우리나라도 오랜 기간 북한과 대립했고 주변에 중국 등 공산주의 국가가 포진해있다. 공산당의 입장에서 보자면, 그동안 수많은 비밀 조직 구축과 숨겨진 공산당원 양성에 힘을 쏟았을 것이다. 만약 그런 노력이 없었다면 공산당은 자기 할 일을 소홀히 한 것이라고 밖에 볼 수 없다. 그렇게 숨겨진 조직과 인사들이 대중들 앞에 다 드러나는 때는 공산당이 모든 실권을 장악한 때이다. 악마의 진면목을 보는 순간은 우리가 악마의 발톱 아래 먹잇감으로 놓여있을 때이니, 생각해보면 참으로 섬뜩한 순간일 것이다.

공산당은 군대식 조직으로 상명하복 세포조직으로 구성한다. 그러니 하부가 체포되어도 상부는 노출되지 않는다. 또 하부 조직원은 상부의 정체를 거의 알지 못한다. 과거 남한 주사파의 최고책임자였던 김*환이라는 인물이 전향하고 그의 조직에 대해 많은 비사를 고백했다. 그에 의하면, 조직의 중간 책임자 정도는 최고 책임자가 누군지 전혀 알지 못한다는 것이다. 단지 최고 책임자는 지령을 통해 하부조직을 운용하는 것이다. 혁명을 달성하기 위해 분투하는 공산당들은 모두 이런 형태를 띠고 있는 바, 이것은 레닌의 혁명 전술에서 나오는 것이다.

레닌이 또한 강조한 것은 노농동맹론, 인민전선전술, 통일전선전술 등의 전술이다. 노농동맹론이란 노동자와 농민이 제휴하는 것이다. 앞서 언급한 대로 농민을 이용하는 것인데, 농민들의 이중적 성격은 이미 마르크스도 간파했던 것이다. 인민전선전술이란 비슷하게 사회의 광범위한 대중을 자기편으로 끌어들여 혁명에 이용하는 것이다. 공산당들이 꿈꾸는 사회에 가장 근접한 사람들이 육체노동자(무산자)들이지만, 이들의 숫자가 많지 않은 경우가 대부분이다. 그렇기 때문에 도시 하층민, 부랑자, 범죄자 등등에게 그럴듯한 미래와 보상을 약속하면서 자신들의 폭력혁명에 끌어들이는 것이다. 또 통일전선전술이란 상황과 필요에 따라 우파 단체와도 손을 잡는 것이다. 일제시대에 조선공산당이 당시 우파 민족지도자들과 협력하는 것이라든지, 중국의 국공합작이라든지, 제2차세계대전 중 스탈린이 지배하는 소련이 미국 등 자유세계 연합국과 손을 잡고 나치 독일, 일본 제국주의자들과 전쟁하는 것들이 그 예가 될 수 있다.

이후 공산당의 투쟁 역사가 계속되면서 자유민주주의 사회가 갖고 있는 다양한 약점들을 이용하는 전술들이 개발된 것으로 보인다. 종교적 대립, 남녀갈등, 세대갈등, 부모와 자식의 갈등, 선생과 학생의 갈등, 인종분쟁 등 자유민주주의 사회에서 있을 수 있는 모든 문제들을 자유민주주의 사회의 균열에 이용하는 것이다. 공산당을 잘 이해하지 못하는 사람들은 공산주의자라고 하더라도 설마 그렇게까지 악랄하지는 않을 것이라는 생각을 갖고 있기 때문에 그들의 행동을 제대로 꿰뚫어보지 못한다. 이런 무도하고 악랄한 행동의 이면에는 공산주의 이론이 절대적으로 옳다는 잘못된 확신이 있다. 즉 자본주의는 절대 악이고 자본주의의 패망과 공산주의의 도래는 역사의 필연이라는 과학적 사회주의에 대한 맹신이 그것이다. 이런 그릇된 확신은, 자신들의 목적을 달성하기 위해서는 어떤 방법과 수단을 써도 괜찮다는 잘못된 생각으로 발전한다. 즉 공산주의자는 부여된 임무를 수행하기 위해서는 어떤 거짓말이나 그릇된 수단을 써도 괜찮다는 생각이다. 대한민국의 공산화(북한이 말하는 조국통일)를 위해서는 수백만이 죽은 6·25 전쟁도 허용되며, 자신들의 정권을 유지하기 위해서는 몇 백만 이상이 굶어 죽거나 희생되어도 괜찮다는 생각이다. 그때그때 말을 바꿔가며 남한 국민들을 속이는 것도 다 허용될 수 있다. 주류 공산주의자들은 점점 사이비종교를 신봉하는 괴물들 같이 변화해가고 그런 악화되어가는 변화에 적응하지 못하는 공산주의자들은 그 내부에서 도태되어 갔을 것이다.

물론 공산주의자들이 가장 선호하는 전술은 전쟁 같은 폭력으로 협박하는 것이며 대중에게 공포심을 주어서 자신들의 의사에 복종하게 하는 것이다. 공산주의 혁명이란 어차피 공산당의 권력 의지를 다른 시민들에게 강요하고 굴복시키는 것이다. 그러하니 폭력의 행사는 처음부터 가장 중요한 수단인 것이다. 공산당은 집권 이후에도 군사력 같은 폭력 수단을 끊임없이 증가시킨다. 표면적 이유로는 자유민주주의·자본주의 국가의 침공을 방어한다는 것이지만 실제로는 혁명의 수출과 인민의 탄압이 주 이유라고 생각된다. 공산주의에 의하면 지구상에서 모든 자본주의 국가가 소멸될 때까지 공산주의를 전파하고 이식하는 것이 공산당의 임무라는 것이다. 그들에게 '평화'라는 것은, 모든 자본주의 국가가 사라지고 인간 세계가 공산주의로 통합되는 것이다. 이런 공산당 국제주의 임무를 수행하기 위해 항상 인접한 다른 국가를 정복하려는 행태가 공산당의 일상임을 잘 보여준다. 그러면서도 공산주의자들은 항상 외부의 침입을 두려워하는 것 같은 피해의식을 호소하는데 이것도 그들 전술의 하나이다. 생각건대 공산주의자들은 아주 특별한 경우를 제외하고는 이웃 자유민주주의 국가가 자신들을 침입하려는 의도가 없음을 잘 알고 있다. 그러나 그런 구실을 내세워 군사력을 증강하고 물리적 힘을 기르려는 것이다. 과거 소련에서도 끊임없이 미국 같은 서방 국가들이 소련을 침입하려한다고 경고해왔다. 그러나 소련의 붕괴가 임박해서 소련이 가장 취약할 때에 서방 국가들이 소련을 침공하지 않았었다. 요즘은 북한이나 중국이 비슷한 말을 하고 있다. 이런 주장은 전술적인 것이며 신념이 약한 자유민주주의 시민들을 혼돈케 하여 자신들에게 유리한 국면을 조성하려는 것이다. 공산당들의 전술이 이러하니 공산당을 잘 이해하지 못하거나 공산당에 맞설 용기가 부족하다면 그들의 전술에 말려들어 끌려 다니다가 노예 같은 신분으로 떨어지기 쉬운 것이다.

4. 소련의 붕괴

그런데 1990년대 초 소련의 붕괴는 공산주의자들의 신념에 커다란 금이 가게 되었다. 1985년 고르바초프(Mikhail Gorbachyev, 1931~)가 소련 공산당 서기장으로 취임하고 소비에트 체제의 개선(페레스트로이카)과 그동안 꽁꽁 숨겨져 왔던 비밀들의 정보 공개(글라스노스트)를 개혁의 화두로 내걸었다. 당시 서방의 거의 모든 정치학자들은 이런 개혁이 소련공산당을 강하게 만드는 방향으로 전개될 것으로 기대하였다. 고르바초프도 처음에는 그런 의도를 가지고 있었던 것 같다. 당시 소련에서 개혁이라 하면 뭘 의미하겠는가? 공산주의를 기초로 하고 공산당을 중심으로 돌아가고 있는 모든 경제 활동, 의사 결정 과정, 자원 배분 과정, 국가 인재 양성 및 배치 등에서 발생하는 큰 비효율, 낭비, 부패, 불의, 등등을 고치는 것이다. 그러나 개혁을 위해 숨겨진 진실을 파면 팔수록 개혁이 성공할 수 있는 가능성은 보이지 않았을 것이다. 국가 실패의 근본에는 잘못된 이념이 자리잡고 있었기 때문에 그것을 버리지 않고서는 현실적으로 발생하는 모든 문제들을 개선할 수 있는 가능성이 전혀 없다는 결론에 도달했을 것이다. 당시 영국 수상은 '철의 여인(Iron Lady)'이라고 불릴 정도로 단호하던 마거릿 대처(Margaret Thatcher, 1925~1913)였다. 세월이 좀 지나고 대처는 고르바초프와의 회동을 회상하며 그가 고백한 소련의 실상에 대해 말한 적이 있다. 고르바초프는 말하기를, "우리나라에서는 매년 서방 세계로부터 막대한 양의 밀을 수입하여 부족한 식량을 조달하고 있습니다. 그러나 우리나라에서 생산되는 밀은 자급하기에 충분한 양이 생산되고 있습니다. 소련은 국토가 넓기 때문에 이 밀들을 여기저기 철도로 수송해야 하는데 수송 도중에 밀을 실은 화차들은 역 한구석에 처박혀 밀이 썩어가고 있습니다. 이 밀은 누구의 것도 아니고 철도 종사자들이 빠른 수송을 하도록 할 수 있는 어떤 자극이 있는 것도 아니기 때문에 밀을 방치하는 것입니다."라는 취지의 발언을 했다는 것이다. 또 그는 덧붙이기를 이렇게 썩어버리는 밀이 총생산량의 40% 가량이나 된다는 것이었다. 이런 식의 낭비와 비효율이 만연한 공산주의 사회를 개혁하는 길은 공산주의를 종식하는 것 외에 다른 길은 없었을 것이다. 당시 중국은 발 빠르게 자본주의 시장경제를 도입해서 경제의 효율성을 높이고 공산주의 중국 자체가 붕괴하는 것을 막았다. 그러나 북한은 이런 개혁을 모두 거부하면서 아직까지 공산주의 체제를 유지해오고 있는바, 인민들의 막대한 희생을 치르지 않고서는 불가능한 일일 것이다. 인민들의 공산당에 대한 신뢰는 점점 없어져 가는데 공산주의를 버리고 시장경제와 경제적 자유를 도입하는 것은 수령유일체제에 치명타를 가하는 일이 될 수밖에 없다. 그러니 점점 권력을 끌어 모아 중앙집권체제를 강화하고 또 강화하는 것이며 이런 움직임에 걸림돌이 될 수 있는 모든 사람들을 숙청하는 것으로 권력 누수를 막아온 것이다. 그러나 그런 몸부림을 한다고 해서 공산주의체제와 수령유일체제의 붕괴를 막을 수는 없을 것이다.

소련의 붕괴는 마르크스 이래 공산주의 이론에는 오류가 없다는 주장에 무엇인가 잘못된 점이 있다는 의혹을 공산주의 신봉자들 사이에서 불러일으키기에 충분했다. 소련이 붕괴할 당시 공산주의를 신봉하던 사람들 간에는 큰 혼란이 있었다. 국내에서도 공산주의를 설파하고 소련을 모델로 삼던 리영희(1929~2010)가 신문에 자신의 사상이 잘못이었음을 공표하는 일도 있었다. 또한 당시 좌익 색채 지식인들 사이에는 '사회구성체 논쟁'이라는 것이 유행처럼 불고 있었는데 소련의 붕괴 전후해서 갑자기 사라져버렸다. 이 '논쟁'은 마르크스의 폭력 혁명을 역사의 필연으로 봤을 때, 대한민국은 그 필연적 도정 중에 어느 시점에 있는가 또는 혁명 성공을 위해 어떤 계급과 집단을 현실적으로 동원할 수 있는가를 밝혀보려는 논의였다. 공산주의 신봉자들이 아니라면 참으로 우스꽝스럽고 시간 낭비적 논의였겠지만 신봉자들 사이에서는 몹시 진지하고 심각할 수 있는 논쟁이었다. 그러던 것이 종주국 소련이 몰락하고 중국이 노선을 바꾸게 되니 더 이상 논쟁의 의미가 사라져버린 것이다. 공산주의의 몰락이 역사의 필연이라고 말하는 것이 더 의미가 있을 수 있는 상황이 돼버린 것이다.

소련의 몰락으로 모든 공산주의자들이나 그들 지지자들이 다 자신들 이념을 버린 것은 아니다. 소련의 몰락을 공산주의에 근본적 문제가 있다고 보기보다는 소련의 국가 운영이 잘못되었었다고 보거나 표면적으로 드러난 문제점들을 지적하는 수준에서 소련의 붕괴를 설명하려는 것이다. 즉 공산주의 이론의 핵심인 마르크스의 자본주의·시장경제 분석과 이상적 사회 건설은 버리지 않고 정당함을 유지하려는 생각이다. 소련의 실패는 공산주의의 실패가 아니라는 것이다. 그런데 이런 생각이 옳은지 아닌지 소련의 실패를 분석하며 알아보자.

첫째, 소련의 문제는 근본적으로 체제의 비효율성과 인센티브의 부재라고 할 수 있다. 앞서 본대로, 소련에서 생산되는 밀의 40%가 수송 도중 썩어서 없어져도 그것을 개선할 수 없었던 것이 공산주의 제도이다. 이런 문제가 방치될 수밖에 없는 주요한 이유가 인센티브가 없기 때문이다. 달리 말하자면, 그런 문제들이 발생했을 때, 그것을 고치고자하는 의욕이 생기지 않으며, 고쳐야한다는 외부적 자극도 없으며, 누군가가 문제 개선을 제안했을 때 어떤 정책 변화가 있기 어렵고 제안하고 노력하는 자에게 보상이 잘 주어지지도 않는 것이다. 이런 의욕이나 자극은 자본주의적 이윤 추구 동기라 해서 공산주의 사회에서는 오히려 배척하려고 하니, 문제 해결은 점점 어려워지게 된다.

두 번째로 흔히 지적하는 것은, 공산주의 체제의 파괴적 비인간적 행태이다. 흔히 말하는 인권의 파괴이다. 자본주의의 붕괴와 공산주의 사회 건설을 위해서는 어떤 수단이나 폭력도 용인된다는 공산주의의 기본정신은 그동안 전쟁을 일으키거나 사람들을 납치하거나 잔인하게 고문하거나 죽이는 사례가 많았고 그들의 물질주의적 인간관은 폭력적 방법으로 인간의 정신조차 개조할 수 있다는 극단적으로 비인간적 행태를 보이기도 했다. 그러다 보니 소련과 기타 공산주의 국가에서는 정치범수용소나 강제노동수용소 같은 것들이 당연시되어 여기저기 만들어지게 되었다. 이런 비인간적 억압이 계속되면서 시민들은 공산당을 두려워할 뿐 지지하지는 않게 되었다고 할 수 있다.

세 번째 문제를 꼽아 보자면, 소련의 불필요할 정도로 과도한 군비 경쟁을 들 수 있다. 물론 군사력이 없다면 소련이 동구권 국가들을 비롯해

전 세계에서 힘을 쓸 수 없었을 것이다. 그렇기 때문에 소련은 모든 자원을 동원해 군사력 강화를 힘썼지만, 미국과의 경쟁에서 패퇴하고 말았다. 소련이 몰락한 후 공개된 비밀 문서에 의하면, 미국의 유인우주선 달착륙 성공 이후 소련에서도 무수히 유인우주선을 달로 보냈었지만 모두 실패하고 말았다고 한다. 그런 대단한 성공을 만들어낼 만한 제도의 창의성과 효율성이 없었던 것으로 봐야하겠다. 또 미국 레이건 대통령은 미소 간 군사 대결 중에 '스타워즈 계획'을 발표하였는데, 그것은 날아오는 대륙 간 핵미사일을 레이저 광선으로 격추시키겠다는 당시로서는 다소 황당한 계획이었다. 많은 사람들이 현실성이 없는 계획으로 치부하였었는데 당시 소련 엘리트 계층은 이 계획에 크게 동요되었다고 한다. 왜냐하면 당시의 소련 군사력이나 과학으로서는 대응을 전혀 할 수 없는 새로운 무기 체계였기 때문이다. 이런 사건들로 인해 소련의 체제와 이념에 대한 자신감이 떨어졌다고 한다. 레이건 대통령은 재임 시절 능력 있는 대통령이라기보다는 대통령 역할을 잘 연기하는 전직 배우 출신 정도로 평가받고 있었는데, 소련 붕괴 후에 알려진 바로는 그가 뚝심 있게 밀어붙인 반공 정책들로 소련이 크게 동요되었다는 것이다. 그래서 그에 대한 평가가 바뀌게 되고, 지금은 레이건이 미국의 훌륭한 대통령 중 하나로 재평가되기에 이르렀다. 이렇게 소련의 과도한 군사적 경쟁이 소련을 몰락하게 만든 원인 중 하나가 되었다는 것이다.

　마지막으로 공산주의 사회를 지키고자하는 대중들의 굳건한 신념이 없었다는 점을 지적할 수 있다. 공산당 서기장이었던 고르바초프의 결단으로 수십 년간 지속해오던 소련은 막을 내리고 말았는데, 소수의 골수 공산주의자들을 제외하고는 소련의 종식에 저항이 거의 없었다. 노동자와 농민을 중심으로 다수의 대중을 위한 사회라던 공산주의 소련이 붕괴하는데 노동자와 농민들은 오히려 이런 변화를 반기고 있었다. 노동자와 농민들의 민심이반은 이미 오래전부터 있었으나 소련이라는 전체주의 체제 속에서 자신들이 갖고 있던 불만을 표출하지 못했다고 봐야한다. 왜 이렇게 되었을까? 노동자와 농민 등 대중들이 공산주의 사회에서 차지하는 위상을 살펴보자. 공산주의자들에 의하면, 자본주의 사회에서 노동자와 농민들은 가장 낮은 계급에 속하며 대대로 계급을 대물림하며 착취를 당해왔다고 주장한다. 물론 자본주의 사회에서 노동자와 농민의 자손이 계속 농민일 필요는 없는데 계급을 끌어들여 과장을 한 것이다. 그런데 공산주의 혁명 후 노동자와 농민들의 위치는 어디에 있는가? 말 할 것도 없이 바닥 계급이다. 잘 알려졌다시피 공산당원들, 관료층, 고위 군 장교 등이 상층부를 형성하고, 과학기술자들과 하급 관료층이 그 다음 계급이라면, 노동자와 농민들은 가장 바닥 계급을 형성하는 것이다. 혁명 초기에는 노동자와 농민들 모두 새 시대의 주인이 될 것으로 기대했으나, 농민들은 노농동맹론으로 이용당하고 결국은 국영농장이나 집단 농장의 노예 같은 처지로 전락하고 말았다. 노동자들도 초기에는 소비에트 형성을 통해 집권층에 자신들의 의견을 전달할 수 있는 줄 알았는데 실상은 이 소비에트가 집권 공산당의 말단 하부 기관이었으며 그들로부터 명령만을 받고 그 명령을 실행하기만 하는 공산당의 이용 대상일 뿐이었던 것이다. 소련의 국가 체제가 공고히 정립된 이후 노동자와 농민들은 육체적 노동을 강요당할 뿐 응분의 대가를 지급받지도 못했던 것이다. 이렇게 부당한 현실을 노동자와 농민들은 잘 기억하고 있었을 것이며, 소련 내의 어떤 계층보다도 일찍 소련 사회에 대한 기대를 저버렸을 것이다. 더욱이 소련 노동자 농민들이 서방 세계의 노동자 농민들과 자신들을 비교할 수 있는 상황에 있었다면 소련 체제에 대한 불만은 더욱 커졌을 것이다. 이런 민심이반은 소련 사회의 각종 효율성과도 연관성이 없을 수 없다고 본다. 제정 러시아를 뒤집어엎었듯이 소련의 노동자 농민들이 소련을 직접 엎지는 못했을망정 고르바초프의 체제 변혁을 적극 환영했을 것이다.

소련이 몰락하면서 공산주의 제도의 두 기둥, 즉 계획경제와 생산 수단의 국유화 역시 사라지게 되었으며 이 제도들이 자본주의·시장경제보다 우수한 것이라는 신념도 거의 사라지게 되었다. 그런데 상기한 바와 같은 소련 몰락의 표면적 이유들에 초점을 맞춘다면, 소련이 망한 것은 당시 소련공산당이 국가 운영에 실패한 것이지 근본적으로 마르크스주의가 잘못된 것은 아닐 수 있다는 주장을 할 수도 있다. 만약 소련이 좀더 사회의 효율성을 제고하고 인센티브 제도도 도입하고, 국가 정책에서 지나친 폭력성과 무력 추구를 배제한다면, 마르크스주의를 버릴 필요는 없다고 생각할 수도 있는 것이다. 소련공산당의 현실적 실패는 마르크스주의 자체의 실패일 수는 없다는 것이다. 그렇다면 공산주의자들은 마르크스주의의 어떤 점을 그토록 지키고 싶은 것일까? 그것은 마르크스의 자본주의 분석이다. 다시 말하면, 소련의 현실적 실패에도 마르크스가 자본주의를 분석한 것은 절대로 옳다는 생각을 공산주의자들은 할 수 있는 것이다. 이런 생각이 20세기 중반 네오마르크스주의자들이 유럽에서 마르크스주의를 부흥시키려고 한 이유일 것이며, 중국공산당이 공산당 간판을 내리지 않은 이유일 수 있으며, 국내 공산주의 지지자들이 심기일전하며 공산주의 운동에 매진할 수 있는 이유라고 할 수 있는 것이다. 물론 현실적으로 공산주의자들은 권력 추구 집단이니 이런 이유들이 별로 중요하지 않을 수도 있다. "나의 생각이 절대적으로 옳으니 내가 무조건 권력을 가져야 한다."는 아집과 독선이 더 중요한 이유일 수도 있는 것이다. 그쯤 된다면, 공산주의자들은 더 이상 대화 상대는 아닌 것이다. 자유민주주의가 무조건 항복을 하거나 공산주의가 무조건 항복을 하는 것 외에는 다른 방법이 없기 때문인 것이다.

5. 마르크스주의의 실패

필자가 주장하고 싶은 것은, 드러난 소련 공산주의의 결점들이 사실은 마르크스주의의 이론적 결함과 깊은 연관이 있다는 것이다. 소련 사회의 드러난 단점들을 소련만의 문제로 치부하고 마르크스주의를 살리기에는 마르크스의 분석에 너무 많은 문제점들이 있다는 것이다. 마르크스주의 문제가 소련의 문제로 이어진 것뿐이다. 마르크스주의 문제를 편의상 자본주의 경제 분석의 문제와 정치 및 사회 분석의 문제로 나누고 그 문제들이 어떻게 소련 및 공산주의의 결점으로 연결되는지 생각해보자.

(1) 잘못된 자본주의 경제 분석과 공산주의의 비효율성

먼저 마르크스주의가 매력적으로 보이는 요인 중 하나는, 앞서 본 대로, 자본주의의 경쟁과 이윤 추구가 자본주의를 망하게 하는 요인이라고 지적한 점이다. 그래서 자본주의의 두 가지 핵심 제도, 즉 사유재산제도와 시장경제를 뒤집어 생산 수단을 사회화하고 계획경제와 배급 제도를 실시하고자 했다. 그러나 역사는 정반대의 결과를 보여준다. 자본주의적 경쟁은 사회를 부유하게 하고 산업을 발전시켰다. 경쟁은 개인적으로 실패와 좌절을 만들어낼 수도 있지만, 사회 전체적으로는 새로운 도전과 기술 혁신을 자극해 왔다. 마르크스는 경쟁과 이윤 추구를 마치 머리 터지게 싸우고 상대방의 돈을 뺏어내는 이전투구 같은 개념의 경쟁으로 이해했지만, 그것은 옳은 것이 아니다. 우리가 자주 보는 운동 경기에서 각 팀은 평소 갈고 닦은 기량과 집중력으로 승부한다. 진 팀은 이긴 팀에게 원한을 품고 복수의 칼날을 가는 것이 아니라, 경기 후 이긴 팀과 악수하면서 그들의 승리를 축하해준다. 그러나 열심히 연습해서 다음 시합에서는 우리가 이길 수 있다는 승부욕을 불태운다. 이것이 자본주의적 경쟁에 더 가깝다고 본다. 마르크스와 같이 경쟁을 이전투구식 경쟁으로만 이해하는 방식은 조폭 사회 같이 무자비한 패권 경쟁을 설명할 수 있다. 그러나 자본주의 사회의 경쟁을 그렇게 설명할 수는 없다.

자본주의 경쟁에서 이긴 대기업이 시장을 일시적으로 지배할 수 있다. 반도체·IT 시장에서 삼성이나 애플 같은 기업들이 예가 될 수 있다. 그러나 경쟁에서 패배한 과거의 소니 같은 기업들이 다시 일어설 가능성도 있는 것이다. 그 가능성은 과거 패배했던 기업들이 기술 혁신 등을 통해 다시 강력한 경쟁자가 될 수 있으며 그들의 노력은 사회를 이롭게 한다는 것이다. 마르크스는 경쟁을 이전투구식 경쟁으로만 파악했기 때문에 경쟁을 파괴적인 헤게모니 다툼으로만 본 것인 반면, 자본주의에서의 실제 경쟁은 건설적인 능력 다툼인 것이다. 이런 경쟁을 통해 승리한 기업이나 자본가가 이윤을 가져가고 그 과정을 통해 사회의 효율성이 향상한다. 앞서 고르바초프가 고백한 밀의 운송 같은 경우, 어떤 기업이나 자본가가 경쟁을 통해 밀을 운송한다면 밀이 썩어버리는 비율이 40%가 아니라 30% 또 20%로 줄여가는 과정이 바로 효율성의 제고인 것이다. 효율성을 높이는 기업은 당연히 응분의 대가를 이익의 형태로 가져가는 것이다. 썩어가는 밀을 10%로 줄이는 기업이 있다면 그 기업이 상당한 보상을 받는 것이 공정한 것이다.

공산주의자들은 이런 보상, 즉 경쟁을 통한 이윤 추구를 나쁘게 보면서 차등이 없는 분배를 강조한다. 즉 일종의 결과적 평등을 추구하는 것이다. 이런 방식이 큰 문제가 있는 것임이 경험적으로 잘 알려져 있다. 예를 들어, 대학의 어떤 수업에서 학기말 성적을 모두 A를 준다면, 학생들은 전혀 공부할 필요가 없다. 수업에 잘 나오지도 않을 것이다. 모든 학생들의 성적 저하 또는 배운 것도 없이 학점을 획득하는 결과가 만들어지는 것이다. 이런 실험이 미국 어떤 대학에서 실제로 이루어졌음이 잘 알려져 있다. 또한 구소련과 과거 중공처럼 열심히 일할 필요도 없고 경쟁을 통해 계속적인 자기 혁신을 할 자극도 없으니 사회 전체의 생산성과 경쟁력은 낮은 수준에 머무르게 된다. 마치 공부하지도 않은 학생이 낮은 성취를 이루는 것과 똑같은 것이다.

이런 결과적 평등에 입각한 분배 방식은 또한 비도덕적이다. 대표적으로 앞서 언급한 마르크스의 '능력에 따라 일하고 필요에 따라 분배'받는 방식은 비도덕적이기 쉽다. 여름 내내 놀기만 하던 배짱이가 열심히 일을 해서 개미들이 모아놓은 식량을 가로채는 것이 도덕적인가? 그런데 마르크스는 오히려 자본주의에 구조적 비도덕성이 있다고 주장한다. 그것은 노동자들에 대한 착취이다. 물론 기업가들 중에는 노동자들의 임금을 부당하게 착복하는 기업가 있을 수도 있다. 그러나 이런 형태의 착취는 구조적인 것이 아니다. 즉 언제나 피할 수 없게 착취가 일어나는 것이 아니다. 임금을 제대로 지급하는 기업가들도 많기 때문이다. 마르크스가 말하는 '착취'는 자본주의 경제에서 일어날 수밖에 없는 악덕이라고 보는 것인데 그 이유는 오직 노동자들만이 잉여가치(또는 부가가치)를 생산할 수 있다고 보기 때문이다. 그에 의하면, 모든 부가가치는 노동자들의 노동력에 의해서만 생산된다고 본다. 그러나 기업가는 이렇게 생산된 부가가치 중 노동자들에게 임금이라는 명목으로 일부만을 지급하고 나머지 부가가치는 기업 활동의 이윤이라는 명목으로 가져간다는 것이다. 그러니 기업가 어떤 명목으로든 이윤을 가져간다면 그것은 노동자가 만든 부가가치를 가져가는 것이고 그것이 곧 착취가 된다는 것이다. 아주 오랫동안 노동자들과 상당수 지식인들의 마음을 움직인 이 착취 이론은 사실 잘못된 가정 또는 잘못된 자본주의적 생산 양식의 분석에 근거한다.

문제의 핵심은 자본주의적 생산에서 생산력의 원천은 무엇인가 하는 점이다. 앞서 설명했듯이 마르크스는 이것을 노동자들의 인력 즉 노동력으로 보았다. 그러나 자본주의 생산력의 원천은 새로운 과학기술과 그것을 사업에 적용하는 혁신이라고 할 수 있다. 새로운 기술은 발전하는 기계로 대표된다. 증기기관이나 내연기관 같은 동력장치 등을 발명하고 기계들을 그 동력에 연결시켜 대량생산이 가능하게 되었던 것이다. 이런 생산 방식에 노동력은 생산 요소의 하나로 참여하게 되는 것일 뿐이다. 이런 생산 양식의 변화와 발전에도 불구하고 마르크스는 노동력을 생산력의 원천 또는 잉여가치 생산의 근원으로 본 것이다. 마르크스는 자본주의적 생산 양식을 분석하면서 자본가들이 기계를 많이 도입한다는 사실을 모르지 않았다. 그러나 마르크스는 이것이 자본가들의 잘못된 판단에 의한 선택이라고 주장하였다. 그의 입장에서는 노동자들의 노동력이 생산력의 원천이니 노동자들을 더 많이 고용하는 것이 현명한 기업 운영이라고 본 것이다. 참으로 엉뚱한 진단이다. 마르크스가 미처 몰랐던 이 생산력의 원천을 가장 잘 보여주는 것이 지금 다가오고 있는 제4차 산업혁명이다. 여기서는 물건을 생산할 때에 노동자의 노동력이 전혀 필요하지 않게 될 것이며 모든 생산 과정을 컴퓨터와 로봇이 담당하게 될 수 있다. 노동자들은 아예 필요 없는 시대가 올 수도 있는 것이다. 필자는 이런 시대가 바람직하다고 주장하는 것이 아니다. 엄밀한 의미로 자본주의적 생산 양식에서 생산력의 원천이 무엇인가를 따지는 것뿐이다. 어떤 이들은 과학기술자나 기계를 관리하는 인력 모두가 노동자라고 주장하기도 한다. 노동자의 범위를 확대해서 자본가들과의 대립구도를 유지시키려는 것이다. 네오마르크시스트들은 여기에 화이트칼라 직장인·교사 등등 마르크스가 중간 계급이라고 불렀던 이들마저 노동자로 편입하려고 했다. 이렇게 본다면 자본가들도 노동자가 아니라고 말할 수 없다. 그들도 자신들 사업을 번창시키고 이윤을 내기 위해 동분서주하며 또 중요한 투자 결정이나 계약도 하고 미래 계획도 세우는 등 엄청난 노력을 한다고 볼 수 있다. 제한된 분야의 노동을 수행하는 노동자들에 비해 엄청난 노동 강도가 있는 것이다. 자본가들의 역할로 인해 로봇이나 컴퓨터 같은 제품들이 생산되고 시장에서 유통된다. 기업의 이윤은 이런 기업 활동에서 나오는 것이지 노동자들의 노동력을 착취함으로써 나오는 것이 아니다.

마르크스가 잘 알지 못했던 것들 중 또 하나는 기업 활동의 이익 대부분이 신상품 개발과 신기술 도입 또는 혁신(innovation)에서 온다는 점이다.

자본주의 시장경제에서 살아가고 있는 사람들에게 이 사실은 아주 평범한 것이다. 수십 년 전에는 생각도 못하던 상품들이 등장하고 경쟁력 있는 기업들도 새롭게 등장한다. 우리가 잘 아는 핸드폰 같은 전자기기가 좋은 예일 것이다. 반면 한때 크게 유행하던 제품이 정체 상태에 머무르고 시장에서 사라져가는 사례도 수없이 보았다. 20세기 초반에 엄청난 기업으로 평가 받던 싱거 재봉틀 회사(Singer Corporation)는 이제 역사의 뒤안길로 사라지고 말았다. 불과 몇 년 전까지 미국의 초일류 기업으로 평가받던 제너럴 일렉트릭(GE)의 위상도 요즘은 초라하기 그지없다. 이런 기업들은 과거의 영광에 안주하다가 밀려났다고 할 수 있다. 반면 과거 3류 기업에 불과하던 삼성전자는 지금 가전과 반도체 시장의 큰 몫을 담당하는 세계 1류 기업으로 도약해 있고, 얼마 전까지 듣도 보도 못하던 전기차 회사 테슬라(Tesla)는 엄청난 기업 가치를 갖고 있다. 그러나 마르크스는 자본주의의 동적 변화에 주목하지 못했거나 주목할 상황에 있지 못했다. 그는 기업의 이윤이 노동자의 착취나 식민지의 확대를 통한 노동 착취의 연장에서 온다고 착각했으며 그의 추종자들도 대개 이런 사고 방식을 벗어나지 못하고 있다. 이런 잘못된 시장경제 분석을 마치 무오류의 진리인 것처럼 믿으며 사람들에게 설득하고 강요하는 것은 죄악이라고까지 말할 수 있다. 이들이 집권을 해서 시장경제를 다루려 한다면 끔찍한 결과를 가져올 수 있다. 이것은 마치 푸줏간 주인이 고기를 썰어본 경험이 있다는 이유만으로 환자를 수술하려는 것과 비슷하다.

마르크스가 노동력을 생산력의 원천으로 본 것은 자본주의 시대보다는 농업 생산의 시대에 더 잘 적용된다. 이 시기에는 농부들의 단순 노동력이 생산의 핵심이라고 볼 수 있다. 이 당시 다른 자본재나 기계 등은 거의 사용되지 않았다. 그런 특징을 마르크스는 자본주의 생산 시대로 확대한 것이 아닌가 싶다. 다시 말하면, 마르크스는 무의식적으로 농업 생산 시대의 관점에서 자본주의 생산 양식을 분석한 것이라고 할 수 있다. 이런 마르크스의 시대착오적 관점은 여러 군데에서 볼 수 있다. 우선 그는 자본주의에서 상업이 갖는 중요성을 크게 인식하지 못 했다. 그에 의하면, 상업은 일정한 효용가치를 가진 물품들을 여기저기 옮기기만 할 뿐, 새로운 부가가치를 만들어내지 못한다고 보았다. 상품에는 공장 노동자들의 노동 투하가 이미 끝났으니 상인이 단지 물건을 옮김으로써 새로운 가치가 만들어질 수 없음에도 상인들은 물건 값을 올려 받아 부당한 이익을 취한다는 것이 그의 입장이다. 그러나 상인들이 상품을 필요한 곳으로 가져가는 것 역시 가치를 생산하는 노동이라고 할 수 있다. 어떤 경우 창고에서 재고로 쌓여있을 수 있는 상품을 이동시켜 수요자들에게 필요한 가치를 만들어낸다고 할 수 있다. 마르크스의 상업에 대한 입장은 농업 생산 시대에 흔히 볼 수 있는 것이다. 우리나라 조선시대에도 상업을 별로 필요한 산업으로 보지 않아서 상업의 역할을 최소한으로 억제했던 것이다.

또한 마르크스는 돈을 빌려주고 대가로 받는 이자에 대해서도 부정적이었다. 자본주의 시대에서는 돈을 빌려 새로운 투자를 함으로써 성공할 경우 매우 큰 이익을 낳을 수 있다. 따라서 어느 정도의 금리로 돈을 빌리는 것이 전혀 이상하지 않다. 반면에 농업 생산 시대에는 새로운 투자처가 거의 없었을 것이다. 농부가 돈을 빌리는 것은 농사가 잘 되지 않거나 다른 급박한 이유로 농지를 담보로 돈을 빌리는 것이 대부분이라고 할 수 있다. 여기에 상당한 이자를 받는 것은 어려운 처지에 있는 농부를 더 괴롭히는 나쁜 행위로 보통 인식되고 있었다. 우리나라에서도 과거에 천석꾼·만석꾼이 된 집안의 이면에는 고리대금업이 큰 역할을 한 경우가 많았다. 돈을 높은 금리로 빌려주고 나중에 농민이 갚지 못하면 땅을 탈취해 재산을 불리는 것이다. 그러나 자본주의 시대의 금융업은 고리대금업과는 근본적으로 다른 것이며 마르크스는 그런 점들을 잘 이해하지 못했다고 할 수 있다. 어떤 이유이든지 마르크스는 자본주의 생산 양식에 대해 깊게 이해하지 못한 것이다. 즉 그가 자본주의를 바라보는 시각은 과거 농업 생산 시대의 시각이며 그가 『자본론』을 저술한 시점도 초기 자본주의 시대였으니 그랬을 만도 하다. 『자본론』을 통해 자본주의가 얼마나 많은 문제점들을 일으키고 있는지 또 어떤 경로를 통해 자본주의가 종식될 것인가를 설명하는데, 그런 분석의 근본적 시각이 농업 시대적 시각이라고 볼 수밖에 없다고 생각된다.

마르크스의 농본주의 시대적 시각은 그가 등장한 이후 여러 사건들을 잘 설명할 수 있다고 본다. 첫째, 마르크스주의에 기반을 둔 공산주의 운동이 성공하거나 크게 번성한 곳은 농업이 주를 이루는 소위 후진국에서였다. 러시아, 중국, 중남미, 아시아 등지에서는 그의 농본주의 시대적 시각이 크게 공감을 받을 수 있는 곳들이었다. 그가 농업을 중시한 것도 아니었는데 대다수 농민들의 마음을 격동시키는 것이 매우 용이했다고 볼 수 있다. 가난과 어려운 삶의 여건을 착취 때문이라고 주장하며 지배층을 공격하는 것은 많은 농민들의 울분을 자극하기에 충분했으며 공산주의자들이 가리키는 대로 국가를 전복하는 혁명 대열에 동참하기에 이르게 된 것이다. 반면 비교적 일찍 농본주의 시대적 사고를 버리게 된 서유럽 국가들에서는 마르크스가 말하는 자본주의 분석의 설득력이 크게 떨어지는 결과를 낳았다고 봐야한다. 서유럽인들이 마르크스 주장의 맹점들을 잘 알아서가 아니라 그가 그려내고 비판하는 자본주의가 현실적으로 맞지 않음을 체감할 수 있었던 것이다. 그래서 서유럽에서 산업이 발전하면 할수록 마르크스주의가 별로 호소력을 갖지 못하고 무산자 혁명도 실패한 것이라고 할 수 있다. 정작 산업 현장에서는 마르크스의 사상이 설득력을 잃어가고 있는데, 혁명운동가들·지식인들·학자들·정치인들 등 현장을 경험하지 못한 이들은 마르크스를 부둥켜안고 있었던 것이다. 물론 마르크스의 공산주의 운동이 서유럽에서 성공하지 못한 것에는 다른 이유들도 있을 수 있다.

두 번째로 생각할 수 있는 점은 지식인들의 자본주의에 대한 반감 또는 경멸이다. 물론 모든 지식인들이 그런 것은 아니다. 그러나 지식인들이 중시하는 지식은 대개 과거에 제시된 것이기 쉽다. 인류는 아주 오랫동안 농업을 위주로 살아왔다. 그런 시대를 지나면서 윤리 의식의 상당 부분이 농본주의 시대적 사고로부터 나왔다고 할 수 있다. 예를 들어, 일반인 중에 큰 부자가 나오기 어려운 농업 시대의 특성상 부자를 경원시하는 시각이라든지, 결과적으로 평등한 생산물 분배를 선호하는 것 등을 들 수 있다. 또 역사를 통해 지배계층들에 의한 빈번한 폭정을 잘 알고 있는 지식인들은, 표면적으로나마 기반 계층의 이익을 옹호하는 공산주의에 대해 크게 호감을 갖게 되는 것이다. 그래서 지식인들 중에는 적극적으로 공산주의에 동조하는 사람들도 있지만, 소극적으로라도 공산주의를 지지하는 이들 또한 많이 있는 것이다. 많은 유럽의 지식인들이 공산주의 소련에 큰 기대를 걸었으며 그들의 정치 운동에 참여하기도 하였다. 그런 상황에서 자본가들은 돈 많은 무뢰한 정도로 여겨지기 쉬운 것이다. 물론 질이 나쁜 자본가들도 있기 마련이지만 자본가들에 대한 반감은 소수의 비뚤어진 자본가 때문인 것이 아닐 것이다. 자본주의에 대한 반감은 농본주의에 근거한 전통이 강한 유럽에서 심하고 그런 전통이 거의 없다시피 한 미국에서는 약하다. 오히려 그들은 자본가들을 찬양하며 그들의 역할에 대해 감사하는 편이라고 할 수 있다. 이렇게 유럽은 자본주의의 혜택은 많이 누리면서도 자본주의에 대한 부정적 시각과 자본가에 대한 경멸이 비교적 팽배하다고 할 수 있다.

이런 상황은 우리나라에서도 잘 나타나고 있다. 급속한 산업화로 농본주의적 전통이 빠르게 없어지는 측면이 있기도 하지만 우리나라는 돈을 많이 벌은 자본가들에 대해 대단히 부정적이며 그들의 재산을 뺏는 것이 마치 정당한 일인 것처럼 생각하는 사람들도 많다. 공산주의 이론에 근거할 것도 없이 정서 자체가 그렇다는 것이다. 그러면서도 이상하게 외국의 자본가 부자들에 대해서는 상당히 관대하다. 빌 게이츠나 워렌 버핏 같은 이들을 존경하는 지식인들이나 젊은이들이 많다. 물론 국내 자본가들을 백안시하려는 세력이 상당 기간 활동해온 결과이기도 하지만, 농본주의 시대적 정서에 아직도 젖어있는 사람들은 자본주의에 대한 반감이 아주 쉽게 스며든다. 따지고 보면 지금 장년층에 있는 국민들 대다수는 우리나라가 농업 생산 시대에 있을 때 태어난 세대이며 중년층 역시 그런 분위기 속에서 성장한 세대이다. 과거에 "공산당은 말로 못 이긴다."는 속설이 있었다. 워낙 우리나라 사람들 정서가 농본주의 시대적이다보니 공산주의자들의 말에 동조하기가 쉽고 반박하기가 어려운 것이다. 그러나 우리나라의 빠른 경제 성장 속에서 많은 이들이 이념적 갈등을 느끼고 있다고 할 수도 있다. 전통적 시각에 매달린다면 산업화와 자본주의가 모두 부정적인 것으로 보일 수도 있지만, 자본주의의 현실이 주는 역동성과 생산성은 무시하기 어려운 것이다. 많은 사람들이 마르크스 이론이 품고 있는 후진성을 이해하고 그 이론을 떨쳐버리기를 기대해본다.

마르크스의 또 다른 문제는 시장에 대한 몰이해라고 할 수 있다. 그는 시장을 이전투구의 격투장 정도로 봤을 뿐, 시장의 진정한 기능에 대해 깊은 생각조차 없었던 듯하다. 시장이란 단순히 물건을 교환하는 가상의 공간일 뿐만 아니라, 시장을 통해 적재적소에 인적 자원과 물적 자원을 배분할 수 있는 것이다. 기업에서 신입사원을 채용할 때 꼼꼼히 능력과 자질을 살피는 것이라든지 경영 합리화나 새로운 제품 개발 등에서 경제성을 따지는 것 등이 그런 기능을 수행하는 것이라고 볼 수 있다. 물론 누구도 시장의 기능이 완벽하다고 보지는 않는다. 마르크스가 지적한대로 인플레이션이나 자원 낭비 같은 것이 당연히 있다. 그러나 그런 문제점들은 과거 공산주의 정부나 또 다른 체제에서도 얼마든지 나타날 수 있는 것들이다. 인간은 누구나 일관성도 있지만 변덕스런 성향도 함께 있다고 할 수 있다. 그래서 이런 저런 새로운 물품을 좋아하기도 하고 유행을 따르기도 하며 곧바로 싫증을 내기도 한다. 시장이란 워낙 거대한 공간이고 많은 경제 주체들이 자유롭게 활동을 하게 되니까, 자본주의 경제 이론과 달리 현실적으로는 최적의 자원 분배나 완벽하게 합리적 행동 또는 공급과 수요의 완전한 균형을 이루지 못한다. 그러나 시장에서 합리적 행동을 통한 이윤 추구는 시장을 아예 무시하고 관료에 의한 자원을 배분하는 공산주의보다 항상 더 나은 결과를 보여주고 있다. 왜냐하면 시장을 더 잘 체득한 경제 주체들이 시장에서 충분히 책임 있는 역할을 하기 때문이다.

이와 같이 공산주의 사회였던 소련에서 경제가 붕괴한 것은 단지 더 열심히 일해야겠다는 자극(incentive)이 없었기 때문뿐만 아니라 자본주의 자체에 대한 이해가 부족하면서도 산업화 시대 뛰어들어 자유 세계와 경쟁할 수밖에 없었던 것이 그 원인이라고 볼 수 있다. 엉뚱하게 노동력을 산업화 시대 생산력의 원천이라고 믿으면서도 노동력보다는 과학기술을 더 중시해야했던 사회, 다양한 사람들의 의견과 선택을 반영하는 시장에 의존하기보다는 이념에 경도된 소수의 관료들에 의해 자원을 배분하고 경제를 운용하던 사회였던 소련이 경제적 효율성과 공정성을 달성할 수 없음은 너무 당연한 것이라고 할 수 있다. 효율성이 저하되는 사회는 일시적으로 지탱될 수 있을지 몰라도 계속 유지될 수는 없다. 북한 같은 곳에서 볼 수 있듯이 점점 더 강력한 정치 권력을 동원해 효율성 저하를 감출 수는 있지만 결국 소련처럼 한계에 이르러 일순간 무너질 수밖에 없다고 본다.

(2) 정치 체제로서 공산주의 사회가 갖는 문제점과 마르크스주의

마르크스는 무산자 혁명과 자본주의 붕괴 후 도래할 공산주의 사회에 대해 말을 아꼈다. 하지만 자본가들의 탄압과 착취가 더 이상 존재하지 않고 노동자를 위한 사회가 만들어졌으니 노동자들은 열심히 일해서 생산성은 올라가고 생산량은 엄청나게 증가할 것이라는 장밋빛 전망을 내놨다. 또 자본가들과 결탁한 자유민주주의 정부는 사라지고 노동자들의 이익을 보장하려는 인민민주주의 정부가 들어서게 되니 당연히 노동자들이 살기 좋은 사회가 될 것이라는 예측을 하였다. 그러나 실제 공산주의 혁명 후 이런 낙관적 전망과는 반대되는 현상이 일어나고 말았다. 사태는 훨씬 심각해서 노동자와 농민들의 지위와 생활은 혁명 이전보다 훨씬 못한 것이 되고 말았다. 유럽에 있던 공산주의자들이나 친공산주의 지식인들은 이런 사태가 소련공산당 때문이며 마르크스의 책임이 아니라고 주장하였다. 과연 그럴까?

공산주의 국가의 정치 체제는 우리가 잘 아는 것과 같이 공산당 일당 독재 체제라고 할 수 있다. 물론 몇 개의 위성정당을 거느리면서 대외적으로는 다당제인 것처럼 선전을 한다. 그런데 공산당 일당독재라고는 하지만 공산당원들 모두가 중요한 정치적 문제들을 자발적으로 능동적으로 결정하지 않는다. 오히려 중요 문제들에 대한 상부의 결정을 공산당의 이름(당 대회 등)으로 추인하는 정도에 지나지 않는다. 공산당원들은 물론 행정부나 당에서 일정한 지위를 치지하고 권력을 행사하기는 하지만 그런 권력의 행사는 지시받고 명령받은 대로 수행하는 범위 내에서 허용되는 권력일 뿐이다. 실질적으로는 공산당 내부 소수 엘리트 모임, 예를 들어 소련 중앙위원회 정치국, 중국 공산당의 중앙정치국, 또는 북한 노동당 중앙위원회 같은 곳들이 모든 정치 권력을 갖고 있다. 이런 소수의 모임도 집단지도체제로 운영되기보다는 모든 권력이 한 사람에게 집중되니 이 직책을 가진 사람은, 주석·총서기장 등등으로 부르고 있음은 잘 알려진 사실이다. 이 권력의 정점에서 중요한 명령과 지시가 공산당, 행정부, 군 등의 조직을 거쳐 아래로 전파되어가는 것이다. 공산주의 국가에도 헌법은 있다. 그러나 헌법의 힘은 최고 권력자의 힘에 비하면 보잘 것 없다. 헌법은 최고 권력자의 뜻에 따라 그 기능이 얼마든지 정지될 수 있으며, 헌법은 대개 대외 선전용으로 만들어져 온갖 미사여구로 치장되어 있음이 보통이다. 예를 들어, 자유민주주의 국가들보다 더 노동자들을 배려하고 있음을 보여주기 위한 여러 조문들을 갖고 있지만 실제로는 잘 지켜지지도 않고 존중되지도 않는다.

더 심각한 문제는 공산주의 국가는 전체주의 체제라는 것이다. 독재는 최고 권력자의 의중에 따라 모든 중요 결정이 이루어지는 것이라면, 전체주의는 모든 인민이나 국민이 개인적 이해를 포기하고 국가나 사회 등 전체를 위해 봉사해야하는 제도라고 할 수 있다. 실제로는 국가의 결정에 개인 그 누구도 이의를 제기하지 않고 충실히 따르는 것, 즉 모든 인민이 한 방향으로 행동하는 것이라고 할 수 있다. 완전히 상명하복의 제도인 것이다. 앞서 보았듯이 공산당의 조직 원리가 공산당원을 상명하복의 전투 요원으로 만드는 것이었다. 공산당이 권력을 장악한 후 그런 원리를 전 인민을 대상으로 확대시켰다고 볼 수 있다.

그런데 공산당이나 공산주의 국가는 인민민주주의라는 개념을 내세우면서 공산당 사회가 반드시 독재나 전체주의 사회가 아닐 수 있는 것처럼 말한다. 소련의 정식 명칭 '소비에트 연방공화국'이라는 것도 소비에트라는 단위가 먼저 존재함을 전제로 한다. 소비에트란 마을마다 직장마다 노동자나 농민들의 자발적 지방 조직으로서 이론적으로는 이 소비에트들이 중요 사안들을 중앙 조직에 건의도 하고 제안도 하면서 또 중앙 조직으로부터 내려오는 여러 지시 사항을 수행하기도 한다는 것이다. 이런 소통의 통로가 있으니 공산주의 사회가 이 인민 조직들을 기본으로 한 민주주의 체제라는 것이다. 서방의 많은 이론가들도 이런 선전성 이론을 받아들여 소련이 인민, 즉 노동자와 농민들을 위하는 제도라고 오해하기도 한다. 그러나 상하 양방 의사소통은 혁명 초기에나 잠깐 있었으며 공산당의 권력이 자리잡으면서 일방적 소통만이 존재하게 되었다. 그렇게 되니 실상은 인민민주주의는 허울만 남고 공산당 독재와 전체주의로 귀결된 것이다.

공산주의 사회에서 인민들이 겪는 현실은 다 잘 알려지다시피 몹시 혹독한 것이다. 소위 말하는 기본권이나 인권은 존재하지 않고 권력의 무자비함을 직접 맞닥뜨리지 않는 삶이라면 그나마 행복한 삶이라고 할 수 있었다. 물론 자기 생각의 표현, 즉 표현의 자유나 언론의 자유 같은 것을 보장받지 못하거나 꿈도 꾸지 못하는 조건 하에 최소한의 삶을 영위할 수도 있을 것이다. 이런 공산주의 사회의 사실을 바탕으로 필자가 관심을 갖는 것은 공산주의 사회가 꼭 이럴 필요가 있는가 하는 것이다. 어찌 보자면, 무자비하고 냉혹한 공산주의 사회의 현실은 더 좋은 사회를 낳기 위한 출산의 고통 같은 것으로 치부할 수 있다. 또 언젠가는 능력이 대단한 공산당이 출현해서 그들이 원하는 멋진 사회(그것이 무엇이든지)가 올 수도 있다고 주장할 수 있는 것이다. 그러나 필자의 견해로는 그런 공산주의적 멋진 사회, 이상적 사회는 구조적으로 올 수 없다는 것이다. 다시 말하면, 공산주의 사회는 과거 소련·중국·북한에서 보듯이 비참한 인민의 삶을 동반할 수밖에 없다는 것이다. 그 이유를 여러 각도에서 설명해보자.

첫째, 공산주의자들은 밝고 긍정적인 사회를 건설할 만한 가치들을 제시하지 못한다. 자유민주주의 사회를 전복시키는 단계에서는 그들이 인민들에게 호소할 수 있는 가치 개념들이 많은 것이 사실이다. 불평등, 착취, 억압, 소외 등등 많은 가치 개념을 가지고 인민 대중의 마음을 흔들고 그들을 동원해 어떤 자유민주주의 사회를 종식시킬 수도 있다. 그런데 공산주의 사회의 건설에서 공산주의가 어떤 가치 개념들을 가지고 사회를 건설하게 되나? 자유? 자유는 물론 처음부터 공산주의가 배제하는 가치이니 고려할 가치조차 없다. 평등? 물론 평등은 공산주의자들이 금과옥조처럼 자주 언급하기는 하지만 어떤 종류의 평등을 보장해주려고 할까? 필자가 말한 정치적·신분적 평등은 물론 아닐 것이다. 공산주의 이론에도 그런 언급이 없을 뿐더러, 만약 공산주의 사회에서 인민들의 정치적·신분적 평등을 보장하려고 했다면, 공산당 일당독재나 개인숭배, 수령 체제 같은 것은 처음부터 존재할 수가 없다. 공산주의자들은 빈번하게 형제애 같은 것도 강조하기는 한다. 그러나 형제애를 정말로 중요하게 생각했다면, 노동자·농민들에 대한 배신, 수많은 숙청과 비인간적 정치범수용소 같은 것은 존재하지 않았을 것이다.

공산주의 이론은 자유민주주의·자본주의 사회를 어떻게 파괴하고 어떻게 종식시키는가에 집중해 있을 뿐, 어떻게 새로운 사회를 만들 것인가에 대한 고민은 몹시 부족하다고 할 수 있다. 어떤 이는 생산 수단의 사회화나 계획경제와 배급 경제 같은 것을 지적하며 이런 제도들이 공산주의 사회의 특징이라고 말 할 것이다. 그러나 이런 것들은 경제 제도일 뿐이며, 사회 전체를 구성하는 가치 체계가 될 수 없다. 필자가 말하고 싶은 것은 개별적 가치들이나 어떤 제도들이 아니라 바로 이 가치 체계의 구성 또는 설계인 것이다. 이 가치체계 구성의 좋은 예는 앞서 본 계약론이다. 또는 요즘은 신뢰성이 떨어진 왕권신수설도 한 예시가 될 수 있다. 계약론은 왜 자유와 평등이 원천적 가치인지 또 이런 가치들이 정치 사회 또는 시민사회에서 어떻게 보장받아야 하는지 등을 설명한다. 이에 비해 공산주의 이론에서는 그런 논의를 전혀 찾아볼 수 없다. 새로운 사회를 구성하는 기본적 개념과 아이디어가 없으니, 공산주의자들은 과거의 틀 즉 봉건사회 체계에 의존한다. 특히 공산주의의 봉건성을 잘 보여주는 특징이 계급제도이다. 말로는 공산주의 사회가 평등한 사회라고 떠벌렸지만, "모든 동물은 평등하다. 그러나 어떤 동물은 더 평등하다." 같은 풍자(조지 오웰의 소설 『동물 농장』 참고)에서 알 수 있듯이, 공산주의자들은 계급사회를 지향하는 것이다. 공산당원, 관료층, 군인, 노동자, 농민, 반혁명분자 등 계급을 수없이 나누어 인민들을 관리하는 것은, 자유민주주의와 달리 공산주의자들이 봉건적 사고에서 한 걸음도 나아가지 못하고 있다는 것을 보여준다. 여기서 필자는 공산주의자들이 반드시 자유민주주의적 가치를 존중하라는 것은 아니다. 그러나 그들 나름의 가치체계를 보여주고 그 가치들이 실제로 인민들의 어떤 삶을 보장하는지 그리고 그 체계가 자유민주주의보다 나을 수 있는지를 설명할 수 없다면 공산주의는 이론적으로 자유민주주의와 자본주의를 넘어선 진보적 이념이 될 수 없다.

이 양상을 달리 말해보자. 봉건주의에서 진일보했던 자유민주주의·자본주의를 공산주의는 절대 악으로 몰아가서 자본주의를 종식시키고 난 후, 경제적 제도 개혁과 자본주의 정신을 말살하려 한다. 그렇지만 혁명 이후 건설된 사회의 기본 가치와 기본적 인간관계를 어떻게 구성할 것인가에 대한 시각이 공산주의에는 없으므로 자본주의 이전의 봉건주의적 가치들을 다시 끌어들인다는 것이다. 예를 들자면, 어떤 사람들이 컴퓨터 운영체제인 윈도 10이 영 마음에 들지 않는다고 하자. 윈도 10을 절대 악쯤으로 몰아가고 전 세계의 윈도 10을 모두 없애버렸다고 하자. 그렇게 된다면 이제 컴퓨터는 어떻게 움직이나? 이 사람들이 내놓은 운영 프로그램은 윈도 10의 표면적 특징은 철저히 뒤집으면서 그 근본은 과거 운영프로그램, 즉 윈도 7이나 윈도 XP 같은 것을 최신식 또는 진보적이라고 내세우는 것과 비슷하다. 그래서 권력의 집중, 신분제, 기본권의 무시 등 현 공산주의 사회가 보여주는 비인간성들은 공산주의 이론 자체가 봉건사회의 가치와 특징들에 근거하고 있기 때문이라고 할 수 있는 것이다. 이렇게 공산주의는 진보를 주창하지만 그 근본은 봉건적 과거로의 회귀 즉 수구일 뿐이다.

이 가치체계의 구성에 관한 논의는 국가 권력의 정당성에 관한 논의와 본질적으로 같은 것이다. 공산당은 "사악한 자본주의 국가로부터 권력을 탈취했으니 우리가 정당한 권력이다."라든지 "공산당이야말로 노동자와 농민 같은 민중을 대변하고 있으니 우리가 정당한 권력이다." 같은 말들을 내세울 것이다. 그러나 이런 주장이야말로 전형적인 소극적(negative) 주장일 뿐 공산당 권력이 왜 정당한지를 설득력 있게 입증하지 못한다. 만약 어떤 정치세력이 공산당들의 국가 통치를 맹렬히 비난하고 공산당을 쫓아낸 후, "사악한 공산주의자들을 우리가 몰아냈으니 우리가 정당한 권력이다."라든지 "공산당은 공산당원들 이익만 추구했지만 우리는 노동자·농민 같은 민중의 이익을 대변할 것이니, 우리가 정당한 권력이다."라고 말하며 공산당 권력을 탈취했다고 하자. 그렇다면 이들의 권력은 정당한 것인가? 공산당의 권력이나 이들의 권력이나 모두 그 근거가 아리송한 것이다. 이런 주장에는 정치권력을 정당화하는 어떤 아이디어도 없기 때문이다. 기껏해야 "국가 권력의 근본은 무제한의 폭력이다." 같은 조폭 같은 소리나 할 수 있을 뿐이다.

어떤 이들은 공산주의 국가의 헌법을 지적하면서 국가권력이 정당함을 주장할 수 있다. 만약 공산당 사회가 자신들의 헌법을 공정하게 만들고 그 헌법에 따라 국가를 운영한다면, 공산주의 사회는 일종의 계약론적 사회로 볼 수도 있다. 그러나 공산주의 사회의 헌법은 그런 위상을 갖고 있지 못하다. 공산당 수뇌부의 권력은 항상 헌법 위에 군림하며 그것은 공산주의 사회의 두드러진 특징으로 자리하고 있다. 예를 들어, 북한의 수령론이 바로 이 공산당 권력의 우월함을 말하고 있다. 심지어는 수령의 무오류성(infallibility)을 주장하기도 한다. 이것은 마르크스주의의 무오류성을 수령에게로 돌린 것일 뿐이다. 그들에게는 권력의 근본이 계약과 법치가 아니라 신과 비슷하게 설정된 특정인에 의한 강압적 인치인것이다. 공산당 권력이 가장 근본적 권력이지만 이 권력은 정당화되지 못하고 있다. 이렇게 정당화되지 못한 권력을 유지하려고 하다 보니, 현실적으로는 군사력·경찰력 같은 무력으로 국가권력을 옹위하고 인민들중 그 누구도 공산당 국가권력에 대해 의문을 갖지 못하도록 억압하는 것뿐이다. 그러니 공산주의는 필연적으로 전체주의로 진행되면서 마치모든 인민들이 공산당 권력을 지지하기 때문에 정당한 것처럼 선전하고 있을 뿐이다.

공산주의 사회가 전체주의 독재국가로 갈 수밖에 없으며, 새로운 멋진 사회를 건설해갈 수 없는 두 번째 이유가 있다. 그것은 공산주의가 자본주의 생산력의 근원, 인간의 본성, 국가의 본질 같은 것들을 거의 이해하지 못하기 때문이다. 이런 문제는 앞서 지적한 바가 있기 때문에 더 말하지 않겠다. 이런 몰이해를 바탕으로 하고 국가를 운영했을 때, 여러 가지문제가 생기게 된다. 예를 들어보면, 마르크스 이래 공산주의자들은 자본주의를 전복하고 공산주의 사회를 건설하면 모든 인민들은 열심히 일하고 생산력이 갑자기 증가해서 모든 인민들이 풍족한 삶을 누릴 수 있는 것처럼 선전했다. 그러나 현실은 이런 잘못된 인식을 따끔히 훈계한다. 예를 들어, 1932~1933년 소련 우크라이나에서는 대기근(또는 '인공 기근')이 발생했다. 이 기근은 자연적 원인에 의해 발생한 것이 아니라, 소련 당국의 행정적 억압 또는 정치적 의도에 의해 발생한 것이다. 당시 소련정부는 공산주의 혁명 이후에 마르크스가 기대했던 생산력의 엄청난 증가를 대외적으로 과시하기 위해 농산물의 수출을 결정하게 된다. 그러나 당시 이 지역의 농산물은 수출을 할 만큼 많은 양이 생산된 것은 아니었다. 무리한 수출 정책으로 농민들의 식량 부족이 일어나게 된 것이다. 거기다가 당시 스탈린은 산업화에 필요한 재원을 조달하기 위해 식량과 가축 심지어는 종자까지 모두 수탈해갔다고 한다. 농민들의 격렬한 저항도 있었지만 결국 거의 모든 것을 빼앗기고 약 오백만 이상의 농민들이 아사했다고 한다. 이 사건에 대해 자연 기근이라는 이설을 주장하는 이들도 있으나 정황상 인공 기근이라고밖에 할 수 없다. 보다 확실한 예로는 중국의 대약진 운동이 있다. 중국 제2차 5개년 계획 당시, 집권자였던 마오쩌둥은 무리한 공업화를 추진하고 급격한 군비 강화와 대내외적 국력 과시를 위하여 넉넉하지도 않은 식량을 수거하여 자금을 마련하기 위해 식량을 수출하고 외국에 원조까지 하였다. 결과는 무려 3천만 명 이상의 농민들이 굶어 죽게 되었다. 이런 사건들을 잘 들여다보면, 공산당 지도부가 현실을 잘 이해하지 못한다는 결론을 내릴 수밖에 없다. 경제 문제와 적절한 경제 대책, 인간들의 필요 욕구 등을 이해하지 못하고 그들이 임의적으로 설정해놓은 공상적 목표를 위해 인민들을 희생시키는 것이다. 문제는 이런 엄청난 재난이 일어난 후, 그것을 누가 책임지고 어떻게 처리하는가이다. 물론 필요에 따라 중하급 관리나 반대파에게 책임을 씌워 숙청하면서 인민들의 불만을 무마하기도 한다. 그러나 이제까지 공산당 정부가 책임을 지고 퇴진한 예는 없고, 인민들의 불만을 한층 더 억압하며 공산독재 전체주의로 나아갈 뿐이다. 공산당의 실패를 인민들에게 책임 전가하는 것이다. 그래서 공산주의 사회가 진행되면 될수록 공산독재 전체주의가 더 강화되는 것이 필요해진다고 생각된다. 억압이 느슨해져 인민들이 자유와 경제력을 갖게 되면, 인민들은 반드시 공산당의 정책실패에 대해 책임을 묻지 않을 수 없다. 오늘날 중국이 공산당 권력을 강화하려는 것은 이와 같은 이유가 있다고 할 수 있다. 이렇게 공산주의 사회는 소통도 되지 않고, 책임도 지지 않고, 비효율성은 점점 증가하는데 독재와 전체주의로 억누르다가 어느 순간 소련 같이 와르르 무너져 내리는 것이 그 운명이라고 할 수 있다.

셋째, 공산주의가 전체주의로 타락하면서 인민들의 삶을 어렵게 만드는 것은 마르크스주의의 무오류성을 기초로 사회가 운영되기 때문이다. 자본주의는 필패하고 공산주의는 궁극적으로 승리한다는 잘못된 신념이 공산주의사회의 기초인 것이다. 구체적으로 마르크스의 분석 또는 최고 집권자의 정책결정에 대한 무오류성을 신조로 여기게 되니 잘못 진행되는 정책에 대한 수정이 불가능한 것이다. 마르크스가 자신의 이론에 오류가 없다는 말을 했는지는 잘 모르겠으나, 자신의 자본주의 분석 비판에 엄청난 확신을 갖고 있었음은 확실하다. 그래서 이런 믿음을 공유하는 공산주의자들은 공산주의 경제가 파탄 지경에 있을 때 가끔씩 자본주의적 경제정책을 도입해서 농민들에게 사적 경작권을 준다든지 공장 단위로 이익을 가져갈 수 있게 한다든지 하는 정책을 쓰기도 하지만, 인민들의 삶이 어느 정도 회복되면 다시 공산주의 경제로 회귀하고는 했다. 이것은 공산주의 경제, 사회, 세계관과 가치 등은 절대 잘못되지 않았다는 신념의 표현이라고 할 수 있다. 최근 중국에서 덩샤오핑 이후 오랫동안 실시하던 시장경제를 공산당 주도 하의 통제경제로 바꾸려는 움직임이 있다. 이것은 중국공산당이 당면한 문제를 잘 보여주는 것이라고 할 수 있다. 시장경제를 통한 경제적 성공이 계속될수록 공산주의와 공산당의 모든 시도가 처음부터 잘못이었다는 것을 증명하는 것이나 다름없기 때문이다. 그러니 공산당이 살아남으려면 시장경제를 부정하거나 통제해야한다. 그러나 공산당이 전권을 장악하고 실패의 길로 들어섰을 때에도 공산당은 마르크스주의의 무오류성을 내세우며 거기에 매달리는 것이다. 소련처럼 공산당이 실패를 자인하고 새로운 사회·경제 체제로 나아갈 수 있다면, 그것이 가장 바람직한 형태의 해결책이 될 것이다. 그러나 이 해결책은 공산당의 기득권을 전부 내려놓아야 할 수도 있으니 쉽게 선택할 수 있는 것이 아니다. 가장 손쉬운 것은 인민을 압박하며 전체주의로 사회를 몰고 가는 것이다.

이렇게 공산주의가 독재, 전체주의, 계급사회로 치닫는 것은 공산주의 사회의 근본 원리인 마르크스주의의 오류와 한계에서 유래한다고 본다. 마르크스 이론의 무오류성을 주장하게 되면 그것을 수행하는 공산당의 독재정치가 당연한 것이고, 모든 인민에게 마르크스적 사회를 예외 없이 강요하게 되니 전체주의 사회가 되는 것이다. 19세기 인간이었던 마르크스는 봉건적 사고에서 탈피하지 못하고 있었고 그것이 공산사회를 계급주의로 환원시키는 요인이 되는 것이며, 권력을 단지 탈취하고 누군가를 억압하는 것으로만 인식하고 있으니 탈취된 권력의 긍정적 행사와 희망

찬 사회 건설은 불가능했던 것이다. 지상에서 유토피아를 건설할 수 있는 것처럼 인민들의 희생을 강요하였지만, 현실은 지옥을 만들어가고 있었던 것이다. 이런 공산주의의 실패는 역사를 통해 증명된 것이나 다름없고, 그 실패는 마르크스주의에 기인함을 알 수 있는데도 아직도 공산주의에 몸담거나 지지하는 사람들도 많은 것이 사실이다. 그렇다면 그들은 왜 공산주의를 지지할까? 이제부터 공산주의가 사람들에게 주는 외적인 매력에 대해 생각해보자.

6. 공산주의가 갖는 외적인 매력

객관적으로 생각해보면 공부도 많이 하고 나름 세상을 보는 눈이 정확하다고 할 수 있는 학자·지식인들이 공산주의를 신봉하거나 지지하는 것은 참으로 이상한 일이다. 그들은 공산주의 사회가 갖는 비참함을 보지 못한단 말인가? 그들 중 일부는, "자유민주주의·자본주의 사회에 너무 많은 문제가 있어 그것을 외면할 수 없다."는 식으로 답한다. 그러나 그들이 인식하는 자유민주주의·자본주의의 문제들은 그들 자신이 공산주의 또는 마르크스주의에 동화되고 있음으로 해서 보이는 문제들임을 잘 알지 못하는 듯하다. 이렇듯 공산주의에는 자체의 이론적 문제를 가릴 수 있는 어떤 매력이 존재한다고 본다. 앞서의 설명과 겹치는 부분도 있으나 이 '매력'을 따로 정리해서 왜 자유민주주의 사회의 지식인들이 공산주의로 빠지는 것인지 설명해보기로 하겠다.

(1) 공상적 이상 사회가 주는 만족감

마르크스 이론의 지적 대담함과 날카롭고 통찰력 있어 보이는 분석은 지식인들을 감동시키며 공상적 허영심으로 몰고 간다. 공산주의 이론의 원조인 마르크스 이론은 생산양식을 둘러싼 인간들 관계의 분석을 통해서 또 생산 양식의 변천에 대한 탐구를 통해서 인류 역사를 대담하게 경제문제 중심으로 단순화시킨다. 소련에서는 이를 유물사관이라고 불렀다. 마르크스는 인류 역사를 움직이는 비밀을 풀어낸 듯 과거에서 미래까지 이 사관을 적용시킨다. 마르크스는 이런 방법에 의한 역사 및 사회 분석에 대단한 확신과 자신이 있었고 그런 태도는 글을 읽는 사람들에게 전파되기 쉽다. 그래서 많은 지식인들은 마르크스의 저작들을 읽으며 인류역사의 비밀을 푸는 열쇠를 한 손에 들고, 인간 사회의 흐름을 저 높은 곳에서 관조하는 것 같은 기분을 느낀다. 많은 지식인들은 마르크스의 분석이 여기저기 틀리고 지나친 단순화로 여러 오류가 생기게 됨을 알게 된 후에도 이 기분을 버리지 못한다. 구름 꼭대기에서 노닐다가 평범한 인간들이 사는 땅으로 발을 다시 딛기가 싫은 것이라고 할 수 있다. 이렇게 마르크스가 주는 허황된 느낌은 '이상'이라는 이름으로 사람들의 사유를 계속해서 왜곡시킨다.

특히 이런 경향은 이상향을 찾는 전통이 만연했던 사회일수록 강하게 나타난다. 대한민국도 이전 사회에서 유교적 이상향에 강하게 물들어 있던 사회였다. 유교적 이상향이 사라진 지금도 많은 사람들, 특히 지식인들은 아직도 갈등이 없어 보이고 질서가 잘 자리 잡은 사회 즉 이상향을 꿈꾸는 경향이 있다. 그러나 이 이상향은 사람들을 계급으로 나누고 하위 계급의 희생과 피억압을 전제로 한다는 사실을 외면한다. 아이러니하게도 계급제도를 포함한 봉건제도를 타파하겠다는 공산주의도 철저히 계급구조 위에 성립한다. 자기들이 임의로 설정한 자본가-노동자 계급구조는 타파했을지 모르지만 혁명가-당 관료-노동자 계급이 새롭게 등장했던 것이다. 한국에서는 유교적 이상향으로 가는 길이 단절되어있었는데 마르크스의 공상적 허영심은 이 단절을 넘어서 또 다시 이상향으로 나아갈 수 있다는 헛된 꿈을 꾸게 해준다. 그러나 사람들이 꿈꾸는 이상향에 도달하지 못하는 이유는 바로 자신들에게 있음을 깨닫지 못한다. 머리로는 아름답게 질서가 잡힌 사회를 꿈꿀지 몰라도 그들의 욕망은 그런 사회를 원하지 않는다고 할 수 있다. 조선시대 양반들의 행태만 보아도 그들의 실제 행동은 다른 계급 사람들과 마찬가지로 먹고 즐기고 소유하며 권력을 갖는 데에 큰 관심이 집중되어 있으면서도 말로는 그런 세속적 욕망을 배제하고 세속 안에서 고고한 삶을 추구하는 것 같은 이중적 태도를 보였던 것이다. (물론 유교적 이상을 달성한 아주 훌륭한 선비들도 극소수 존재했을 것이나 일반적 양반의 행태는 필자가 지적한 대로일 것이다.) 마르크스적 지적 허영심은 이런 전통을 따르고 싶은 사람들의 공상적 욕구를 충족시키는 기능을 하게 된다. 공산주의자들 중에서도 공산주의적 이상사회를 실제로 좇고 싶은 사람들이 있을 수 있다. 그러나 조선시대의 유학자들이 현실적 욕구의 만족과 정치적 권력의 장악을 결코 등한히 하지 않았듯 공산주의자들도 같은 행태를 보인다. 그래서 그들은 입으로 이상적 사회에 대해 말할지 몰라도 실제 행동으로는 누구보다도 현실적 권력의 확보에 온힘을 기울인다.

정치적으로 봤을 때, 이상향이라는 개념에는 또 다른 특별한 기능이 있다. 공산주의 이상향이 무엇이든지 공산주의 국가의 정책이나 행태는 그 이상향으로의 도달을 불가능하게 한다. 인민들을 마구잡이로 구금하고 추방하고 죽이고 하면서 국제적으로는 제국주의적 팽창주의의 행태를 보이는 공산주의가 무슨 이상향을 실현시킬 수 있겠나? 그런 악질적 행동으로 도달할 수 있는 이상향은 도대체 어떤 것인지 묻지 않을 수 없다. 그럼에도 이 이상향이라는 개념은 공산당에게 아주 소중한 도구이다. 그것은 이상향이라는 개념을 정치적 논의 또는 정치이념에 포함시키는 것만으로 공산주의자들은 그들의 적, 즉 자유민주주의 또는 자본주의에 대한 우월함을 지킬 수 있는 것처럼 주장한다. 다시 말하면, 자유민주주의나 자본주의는 단지 인간의 본능이나 탐욕을 합리화시키는 제도임에 비해 공산주의는 드높은 이상향을 실현시키기 위해 애쓰는 것처럼 호도한다. 그래서 공산주의가 자본주의나 자유민주주의보다 우월한 것처럼 선전한다. 예를 들어, 다음과 같은 주장을 할 수 있다. "자본주의에는 빈부격차, 실업자들이 많은데, 공산주의 사회에서는 빈부격차, 상대적 박탈감도 없고 완전고용으로 실업자도 없다."고 말한다. 또 "자본주의 사회에는 공항 인플레 등 경제 문제도 많지만, 공산주의는 계획경제 덕분에 그런 문제가 없다."고 말하기도 한다. "대한민국은 사회적 출세를 위해 사교육비도 많이 들기 때문에 가난한 집안 자녀들은 영원히 가난의 굴레에서 허덕인다." 등은 공산주의자들이 흔히 내뱉는 말들이다. 이런 발언들로 공산주의 체제가 자본주의나 자유민주주의보다 더 우월한 것처럼 선전한다. 그러나 이런 발언들은 대개 잘못된 비교에 기인한 것이다. 즉 정당한 비교는 '자본주의의 현실 vs. 공산주의의 현실' 또는 '자본주의의 이상 vs. 공산주의의 이상'이어야 하는데, 상기한 발언들은 '자본주의의 현실 vs. 공산주의의 이상'인 것이다.

공산주의의 현실을 볼 것 같으면, 빈부 격차, 실업률, 인플레, 저 생산 등등 자본주의보다 상황이 더 열악했음을 보여준다. 극단적인 예일 수 있지만 오늘날 북한을 보면 김일성 일가가 국가 재산을 거의 다 소유하다시피 하면서도 필요할 때면 인민들의 남은 재산마저 권력으로 빼앗을 수 있다. 그런 상황에서 공산주의 경제체제를 고집하다가 경제가 붕괴되어 실업률이나 인플레를 논하는 것이 무의미할 정도가 되었다. 이렇게 북한의 현실은 우리가 상상할 수 없을 정도로 악하고 비효율적인 사회가 되어버리고 말았다. 반면에 자유민주주의·자본주의의 현실은 이미 공산주의의 현실을 크게 앞질렀으며 그렇기 때문에 오늘날 공산주의의 현실을 더 우월하다고 지지할 사람들은 많지 않게 된 것이다. 북한과는 다르게 현재의 중국은 공산주의와 자본주의를 배합한 국가체제를 운용하다가 최근 점점 공산당 중심의 고전적 공산주의 체제로 복귀하고 있다. 중국공산당의 수구적 실험이 끝났을 때 좀 더 명확하게 분석해볼 수 있겠으나 소련의 선례를 크게 벗어나지 못할 것이라고 생각된다.

공산주의의 이상에 대해 다시 말해보자면, 그것은 실현 가능성이 없는 공상이며 공산당은 그것을 어떻게 달성할지 알지도 못하고 달성할 의지도 없음에도, 그것이 공산주의 체제의 우월성을 보장하는 듯 정치적으로 사용될 뿐이다. 구체적으로 지적해보자면, 공산당은 마르크스의 분배원칙이나 "모두가 동등한 사회" 같은 명분을 내걸고 자유민주주의·자본주의에서 소외된 것 같은 계층이나 지식인들을 열심히 부추긴다. 그렇게 해서 혁명이 성공했다 해도 공산당이 사회를 끌고 가는 일은 험난하기만 하다. 상기한 대로 잘못된 경제 분석의 바탕 위에 생산수단의 사회화와 계획경제를 밀어붙인다 해도 경제는 큰 실패를 볼 것이며, 정치권력은 적을 때려 부수기 위한 수단 정도이며 불평불만에 가득한 인민들을 억압하는 데 유용한 도구 정도로 이해하는 공산당이 올바른 권력 행사를 할 수 없기 때문이다. 실제 암담한 현실은 통계와 언론조작 등으로 숨기면서 이상과 명분을 들먹이며 내부적으로는 인민을 탄압하고, 외부적으로는 혁명의 확산 또는 제국주의적 침략을 통해 공산당의 존립 근거를 만들어내려고 한다. 결국 소련과 같이 사회 전체가 곪아터져 버리고 붕괴할 때까지 달려가는 수밖에 없어 보인다.

그런데 자유민주주의·자본주의에는 이상(ideal)이 있는가? 놀랍게도 많은 지식인들이 이 질문에 '없다'고 생각한다. 그들은 자유민주주의와 자본주의는 인간들의 욕망을 허용하고 그에 따른 부작용을 최소한으로 통제하는 현실적 제도 정도로 이해하고 있다. 이렇게 자유민주주의 자본주의는 현실적 문제들을 기술적으로 다룰 뿐, 그 어떤 이상적 가치나 제도의 실현을 위해 애쓰지 않는다고 생각한다. 그래서 필자가 아는 어떤 지인은 대략 "자유민주주의·자본주의를 공부해봤는데 별로 크게 연구할 것도 없고 크게 감탄할 만한 특징도 없다."고 말한 적이 있다. 그러나 이것은 잘못된 생각이다. 필자가 자유민주주의와 자본주의의 이상을 말해본다면, "인간의 본성을 있는 그대로 인정하지만 각 개인의 자유와 신분적 평등을 보장하며 그들 활동의 결과를 스스로 책임지도록 하는 제도"라고 말 할 수 있다. 앞서 언급했듯이 자유민주주의·자본주의는 그 이전 어떤 사회에서도 인정하지 않았던 자유와 신분적 평등을 모든 시민들에게 보장하는 제도이고 그런 점에서 대단히 진취적인 제도이다. 자칭 진보라고 주장하는 공산주의도 시민들을 동등한 존재로 여기지도 않으며 자유를 인정하지도 않는다. 상기한 필자의 정리가 이상인 까닭은 현실 사회에서 시민들의 정당한 자유 행사는 빈번히 막히며 평등한 신분 또한 훼손되기 쉽다. 더 큰 경제력을 갖고 있는 사람들 또 더 많은 정치 권력을 가진 사람들, 더 대단한 명성을 가진 사람들이 사회에서 생겨나며 이런 사람들의 관점에서는 모든 시민들이 평등한 신분을 가지고 자유도 같이 누려야한다는 주장이 현실에 안 맞는다고 생각할 수 있다. 자기들의 힘이 보통 사람들에 비해 대단히 크며 그런 우월함은 일반인들이 뛰어넘을 수 없는 것이라고 느낄 수도 있다.

한편 소위 낮은 계층의 사람들조차 그렇게 생각하기 쉽다. 성공한 사람들이 이룩한 가시적 성과에 압도되어 자신의 가치를 낮게 보거나, 자신의 노력으로 삶을 유지하기보다는 좀 더 힘 있는 사람들에게 의지해서 살아가려는 생각을 하기 쉽다. 일찍이 아리스토텔레스는 이런 사람들을 노예로 태어난 사람들이라고 지칭한 바 있다. 즉 사회가 진행하면서 신분의 평등과 자유의 보장이 훼손되기 쉬운 것이지만 자유와 신분적 평등이라는 이상을 원칙 삼아 자유민주주의를 지탱해가는 것이다. 앞서 보았듯이 각 개인들이 자신들이 갖고 있는 잠재적 능력을 인정하고 그것을 발현하려고 노력할 때에 모든 인간이 대단하고 평등한 존재라는 깨달음을 얻을 수 있다. 물론 삶에서 행운에 의해 어떤 사람은 결과적으로 더 큰 성공을 쟁취하기도 하지만 각 개인이 갖고 있는 근본적 능력은 다양하면서도 평등하다는 자각이 신분적 평등으로 이어지는 것이다. 그래서 각 시민들이 평등하고 삶을 스스로 개척하며 나아갈 수 있는 존재임을 인정하지 못할 적에 자유민주주의는 내리막길로 갈 수 있다.

실제로 과거의 많은 사회들이 초기에는 어느 정도 평등권을 갖는 시민들의 존재를 인정하다가도 시간이 흐름에 따라 몇몇 가문의 사람들이 점점 세력을 갖게 되면서 귀족화·금권화되고 신분적 평등이 무너져 버리는 것을 보아 왔다. 조선시대나 서양의 여러 사회가 이런 과정을 밟아왔다. 그렇기 때문에 자유민주주의·자본주의는 상기한 이상을 사회의 근본원칙으로 삼아 현실적으로 발생할 수 있는 자유의 제약과 신분적 불평등을 막으려고 해야 하는 것이다. 이렇게 자유와 (신분적) 평등은 마르크스가 제시한 이상, "모든 생산수단을 사회화하며 모든 사람은 능력에 따라 일하고 필요에 따라 분배 받는다." 같은 것과 색깔은 다르지만, 사회를 이끌어가는 이상으로 손색이 없어 보인다.

자유민주주의·자본주의와 공산주의 모두 이상이 존재한다면, 그것들은 근본적으로 어떻게 서로 다를까? 결론적으로 말하자면 공산주의적 이상은 어떤 좋아 보이는 가치를 극단적으로 또는 외골수적으로 추구하므로 현실적 삶의 지표나 기준이 될 수 없다는 것이다. 즉 다른 사람들과의 이해 갈등이나 개개인이 갖고 있는 다른 가치들과의 충돌이나 또는 당연히 가질 수 있는 평범한 욕망과의 갈등은 고려하지 않는 것이다. 그렇기 때문에 공산주의 이상은 이상이라기보다는 공상에 가까운 것이다. 반면에 자유민주주의·자본주의에서 추구하는 이상은 상기한 관계들을 충분히 고려하여 현실적 삶을 끌어갈 수 있는 지표나 기준이 될 수 있다는 것이다. 물론 자유민주주의·자본주의의 이상은 다른 이념들, 즉 군주나 귀족이 다스리던 사회와 다른 이상을 추구하므로 민주적 사람들이 갖추어야할 덕목이나 교양이 있을 수밖에 없다. 예를 들어, 자유민주주의·자본주의 사회에서는 다른 사람들을 노예 같은 하등한 존재로 다룬다거나 반대로 넘을 수 없이 우월한 존재로 취급하는 것은 그 기본적 원리에 맞지 않는다. 그러므로 각 개인들은 서로서로를 평등하게 다룰 수 있는 가치관과 교양이 필요하다. 이런 것은 자연스럽게 갖출 수 있는 것만은 아니지만 그런 시각과 교양을 갖추는 것이 인간 본성을 거스르는 극단적 요구는 아닐 것이다. 오히려 인간 사회가 오랫동안 추구해오던 진일보한 인도주의의 발현이라고 할 수 있다. 그러나 공산주의적 이상은 자신들의 목표를 극단적으로 추구하다 보니 다른 가치들과 또 인간이 갖고 있는 평범한 본성들과도 심각한 갈등을 빚게 된다. 그래서 공산주의 사회는 진행하면 진행할수록 내부적 갈등과 불만이 해결할 수 없을 정도로 커지는데 이런 갈등을 전체주의적 권력으로 억압하거나 인간들의 극단적 개조를 시도하여 길들이려는 것이다.

앞서 언급한 결과적 평등을 예로 들어 이 갈등을 좀 더 설명해보자. 결과적 평등은 공산주의자들이 가장 드높이는 가치이며 이것을 실행하기 위해 제시된 마르크스의 "능력에 따라 일하고 필요에 따라 분배한다."는 원칙을 생각해보자. 이 원칙은 앞서 다룬 적이 있는데 표면적으로 인도적 원칙 같이 보이는 것이 사실이다. 그러나 이 원칙이 인도적 가치를 포함하는 것이기만 할까? 이 원칙을 실제로 실행한다면 사람들 간에 갈등을 불러일으키지 않을까? 조금만 더 깊이 생각해본다면 손쉽게 생각할 수 있는 문제가 배짱이형 인간(free rider)이다. 다른 사람들이 열심히 일하고 있을 때 이런저런 핑계를 대며 놀고 있다가 분배를 받을 때에 자신의 필요를 과장해서 많은 분배물을 챙길 수 있다. 게으른 사람이 아니더라도 능력이 부족하다면 자신이 기여한 것보다 많은 분배물을 받을 수도 있다. 그러나 현실적으로는 생산물이나 자원이 항상 부족한 상태에서 누구도 '필요에 따라 분배'를 받을 수 없으며, 마르크스의 원리가 채택된다면 생산자가 열심히 일할 필요도 없다. 이런 문제 때문인지 실제 공산주의 사회에서 이 원칙에 의한 분배가 실행된 적도 없다. 대신에 직업에 따라 임의적인 기준을 정해 차등적으로 물자를 배급하게 되었다. 그러나 이 배급 경제 역시 열심히 일할 필요가 없었고 그런 만큼 국가경제 전체가 마비될 때까지 비효율로 치닫게 되었다. 결국 공산주의 분배제도는 어떤 종류의 평등도 달성하지 못하고 인민들의 자유는 박탈당했으며 그 분배제도 자체가 지속적으로 유지될 수도 없었던 것이다. 그런 치명적 결점을 결점이 아닌 것으로 보이게 하기 위해서는 내부의 불만을 억압하고 인간의 비판성을 제거하거나 개조하려는 시도가 있어왔지만 결국 실패로 끝나게 되었다.

반면에 자본주의 이상에 의해, 개인들의 자유로운 선택과 장래에 대한 계획을 최대한 보장하며 그 결과 또한 개인들이 책임지는 구조를 갖게 된다. 물론 운이나 상속 같은 변수가 때때로 큰 역할을 할 수도 있지만, 준비하고 노력하는 사람들에게는 항상 기회가 열린다고 할 수 있다. 또 나의 수입과 재산을 동의 없이 배짱이형 인간에게 빼앗기지는 않도록 하고 있다. 때때로 조정을 통해 시장은 지속 가능할 뿐만 아니라, 경쟁을 통해 더 높은 생산력을 만들어낼 수도 있다. 인센티브와 혁신이 작동할 수 있는 길을 시장이 보장하는 것이다. 어떤 이들은 말한다. 자유민주주의 · 자본주의에서는 결과적 평등과 상대적 불평등 같은 문제를 해결하지 못한다고 말이다. 그런데 앞서 말했듯이 결과적 평등이나 상대적 불평등을 완전히 해결할 수 있는 제도는 존재하지 않는다. 모든 인간 삶의 환경이 똑같이 될 수 없기 때문이다. 조금만 생각해본다면, 누군가가 나보다 돈이 많다든지 외모가 낫다든지 유명하다든지 등을 잘못된 것이라고 단정할 수는 없다. 내가 상대적 박탈감을 느낄 수 있지만 그것은 나의 주관적 느낌일 수 있고, 나 또한 다른 사람들이 부러워하는 어떤 능력, 자질, 재산 등을 소유할 수 있기 때문이다. 그런데도 나보다 나아보이는 사람들을 적대시하는 것은 잘못된 것이다. 다른 사람들이 자신들의 장점을 이용해서 나의 자유와 신분적 평등 또는 재산을 빼앗으려 한다면 맞서 싸워야함이 당연하다. 질투와 질시의 감정으로 건설적 문제 해결은 불가능하다. 오히려 나의 장점 또는 내가 잘 할 수 있는 것을 찾아보고 계발해서 당당한 자유 시민이 되는 것이 도덕적 의무라고 할 수 있는 것이다.

(2) 흑백논리로 인해 단순 명료해지는 사고

마르크스의 이론은 세상을 매우 단순하게 볼 수 있도록 한다. 마르크스의 복잡한 이론에 관심이 없거나 이해하지 못하는 사람들도 그가 내리는 결론은 쉽게 이해할 수 있다. 마르크스의 이론이 내리는 결론에 어느 정도 빠지고 나면, 세상을 보는 눈이 대단히 간단하고 명료해진다고 스스로 생각할 수 있다. 예를 들어, 세상에는 자본가와 노동자, 좋은 자들과 나쁜 자들, 또는 역사에서 살아남아야 하는 자들과 도태되어야 하는 자들 같이 단순하게 나뉜다. 특히 농본주의 시대적 사고에서 벗어나지 못한 사람들은 과거 농촌에서 볼 수 있었던 악덕 지주의 성립과 역할을 산업자본주의 시대에까지 확대 적용해서 마르크스가 주장하는 자본가의 비인간성을 아주 쉽게 받아들이게 된다. 즉 마르크스의 이분법을 진리라고 받아들이게 된다. 이런 시각을 가지게 된 때부터는 자본가들 쪽에서 하는 말은 그 무엇이든 거짓말이고 위선이라는 잘못된 생각을 갖기 쉽다. 이런 흑백논리성 사고방식은 비지식인들이나 지식인들 모두에게서 찾아보기 쉬운데, 스스로 동조된 마르크스 흑백논리에 어떤 문제가 있음을 알기가 쉽지 않다. 과거 소련이나 중공에서 공산당을 지지한 수많은 노동자 농민 또 지식인까지 공산당의 혁명이 자본가와 대지주를 처단하는 것 외에도 자신들의 개조까지도 포함된다는 사실을 알게 되기까지 아주 많은 시간이 흘렀고, 실제 공산당 정부에 의해 잔혹하게 농민과 노동자들까지 숙청이 단행될 때에는 이미 돌이킬 수 없는 상황이 되고 만 것이었다. 요즘에도 사람들이 이런 실수를 반복하는데, 예를 들어 어떤 택시운전사가 말하기를, "부자는 더 부유해지고 나 같은 가난한 자는 계속 가난에 허덕일 뿐이니 빨리 공산주의 세상이 와서 나도 좀 부유하게 살아보고 싶다."고 했다고 한다. 그러나 공산주의 세상이 된다면, 그 택시운전사의 택시는 국가에 바쳐야하고 그는 엉뚱한 직장에 배치될 수 있음은 물론이며 공산주의의 제도적 문제 때문에 더 어려운 삶 속으로 빠지기 쉬운 것이다. 단순하게만 세상을 보는 어리석음에 빠지면 모든 일을 그르치게 되는 것이다.

(3) 자본주의의 대안같이 보이는 공산주의

공산주의는 자본주의의 문제점을 해결하는 대안적 이념인 듯한 인상을 준다. 어떤 사회이든지 문제가 없는 사회는 없다. 인간 자체의 결점에서 오는 문제들일 수도 있고 사회체제의 단점에서 문제가 생길 수도 있다. 마르크스는 인간 사회의 문제점이라고 생각되는 것들에 시선을 고정시켜, 그런 문제는 자본주의 때문에 일어났고 공산주의가 그 문제들을 능히 해결할 수 있다고 주장했다. 이런 주장에 동화되어 많은 사람들이 공산주의를 진보적 이념 또 공산주의자들을 진보주의자라고 부르기도 한다. 그러나 마르크스 이후 많은 세월이 지난 지금 공산주의를 자본주의의 대안이라고 보는 것보다는 두 체제를 서로 비교해볼 수 있는 상황이 되었다. 공산주의가 자본주의의 대안적 이념이라는 생각에서 벗어나 공산주의의 대안이 자본주의가 될 수 있다는 생각을 해봐야하는 단계가 된 것이다. 마르크스주의자들의 고집스런 '진보' 주장을 재평가해야 할 만큼 공산주의는 아주 많은 문제를 드러내게 된 것이다. 앞서 필자가 주장한데로 공산주의는 자본주의·시장경제의 문제를 잘못 파악했으며 공산주의를 운영하는 근본 체계는 신분제도나 전체주의 같은 봉건주의 또는 전근대적 가치라고 말할 수 있으니 공산주의는 자유민주주의·자본주의의 대안이 될 수 없다.

　그럼에도 마르크스 추종자들은 공산주의의 우월함을 옹호하기 위해 여러 가지 방법들을 동원하고 있다. 자유민주주의·자본주의 사회가 악한 사회이니 그 대안으로 공산주의가 정당화된다는 논리이다. 이들이 즐겨 쓰는 방법들 주 하나는 자유민주주의·자본주의 사회의 결점이라고 생각되는 것들을 계속 찾아내는 것이다. 특히 다양한 인간관계들 중에서, 예를 들어 부모와 자식 간의 관계, 학생과 선생과의 관계, 남녀관계 등 물론 사용자와 고용주 간의 관계도 포함해서 어떤 구조적 악이 있는 것처럼 사람들을 선동한다. 이런 선동에는 마르크스가 배척해 마지않던 '인권'이 동원되기도 하고, 증오·질투·적개심 등을 자극하기도 한다. 모든 인간관계는 협력관계이지만 갈등 또한 내포하고 있다. 운동가들은 이런 측면을 악용한다. 지금도 사회의 어두운 면을 끊임없이 들먹이면서 사람들을 선동하는데 이런 선동을 '문화 전쟁'이라는 이름으로 수행되기도 한다. 네오마르크시스트들 중에는 심지어 일부일처제 같은 결혼제도나 성관계 체위까지 들먹인다. 일부일처제도나 정상위 관계는 자본주의 적이라는 식이다. 그러나 이들의 비판적 사고가 현재 중국이나 북한 같은 공산주의 사회에까지 적용하지 않는 것은 대단히 유감스런 일이다. 특히 최근 우리나라에서는 선전선동을 넘어 소위 가스라이팅(gaslighting) 같은 방법도 등장하는 것 같다. 사회에 넓게 퍼져있는 네트워크를 이용해서 사회의 나쁜 점을 억지로 만들어 여론을 조작하며 주도하는 것이다. 예를 들어, 우파 정부 시절에는 '헬 조선'이라는 말을 만들어 내어 한국 사회가 대단히 어둡고 비관적인 사회인 것처럼 선전했다. 이런 말들을 여기저기 퍼뜨려서 특히 젊은 세대는 대한민국의 상황이 몹시 절망적인 것처럼 인식하게 한다. 그런데 좌파 정권이 들어서고는 '헬 조선'은 갑자기 사라지고, '국뽕'을 조장하는 말과 글들이 나타나 대한민국 사회가 아주 살기 좋은 사회라고 광고한다. 우파 정부 시절의 삶이 어려웠다 해도 그 이후 삶의 상황이 나아지지도 않았고 오히려 나빠진 측면들이 많은데도 말이다. 물론 '국뽕'을 주장하는 모든 사람들이 좌파 지지자가 아닐 것이다. 그러나 일반적으로 사람들이 객관적이고 공정하게 사고하지 못 할 때, 누구에겐가 조종당하기 쉽다. 다양하게 비판하고 분석해보는 사고력을 기르는 것이 참 중요해 보인다.

공산주의의 우월함을 증명하려는 시도들 중 하나는 사람들의 열렬한 지지를 보여주는 것이다. 자유민주주의 사회에서는 이런저런 불평불만도 많고 다툼도 많지만 공산주의 사회에서는 열화 같이 공산주의를 지지함을 보여주려는 것이다. 선거에서 거의 100% 공산당원을 지지하는 것도 이런 방법이다. 앞서 지적했듯이 마르크스적 이분법을 받아들이거나 공산주의 선전에 빠져든 사람들은 공산주의를 열정적으로 지지할 수 있다. 그러나 그렇지 않은 사람들 중에도 상당수가 공산주의를 열렬히 지지하는 것처럼 보이기도 하는 데, 이런 경우 대개 공포심 때문이다. 공포심을 유발하는 방법은 레닌 이래 아주 고전적 방법으로, 공산주의를 지지하지 않는 사람들을 겁먹게 하고 저항할 엄두를 내지 못하게 하는 것이다. 공산주의자들은 난폭하고 반대파를 무자비하게 처단하는 것쯤은 아무것도 아님을 보여주어 사람들이 오히려 자기들을 지지하게 만들려는 것이다. 정도의 차이가 있지만 사람들은 누구나 공포의 대상에 아첨하고 순종적 관계를 감내하려는 비겁함이 있다. 그렇지 않다면 조직폭력은 어디서도 발을 붙이지 못할 것이다. 우리나라에서도 잔인함을 충분히 과시해왔던 김정은을 대단한 인물이라고 칭송하는 것이나 수천만의 인민을 희생시킨 마오쩌둥·스탈린 등을 치켜세우는 사례가 많은데 이런 행위의 이면에는 공포심에 의한 굴복이 있을 수 있다. 문제는 이런 수법이 구체적 사례를 열거할 수 없을 정도로 많다는 데에 있다. "자유는 공짜가 아니다."라는 말이 있듯이 자유민주주의·자본주의를 지키기 위해서는 시민들 개개인의 용기와 결단이 필요한 것이다.

(4) 공산주의 사회가 인간적 사회라는 착각

공산주의는 공동체 정신을 함양하고 구성원들, 특히 약자들을 보호하는 듯한 인상을 주려고 노력한다. 즉 가난한 사람들을 편들고 돕고 보호하며 사회 전체가 '더불어 사는' 사회주의라는 것이다. 심지어는 공산주의는 인도주의라고까지 주장한다. 반면에 자본주의와 시장경제는 소위 강한 자들을 위한 제도일 뿐, 사회 전체를 정상적으로 운영할 수 있는, 즉 국민 모두의 복리를 도모할 수 있는 제도가 아니라고 주장하는 것이다. 이 주장은 호소력이 있고 공산주의 지지자들을 확보하는 데에 아주 효율적이라고 할 수 있다. 공산주의의 복잡한 이론을 알 필요도 없이 이 주장에 동조함으로써 공산주의의 지지자가 되거나 공산주의를 호의적으로 볼 수 있게 된다. 이런 주장에 현혹된 사람들 중 상당수는 말하기를, 자신은 공산주의자가 아니지만 자유민주주의·자본주의는 공산주의(또는 사회주의) 방향으로 개혁되어야 한다고 목청을 높인다. 그런데 이 주장은 여러 가지 검토되어야 할 점들이 포함되어 있다.

먼저 자유민주주의는 공산주의자들 주장처럼 일부 부자들만을 위한 제도인가를 의심해봐야 한다. 이제까지 여러 번 언급이 되었지만 자유민주주의·자본주의 역시 사회를 이끌고 가면서 사회의 문제들을 해결해 나가는 체제이다. 여기서 자유민주주의와 공산주의 사이에 인간을 파악하는 차이가 있다. 자유민주주의에서는 사람들의 능력에서 어떤 근본적 차이를 갖고 있지 않고 총체적으로는 평등하다는 전제를 하고 있는 것이다. 그래서 누군가가 일시적으로 불리한 처지에 있을 수는 있지만 그런 불리함이 영구적인 것도 아니고 넘을 수 없는 장벽 같은 것도 아니라는 생각이다. 그래서 국가가 영원히 돌봐줘야 하는 계층은 있을 수 없는 것이다. 장애인들조차도 스스로 살아갈 능력이 있지만, 그들이 갖고 있는 현실적 어려움을 경감하도록 도와주는 것뿐이다. 그렇다고 해서 그들이 현실 삶에서 독립적으로 판단하고 살아갈 수 있는 존재라는 것을 부정하는 것이 아니다. 시민들은 서로서로 독립적으로 자신들의 문제를 해결할 수 있는 자유인들이니, 시민들과 분리된 국가나 정부가 따로 존재하는 것도 아니다. (영미 계통의 사상에서는 더욱 그렇다.) 그러니 국가나 정부가 사회의 모든 책임을 떠맡겠다는 것은 이런 시민의 자유와 자율성을 부정하는 것이며, 어떤 시민들의 문제를 다른 시민들에게 책임을 전가하는 것과 마찬가지이다.

반면에 대부분 사회주의나 공산주의에서는 강자와 약자, 남성과 여성, 고용주와 피고용인 같은 차이를 수없이 열거하면서, 이것들은 당사자들이 해결할 수 없는 차이이므로 무산자 혁명과 공산당 권력에 의해 이 차이에서 오는 문제들을 해결해야 한다는 것이다. 그런데 공산당 정부가 들어선 후 공산주의 사회가 인도주의적 사회이며, 그 사회에서 소위 가난한 자들은 인도적 대우를 받으며 살고 있는가? 우리가 잘 알다시피 전혀 인도적 대우를 받지 못한다. 농민들은 집단농장이나 국영농장에 배치되어 중세시대의 농노와 같은 생활을 이어간다. 노동자들도 사정은 비슷해서 자신들이 원하는 직업을 자유롭게 선택할 수도 없고 거주이전의 자유도 없음을 우리는 잘 알고 있다.

이렇게 공산당이 주장하는 인도주의는 한낱 선전구호임을 알 수가 있는데, 그렇다면 마르크스와 공산당이 주장하던 인도주의는 왜 호소력을 갖고 있는가? 어떤 이들은 현재의 공산주의가 마르크스가 제창한 인도주의를 담아내지 못한다고 말하기도 한다. 이런 진단은 옳기도 하고 그르기도 하다고 본다. 마르크스가 현재의 공산주의 사회가 갖는 비인도성과 폭력성을 미처 예상하지 못했을 수도 있다. 그러나 그런 부정적 특징들이 이미 마르크스의 이론에 배태되어있음을 말한 바 있다. 공산주의가 인간 사회를 이해하는 초점은 무산자(프롤레타리아)와 피고용자에게 맞추어져 있고, 그들이 갖는 감수성과 감정, 또 사고방식 등을 기초로 이론이 구성된다. 반대로 자유민주주의는 특정한 계급이나 계층에 초점을 맞추기 보다는 일반적 개념의 인간을 사고의 기본으로 한다. 그런데 많은 사람들이 실제 사회에 어떤 불의가 존재함을 느끼거나 무산자들을 이해하고 동조할 수 있는 입장에 있기 때문에 공산주의가 호소력을 갖는다. 즉 노동자나 무산자들의 억울한 입장이 이론의 근본적 정서가 되는데, 이것은 실제의 억울함이라기보다는 인간 사회의 불행에 대한 지나친 단순화, 자본주의에 대한 편향적 이해와 극단적 예시들(예를 들어, 전태일 사건 등)에서 오는 억울함 등이다. 이런 노동자 계층의 좌절과 억울함을 포용함으로써 공산주의는 인도주의라고 말하게 된다. 그런데 이런 정서가 보다 정교하게 논리화되어 착취나 소외, 억압, 불평등, 불공정한 권력 등에 관한 개념으로 발전하면서 소위 적들에 대한 증오와 적대감, 또 같은 계급 구성원들끼리의 동병상련, 연대감 등이 강조된다. 심지어는 현대사회에서는 계급이 승계되지 않음에도, 마치 계급이 고정화된 것처럼 계급의식을 부추겨 혁명이라는 파괴의 단계로 나아가도록 선동한다. 마르크스의 이론이 이런 증오와 파괴를 선동하고 있는데 무엇이 도대체 인도주의인지 알 수가 없다. 무산자 계급의 불행과 좌절, 억울함 등에 초점을 맞추어 그들을 동정하게 되면 인도주의라는 말이 어느 정도 설득력과 호소력이 있지만, 한 계급이나 계층이 아니라 사회 전체를 보는 관점에서 공산주의의 사회문제 해결법을 관찰한다면, 그것은 폭력적이고 비인도적일 뿐이다. 이런 예를 들어보자. 어떤 이가 이웃에게 돈을 빌려주고 오랫동안 받지 못하고 있다고 해보자. 돈을 빌려준 사람은 돈을 돌려받지 못하는 데서 오는 많은 좌절감과 억울함이 있을 것이고 채무자에 대한 복수심과 적개심, 증오 등이 있을 수 있다. 이럴 때에 해결사가 나타나 돈 빌린 이웃을 찾아가서 온갖 협박도 하고 폭력을 동원해 빚을 받아준다고 하자. 우리가 철저히 채권자의 입장에 서서

이 상황을 바라본다면 해결사의 행동은 몹시 고맙고 심지어 '인도적'이라고까지 할 수도 있다. 그러나 우리가 객관적 입장에서 이 상황을 파악한다면, 해결사의 행동은 폭력적이고 비인간적인 것에 지나지 않는다. 이렇게 공산주의가 말하는 인도주의는 오로지 노동자라는 계급적 관점에서만 가능하다.

그런데 가시지 않은 의문이 있다. 그렇게 애지중지하던 노동자들은 혁명 후 왜 좋은 대우를 받지 못하는가? 말로는 인민민주주의라며 노동자들의 입장을 최우선시하는 것 같지만, 노동자들의 위상은 공산당원·군인 등보다 훨씬 아래여서 바닥 계급에 놓여있다. 우리가 명심해야할 것은, 마르크스 이래 공산주의의 목표는 가난한 자나 무산자를 보호하고 그들을 잘 살게 하려는 것이 아니다. 공산주의자들의 머릿속에 자리잡은 헛된 관념적 이상향을 실현하려는 것이 목표이며 그 과정에서 공산당이 모든 권력을 독점하고 엄청난 수의 인민들이 피폐해지고 희생되어도 양심의 가책 따위는 불필요한 것으로 치부하게 된다. 인도주의자로 비춰지던 공산당이 냉혈동물같이 진화하는 것이다. 이 과정은 앞서 설명한 바 있으니 여기서는 건너뛰기로 하겠다. 이렇게 모든 불행은 마르크스의 이론 속에 씨앗 같이 배태되어 있는 것이며, 현실 공산주의의 실패는 그 씨앗을 키워 추한 열매를 맺는 과정일 뿐이다. 결국 공산주의 국가는 인민들을 탄압하고 비인간적 얼굴을 그럴듯한 이미지로 분칠하는, 소수 권력자에 의한 권력자를 위한 권력자의 전체주의 국가로 전락하는 것이다.

오히려 인도주의와 기타 좋은 가치들은 자유민주주의·자본주의에서 실행되기 쉽다고 본다. 자유민주주의 사회는 자유와 평등을 기초로 해서 시민 생활의 틀이 짜이지만 그 외에 특정한 가치를 목표로 두어 시민들에게 강요되지 않는다. 왜냐하면 아무리 좋은 가치라도 사회 전체가 또는 정부가 어떤 가치를 목표로 두면 자유를 제한할 수 있고 또 그런 가치를 반대하는 사람들과 반목을 일으킬 수 있기 때문이다. 예를 들어, 어떤 정부가 특정한 종교를 최선의 가치로 놓고 모든 시민들과 사회 전체가 그 가치를 추구하도록 강요한다면 반드시 시민들의 자유는 제한되고 다른 종교를 믿는 사람들과는 심각한 갈등이 생길 것이다. 아무리 좋아 보이는 가치라 해도 그것이 정부에 의해 사회 전체의 목표가 된다면 반드시 갈등을 유발한다. 사실 이렇게 가치를 강요하는 행태는 아주 오랫동안 인간 사회의 일반적 현상이었다. 우리나라 조선시대, 서양의 중세시대, 공산주의 사회들 모두 이런 사회로 분류된다. 자유민주주의는 과거 여러 사회들이 저지른 실수를 충분히 깨달아 같은 실수를 반복하려고 하지 않는다고 할 수 있다. 물론 사회의 위기 같은 상황에서는 징집을 해서 적국과 싸우고 시민들의 일탈을 허용하지 않는 등 강요가 전혀 없는 것은 아니다. 그러나 이런 강요는 시민들의 동의하에 법에 규정을 두어서 최소화한다고 할 수 있다. 그래서 인도주의 같은 가치를 사람들이 추구하려 한다면, 시민들이 자발적으로 추구하는 것이고 정부는 간섭하지 않는 것이 원칙이다. 자발적으로 추구하는 가치가 순수한 것이고 정부와 사회는 다양한 좋은 가치들을 추구할 수 있도록 시민들에게 자유를 보장하는 것 정도가 건전한 것이다. 아무리 좋은 가치라고 하더라도 정부가 나서서 모든 국민들이 그 가치를 받아들이도록 강요한다면, 그것이 바로 전체주의로 빠져드는 길이 되는 것이다.

7. 공산주의자들의 행태와 기본 교양

공산주의적 가치관과 사고방식을 갖는 사람들은 다양한 분포를 이루고 있다. 직업혁명가로 자처하는 운동가들과 정치인들로부터 그런 자들을 지지하는 지식인과 일반인들이 있다. 이런 지식인과 일반인들은 자신들이 공산주의자가 아니라 진보적 자유민주주의자라고 항변할 수도 있다. 과거 장폴 사르트르(Jean Paul Sartre, 1905~1980)나 앙드레 지드(André Gide, 1869~1951) 같은 지식인들을 예로 들 수 있다. 하기는 마르크스도 생애 초반에는 공산주의자라기보다는 냉소적 자유주의자 정도로 자처했었다. 이들의 문제는 자신들의 자유는 철저히 누리면서도 자유민주주의 체제 자체는 지키려하지 않는 것이다. 마르크스의 이론을 좇으면서 자유민주주의·자본주의를 경멸적으로 대하지만 그렇다고 본격적인 운동가로 활동하지도 않는다. 직업혁명가의 입장에서 보자면, 적당히 이용하다 버릴 수밖에 없는 프티부르주아의 일종일 뿐이다. 이런 사람들의 머릿속은 마르크스의 이론이 경도되었다고 봐야하지만 그들의 행동과 판단은 직업혁명가들만큼 극단적이거나 적극적이지 않다. 그러나 직업운동가들에 도움을 주고 옹호하기에 바쁜 존재들이다. 또한 자유민주주의를 지지하는 사람들 중에서도 공산주의자들의 본질을 잘 이해하지 못하는 사람들이 많아 공산주의자들에게 쉽게 이용당하기도 한다. 이런 부류의 사람들은 공산주의자들을 단순히 진보사상가, 자본주의의 단점을 개혁하려는 사람들, 인도주의자 등 호의적으로 보는 경향이 강하다. 이와 같은 몰이해는 공산주의자들의 활동을 용이하게 하면서 자유민주주의를 위축시키고 파괴하는 결과를 낳기가 쉽다.

(1) 지적 우월감에서 오는 독선적 태도와 비타협성

우선 공산주의자들은 전통적으로 마르크스의 자본주의 분석에 절대적 신뢰를 보낸다. 앞서 언급했듯이 마르크스의 이론에 대한 신뢰는 종교적 믿음과 비슷하다. 마르크스의 이론을 오류가 없는 절대적 진리라고 생각한다. 다른 이론이나 분석이 맞을 수도 있고 자신들이 틀릴 수도 있다는 생각은 전혀 하지 않는다. 마음속으로 그런 생각을 할 수 있지만, 마르크스의 이론을 신앙 같이 따르며 서로서로 강요한다. 그렇기 때문에 공산주의들 사이에서는 자신들의 신앙적 흔들림을 '자아비판'(스스로의 믿음이 흔들린 적이 있음을 다른 사람들 앞에서 고백하고 자기를 채찍질하는 것이다.)이라는 명칭으로 교정하려 한다. 이렇게 이들의 사고가 대단히 독선적이다. 이런 이론적 독선은 다른 생각을 가진 사람들에 대한 배타성을 갖는다. 즉 마르크스적 사고를 하지 않는 사람(자본주의와 자유민주주의를 적으로 보지 않는 사람들)에게 철저히 배타적이다. 즉 진정한 대화의 상대도 아니고 더불어 살아갈 수 있는 대상이 아닌 사람들로 규정하는 것이다. 또한 자기들의 목표를 달성하기 위해 상대를 얼마든지 이용할 수 있다고 생각한다. 완벽하고 아름다운 목표가 있으니 그 목표를 달성하기 위해 어떤 수단도 허용된다는 것이다.

이런 특징들, 즉 독선적·배타적 태도나 어떤 수단도 정당화된다는 생각들은 공산주의에서만 찾아볼 수 있는 것은 아니다. 그러나 좌파 사상의 추종자들이 이렇게 행동하는 것에는 이유가 있다. 마르크스는 일찍이, 자본주의의 멸망과 공산주의의 도래는 인류 역사 발전의 필연이라고 보았다. 과거 노예제도나 봉건제도가 망하고 자본주의로 진행된 것이 필연이듯이 자본주의의 종식도 필연이라는 것이다. 공산주의자 같은 좌파 사상가들은 자신들이 이런 인류 역사 발전의 비밀을 파악하고 있는 특별한 집단이라는 우월감이 강하다. 그러므로 자신들보다 열등한 집단과 타협을 하는 것은 말이 되지 않는다는 생각이다. 그들은 진리를 알고 수행하는 계급이므로, 무지한 기타 계급(특히 자본가 계급)이나 계층들과는 타협을 할 수 있는 것이 없다고 보는 것이다. 또 이들은 다른 계급을 적대적 계급이거나 없어져야 할 계급으로 보고 있기 때문에 그들과 타협한다는 것 역시 있을 수 없는 일이다. 이런 독선적 태도, 우월감, 비타협성은 공산주의자들의 기본 교양이 되어 있는 것이다. 예를 들어, 북한이 남한을 대하는 태도의 근원이 이런 우월성과 배타성에 있다고 본다. 문제는 이런 교양과 태도로 무장된 좌파 인사들이 오랫동안 활동해 왔으며, 이런 태도를 앞세워 대한민국 사회로부터 많은 양보와 승리를 받아내왔다. 더군다나 6·25 동란을 경험한 대한민국임에도 아직 공산주의 신봉자들의 행태와 가치관, 사고방식을 충분히 이해하지 못하고 있다 보니 공산주의자들을 호의적으로 평가하는 관행이 굳어지다시피 하게 되었다. 또한 대한민국이 과거 군사정부로부터 벗어나는 과정에서 좌파들을 민주인사로 치켜세우다 보니 소위 '기울어진 운동장' 같은 좌파 프리미엄이 생기게 되었고 이것이 오늘날 '내로남불'의 밑거름이 되었다고 본다.

(2) 소영웅주의와 권력욕

앞서 언급했듯이, 마르크스 이론의 특징 중 하나는 자본주의를 포함한 인간 역사의 과감한 해석에 있다. 마르크스의 이론에 빠지는 사람들을 보면 마르크스의 분석이 주는 과감성·단순성·절대성 같은 매력에 빠지게 된다. 그렇게 되면 마르크스주의자들은 자신들만이 세상을 바로 이해하고 나아가야 할 바른 길을 안다는 생각에 빠지는데, 이런 생각은 흔히 말하는 소영웅주의로 연결되기 쉽다. 쉽게 말하면, 소영웅주의란 교만하고 스스로 잘난 체하는 것이다. 다른 사람들이나 다른 시각을 잘 알지도 못하면서 무시하는 것이다. 마르크스의 이론만이 절대적으로 옳고 다른 이론이나 사상은 전부 틀린 것이라는 생각이다. (일찍이 마르크스 자신도 그렇게 생각했다.) 마르크스의 이론을 공부하면 세상의 이치와 진리가 다 자기 손에 있는 것 같은 착각에 빠진다. 그런데 이런 소영웅주의에 물들면, 공산주의 이론 어딘가가 잘못되었다는 깨달음이 생긴 후에도 소영웅주의를 버리기 어렵게 된다. 즉 스스로를 잘못을 저지를 수 있는 인간, 다른 보통 사람들과 같을 수 있는 사람이라는 점을 인정하기 어렵다. 자신의 생각은 언제나 옳고 다른 사람들보다 우월하다는 생각을 유지하고 싶어 하며, 그렇지 않을 수 있다는 지적을 하는 사람들을 증오하거나 적으로 돌린다. 당연히 자기와 다른 생각을 하는 사람들을 또한 무시하거나 경멸하며 적으로 대한다. 이런 태도는 스스로 반성하지 않으며 새로운 지식을 습득하는 것에도 게으르게 된다. 이런 사람들은 대개 지적으로 날카로운 면모는 있지만, 끝없이 누군가와 대립하며 타협과 대화보다는 무조건 상대를 굴복시키려 하거나 그것이 안 될 때에는 상대를 못된 인간(예를 들어, 친일파·친미파 등)으로 낙인찍어 도태시키려 한다. 요즘은 이런 종류의 사람들이 특히 정치권에 많이 볼 수 있다고 할 수 있다. 권력으로써 사회를 장악하고 사람들을 지배하려는 욕구가 강하기 때문이다. 이런 이들은 항상 스스로를 정의롭고 옳고 선한 존재같이 여길지라도, 잘 들여다보면 단지 독선과 소영웅주의에 빠져 있는 것이 보통이다. 또한 잘못된 사회 분석을 단지 확신에 찬 태도로써 다수의 사람들을 설득하려 한다. 어떤 분석이 옳은 것인지 합리적으로 따지고 증거를 중요시하기보다는 자신들의 생각을 반대하는 사람들을 공격하고 매장함으로써 자기가 옳다고 증명하려 한다. 이런 소영웅주의적 태도를 가진 사람들이 득세할 경우, 사회는 당연히 혼란에 빠진다. 겉으로는 대화와 타협이 오가는 것 같아도, 실상은 전쟁 상황이나 다름없기 때문이다.

(3) 폭력적 성향

법을 무시하는 폭력적 성향은 마르크스의 이론과 연관성이 있다. 그는 자본주의를 폭력혁명을 통해 엎어야 한다고 주장했다. 즉 자본가 계급에 대한 철저한 응징을 통해 자본주의를 종식시켜야 한다는 것이다. 프랑스 대혁명에서 왕과 왕비의 목을 단두대에서 자름으로써 프랑스의 절대왕정이 완전히 종식된 것과 비슷한 생각을 하는 것이다. 따라서 자유민주주의 · 자본주의의 제도와 법률을 인정하지 않고 준수하지도 않는 것은 좌파사상가의 기본교양 중 하나이다. 자유민주주의 · 자본주의의 제도들은 단지 타도의 대상이지만, 결정적 시기가 올 때까지 인내하며 순응하는 체하는 것일 뿐이다. 실제 북한이나 남한 내에서 활동하던 운동가들은 이런 성향을 몸소 보여줘 왔으며, 일반인들에게 그들의 태도는 신념과 확신에 가득 찬 개혁가, 사회운동가, 민주인사로 비춰지는 등 그들로서는 어느 정도 성과가 있었다고 할 수 있다. 요약하자면, 이들의 폭력적 성향은 법치주의를 무시하고 폭력과 반란으로 자유민주주의 사회를 종식시키려는 것에 기인한다고 할 수 있다.

(4) 배타성과 계급의식

공산주의자들의 일반적 행태 중 하나는 사람들을 계급이라는 관점에서 분류하고 적대적 계급의 일원으로 파악되는 사람들에 대한 배타성과 적대감을 보인다는 것이다. 이런 행태는 좀 우리에게 아주 황당한 것이다. 왜냐하면 우리는 현재 계급이 없는 평등 사회에 살고 있고 나의 출신 배경이나 직업 등에 의해 나의 본질이 정해진다고 믿지 않기 때문이다. 부친의 직업을 승계하는 상황도 아니고 현재의 직업도 얼마든지 바뀔 수 있는 것이 현실인데, 만약 공산당이 권력을 잡게 되고 이런 조건에 의해 내 생사나 미래가 정해진다면 얼마나 납득하기 어려운 일인가? 그러나 이 황당한 상황이 공산주의자들에게는 심각한 것이다. 왜냐하면 그들은 신분제도가 완전히 정리되지 않았던 19세기 완성된 마르크스주의를 절대적 진리라고 믿기 때문이다. 그래서 1970년대 현 캄보디아의 공산당 크메르 루주(Khmer Rouge)는 사람들을 직업에 따라 분류하고 대량살상을 했던 것이다.

마르크스의 이론에 의하면, 각 계급 간에는 이해관계와 목표가 다르므로 서로 화합할 수 없는 관계라는 것이다. 무산자 계급을 제외하고는 다른 계급들은 단지 제거하거나 역사의 발전에서 없어져야 할 집단이라는 것이다. 무산자 계급은 자신들의 육체노동을 생활수단으로 할 뿐, 자본재에 대한 욕구는 없다는 상정을 하고 있다. 이런 생각은 참 말이 안 나올 정도로 우스꽝스런 생각이다. 노동자들은 평생 육체노동이나 하면서 살고 싶어 한다는 말인가? 그들은 돈을 벌어 주식을 사거나 자신의 사업을 경영하고 싶은 생각이 하나도 없다는 말인가? 이런 계급의 일방적 성격규정은 자본가들에게도 똑같이 적용된다. 자본가 계급은 영리추구를 위해 모든 것을 희생하며 그런 행태로 인해 자본가들은 욕심쟁이일 뿐이며 이들이 사회를 선도한다는 것은 있을 수 없다는 정도로 성격 규정을 한다. 그래서 좌파 운동가들이나 정치인들은 틈만 나면 재벌 등 부자들에 대해 적의를 보이고 온갖 수단을 써서 재산을 빼앗아 내려고 한다고 할 수 있다. 그러나 이런 자본가 성격 규정에 당장 반례가 되는 것이 마르크스의 동반자 엥겔스(Engels) 자신이다. 당시 영국에서 큰 규모의 방직공장을 운영하던 엥겔스는 큰 규모의 기업가나 다름없었지만 공산주의 운동에 뛰어든 것이다. 이렇게 직업과 가족배경을 계급으로 사람을 나누는 것은, 마치 누군가가 조선시대 양반의 후예이거나 아버지가 고급공무원을 지냈다고 해서 자신도 지배계급이 되어야한다고 떼쓰는 것과 전혀 다를 바 없다.

이렇게 낙후된 이론과 사상에 절은 좌파들은 인간 세상을 그런 시각으로만 보고 그런 사상에 의해 행동한다. 결과는 앞서 말한 계급의식과 계급이나 집단, 계층 간의 배타성이다. 불행하게도 이런 사상을 갖고 있는 인사들이 아직도 많고, 이들의 태도와 시각이 확산됨에 따라 많은 이들의 소득 수준에 따라 사람들을 구별하거나 자신과 이해관계가 다른 사람들을 배척하기만 하는 것이다. 안타깝게도 계급주의와 배타성은 우리의 전통적 사고와도 어느 정도 합치하는 것이다. 그래서 전통적 사고에 젖어있는 사람들에게 공산주의는 더 빨리 스며든다고 할 수 있다. 전통적 사고와 가치관의 입장에서 보자면, 좌파 사상이 자유민주주의·자본주의보다 더 친근한 것이다. 그런 이유로 좌파 사상은 중국과 과거 러시아 같은 농업주의 사회 같은 전통사회에 더 빨리 전파되고 세력을 얻는다고 할 수 있다.

(5) 저항과 증오 등 부정적 감정의 조장

공산주의자들이 일반 사람들을 선동할 때에 논리적 사고보다는 저항의식과 증오 등 감정적 행동을 북돋게 된다. 앞서 언급한 대로, 좌파사상가들은 마르크스의 이론이 절대적이라고 믿는 광신도적 성향이 있다. 다시 말하면, 마르크스에 의해 인간 사회 분석과 진리의 발견은 이미 끝난 것이라고 그들은 본다. 그의 이론에 의해 행동하고 사회를 어떻게 개조할 것인가가 중요한 것이지, 사회문제에 대한 논리적 분석은 더이상 필요 없다는 것이다. 그래서 파괴적 행동을 자극하기 위한 감성적 표현·구호 등을 통한 선동선전이 중요한 것이다. 이런 태도 역시 우리사회에 전파되고 어느 정도 뿌리를 내려서 어떤 문제가 발생했을 때, 논리적으로 따지기보다는 충동적인 감성, 즉 증오나 시기·질투·적개심 등에 의해 문제를 다루는 경향이 전보다 심해졌다고 생각된다. 그것도 목소리를 크게 내거나 더 약자인 것처럼 보이는 쪽이 유리하게 되는 관습이 생겼다. 게다가 그런 부정적 감정의 배설과 떼쓰기나 뒤집어씌우기 등의 행동을 정의로움의 발로인 것처럼 호도하기도 한다. 이와 같은 행태는 장기적인 관점에서 사회에 큰 해를 끼친다고 볼 수 있다. 한 사회는 정당한 소통과 긍정적 행동이 규약으로 구체화되어 그 사회를 지탱한다고 할 수 있다. 그래서 규약을 위반하는 사례는 지적을 당하고 처벌을 받기도 하는 것이다. 규약의 준수 속에서 시민들 간에 신뢰가 구축되며 사회도 번영하는 것이다. 그런데 선전선동과 증오·질투 등이 정의로운 것으로 자리잡는다면 시민들 간의 신뢰와 소통은 무너지고 사회는 해체되는 지경까지 갈 수 있다. 공산주의자들은 그런 상황을 노리는 것일 수 있다.

(6) 직업혁명가 집단으로서의 세력 구축

레닌에 의하면, 공산당이 한 사회의 실권을 완전히 장악할 때까지는 공산당은 비밀조직이다. 즉 그 구성원들의 정체가 철저히 숨겨진다. 따라서 누가 진짜 공산당원인지 알 수 있는 시기는 보통 한 사회의 공산화가 끝난 후이다. 물론 공산주의 지지자들은 노출될 수 있지만, 그런 사람들이 다 진짜 공산당원들이 아니다. 이들이 이렇게까지 극단적으로 비밀을 지키는 것은 일반인들이 이해하기 어려울 수도 있다. 그러나 이들은 세뇌가 되어 공산주의를 건설하기 위한 사회개조 운동가로서 직업혁명가로서 또한 전사로서 행동하는 것이다. 공산주의자들은 단지 정치인들이나 사회활동가들이나 NGO 활동가들이 아니다. 겉으로는 노동자 농민이나 서민들을 잘 살게 하고 더 나은 사회를 만들려는 것처럼 행동할지 몰라도 진짜 목표는 사람들과 제도를 이용하고 영향력을 동원해서 공산주의 사회를 건설하는 것이 그들의 목표다. 그런 목표를 달성하기 위해서 레닌은, 공산주의자가 가장 먼저 해야 할 일은 공산당을 만드는 일이라고 말했다. 비유하자면, 기독교인들이 새로운 지역에 이주해서도 가장 먼저 교회를 세우는 것과 같다. 그래서 이론적으로 보자면, 대한민국에도 지금 어디엔가 지하 남로당이 있든지 북한 공산당의 지도를 받고 있다고 봐야한다. 단, 구체적으로 공산당이 어떻게 조직되었고 그들의 활동이 어떻게 전개되고 있는지 필자가 알 길은 없다.

과거 공산주의를 신봉했던 사람들 중 공산주의에 대한 신념이 약화된 사람들이 있을 수 있다. 그러나 약화된 후에도 과거의 사고방식과 행동양식을 잘 버리지 못하는 경향이 있다. 이론과 현실이 달라 신념이 약화되기는 했지만, 세상을 보는 눈 자체가 바뀐 것이 아니다. 과거 남파 간

첩들 중 이런 사람들이 꽤 있었다고 알려져 있다. 북한에서는 남한이 엄청나게 못사는 사회라고 교육받고 남파되었는데 와보니 정반대였던 것이다. 그래서 북한 세뇌공작의 실상을 깨닫고 전향하거나 자수하는 것이다. 그러나 세상 보는 눈은 바뀌지 않아서 대한민국은 미제 식민지에 정부는 자본가들의 앞잡이 정도로 보고 남한 사회를 이해하려는 것이다. 대한민국에서 젊은 시절 공산주의나 주체사상에 빠졌던 사람들도 비슷한 현상을 보일 수 있다. 더욱이 이런 이들의 숫자가 많아서 또 다른 특징을 보인다. 같은 사상과 가치관을 공유했던 사람들끼리 끈끈한 유대감과 동지의식을 버리지 못하는데, 우리나라와 같이 정치세력화된 곳에서는 이들이 막강한 인적 네트워크를 구성하고 무시 못할 큰 세력이 된다. 자생하며 몰락하지 않도록 엄청난 노력을 하는 것 같다. 서로서로 챙겨주기까지 한다. 정치계·언론계·학계 등을 아우르는 대단위 네트워크가 구성되고 비교적 통일된 행동을 함으로써 막강한 위력을 발휘한다고 보인다. 그런데 이들은 사실 자유민주주의·자본주의에 대해 거의 아는 것이 없다고 봐야 한다. 약 200년 전 마르크스가 분석한 자본주의에 대한 단순 왜곡된 설명이 이들이 아는 거의 전부라고 생각된다. 그럼에도 이런 이들은 세력과 인적 네트워크를 발판으로 사회 곳곳에 진출한다. 과거의 일탈이 출세의 수단이 되는 것이다.

이런 이들 중 상당수가 더 이상 공산주의 우월성을 신봉하지 않을 수도 있다. 그러나 자유민주주의·자본주의에 대해 거의 모르는 상태로 대한민국 사회를 주무르려 하고 있으며 대중 선동과 인적 네트워크를 발판으로 정권의 탈취와 사회개조를 기도한다. 또 문제는 공산주의에 대한 신념이 많이 약화되었다고 해서 자유민주주의를 지키려고 하지도 않는다는 것이다. 자유민주주의는 저절로 이해되는 것이 아니며 더군다나 상당한 세월을 공산주의에 물들어 온 사람들이 금방 자유민주주의적 가치를 존중할 수도 없는 것이다. 공산주의 논리에 대한 신념이 약화되었다고는 하지만 공산주의적 역사관과 세계관 또는 가치관마저 버리기는 쉽지 않기 때문에 사회를 계속해서 과거의 시각으로 바라보게 된다. 이런 이들 중 상당수가 자신은 '개혁적 보수주의자'라고 자처하기도 한다. 이런 이들은 철저한 공산주의자는 아닐지라도 자유민주주의 사회에 별로 기여하는 바가 없고 오히려 해가 될 수 있는 좌파 지식인에 불과한 것이다.

(7) 자유민주주의·자본주의에 대한 뿌리 깊은 반감

마르크스의 공산주의는 모든 사회악의 근원을 자유민주주의·자본주의로 보았으니 이 제도에 대한 반감이 대단함을 새삼 설명할 필요도 없다. 공산주의의 구체적 목표(즉 생산수단의 사회화와 계획경제)를 더 이상 신봉하지 않는 전직 공산주의자들 중 상당수가 아직도 마르크스의 자본주의 분석을 따르고 있다. 마르크스의 분석 결과를 다시 한 번 간단히 말하자면, 자본주의란 자본가들의 이익만을 보장하고 일반 노동자나 농민을 착취하는 사회라는 것이다. 거기다가 정부는 자본가의 이익만을 대변하는 꼭두각시 정도로 보는 것이다. 더 이상 공산주의자가 아니라고 말 하는 사람들 중에도 자유민주주의·자본주의 사회와 정부에 대한 불신은 여전한 것이다. 이 점은 앞에서도 말하였다. 이런 부류의 사람들 역시 정부와 자본가는 단지 타도의 대상일 뿐이다. 자본주의와 그 근거인 자유민주주의도 타도와 개조의 대상일 뿐이다. 그렇다면 어떻게 개조하나? 과거의 목표, 즉 생산수단의 사회화와 계획경제를 버렸다고 해도 새로운 목표에 대한 독특한 계획이나 대안은 현재 없다고 생각된다. 중국식 일당독재를 통해 경제를 장악하는 방법을 추구하거나 사회보장제도를 마르크스적 관점에서 극대화시켜 배급경제 같은 제도로 만들려는 것이 목표가 아닌가 싶다. 다시 말하면, 과거와 같은 철저한 공산주의 제도를 목표로 삼지 않는다 해도, 자유민주주의·자본주의에 대한 부정적 시각은 여전히 팽배한 것일 수 있다. 이런 태도를 갖고 있는 사람들이 많으면 많을수록 기업과 산업에 대한 공격은 많아질 것이며 사회 분위기는 투쟁적이며 파괴적이고 부정적이 될 뿐이다.

이런 점은 공산주의 지지자들을 모으는 데도 유용하게 쓰일 수 있다. 과거 1980~90년대처럼 공산주의자 또는 공산주의 지지자들을 만들기 위해 상당량의 독서를 시키며 깊이 있는 사상교육을 할 필요가 없는 것이다. 단지 현 사회를 불공정한 사회이며 구조적으로 서민과 가난한 사람들이 피해를 보고 기업가와 권력자가 모든 과실을 따먹는 사회라는 생각을 누구에겐가 주입시킬 수 있다면, 그 사람을 열렬한 공산주의 지지자로 변신시킬 수 있다. 당사자는 공산주의에 대해 아는 것이 별로 없으니 공산주의자라고 말하지 않을 것이지만, 자본주의는 개혁되어야한다거나 공산주의는 좀 과격해도 옳은 분석을 하고 있다는 입장을 갖게 된다. 이런 사람들이 현재 대한민국 지식인들 또는 일반인들의 다수를 점유하고 있다고 본다. 때때로 이런 이들을 '깨시민', '개혁적 보수주의자' 또는 '개념 연예인' 등으로 불리기도 하며 다른 사람들보다 깨인 사람 또는 지적인 사람으로 대접하고 있다. 이런 사람들은 자유민주주의·자본주의에 대해 대단한 반감을 갖고 있지는 않더라도 공산주의자들의 이용물 정도로 전락해서 자유민주주의 사회 파괴의 저변세력의 역할을 할 수 있다. 자유민주주의의 주인은 개개인 시민들이며, 자유민주주의를 지켜야할 사람들도 개개인 시민들임을 명심해야하겠다.

(8) 공산주의의 국제적 연대라는 매국적 행태

과거 어떤 잘못을 저질렀는지 철저히 반성하지 못하는 공산주의자·사회주의자들과 이들을 지지하는 사람들은 북한 정권 같은 공산주의 정권에 호의적일 수밖에 없다. 왜냐하면 자신들과 가치관과 사고방식 또 역사관의 상당 부분을 공유하기 때문이다. 이런 사람들이 북한을 비판하는 정도는 대개 "북한 정권의 원래 의도는 좋았는데 너무 과격했다." 등이며 반드시 북한의 장점을 덧붙인다. 예를 들어, "북한에서는 친일파가 모두 처단되었다.""북한에서는 노동자 농민들이 김일성을 철저히 지지했었다." 등이다. 혹시 북한을 비난할 수밖에 없는 상황에서도 대한민국 정부를 같이 비난한다. 예를 들어, "북한이 핵무기를 개발하는 것은 잘못이지만 그 방법에 의존할 수밖에 없는 것은 남한 정부나 미국이 충분히 경제적 지원을 하지 않아서이다." 같은 것들이다. 특히 남북한 간의 국력 차가 커진 지금, 북한 정권을 비판하고 북한 주민들이 처한 삶의 조건을 개선하려고 하기보다는, 북한의 공산주의자들을 거의 무조건 보호와 지원의 대상으로 보는 것이다. 북한 공산주의 정권을 옹호하려는 노력은 눈물겹기까지 하다. 예를 들어 동구권과 소련이 몰락할 때를 전후해서 유행하던 북한 옹호 논리는 다음과 같은 것이 있었다. 북한 공산주의 정권이 멸망하면, 난민들이 남한으로 쏟아져 들어오고, 그런 비용을 감당하기 어려우므로 남북한이 공멸한다는 것이다. 따라서 북한 정권이 붕괴하지 않도록 도와주는 것이 대한민국에게도 도움이 되므로 대한민국 정부는 북한의 현 집권층을 물질적으로 지원해야 한다는 것이다. 또한 북한을 흡수통일 하려는 시도는 전혀 잘못된 것이라는 태도이다. 북한은 이미 다른 나라이고 문화도 많이 다르기 때문에 같은 민족이라 볼 수도 없고 통일을 할 필요도 없다는 것이다. 그런데 북한이 핵무력을 앞세우며 남한 적화통일을 시도하는 것에는 아무 반응이나 비판이 없다. 북진통일이 잘못이라면 남진통일도 잘못이라고 봐야하지 않은가? 또 북한 공산정권 옹호론자들은 북한의 인권문제를 거론하는 것도 잘못된 것이라고 주장한다. 북한은 북한의 독특한 상황이 있으므로 자유민주주의의 개념인 인권 같은 것을 적용하려고 하면 안 된다는 것이다. 또는 북한에서의 악화된 인권은 사실이 아닌 거짓이라고까지 한다. 북한의 실상이 확연히 드러나고 전 세계가 북한의 인권문제에 더 관심을 보이고 있는 현 시점에서 위와 같은 북한 옹호론은 설득력을 잃고 있다. 그렇지만 상황 변화에 따라 북한 공산 정권을 옹호하는 억지 논리 개발을 계속하고 있다.

대한민국을 전복하려는 세력을 돕는 사람들이 큰 영향력을 갖고 있는 사회가 정상 사회인가? 이런 사람들은 다음과 같이 대꾸하기도 한다. 북한이 더 이상 남한을 전복해서 적화하려고 하지 않는다는 것이다. 그러나 북한의 행태 중 그 어느 것도 이런 주장을 뒷받침하지 않는다. 더군다나 북한 정권에게는 대한민국을 적화해서 소멸시켜야 할 충분한 이유가 있다. 발전한 대한민국 사회 자체가 북한 정권이 실패한 증거이기 때문이다. 북한은 남한 자본주의에 대한 발전된 대안, 즉 공산주의 사회라고 주장해왔는데, 발전된 대안이 되어야 할 북한의 현실이 상대적으로 상상 이상으로 낙후되어있음이 사실이다. 자유민주주의·자본주의 방식으로 괄목할 만한 성장을 이루어서 국민들이 풍족하게 살아가고 있는 대한민국의 존재 자체가 전체주의 북한 공산정권이 총체적으로 잘못된 정권임을 보여주기 때문에 북한은 대한민국의 소멸이 필수적 과제이다. 북한 공산주의자들은 대한민국을 없앰으로써 자신들 이념과 권력을 정당화할 수 있다고 본다. 이런 시도는 대한민국 내에서 활동하는 공산주의자들도 공유한다고 생각된다.

또 어떤 이들은 말하기를, 대한민국에 정치적 자유가 있다면 북한 같은 공산주의도 허용해야 하고 그런 공산정권을 지지하고 돕는 것도 허용해야한다는 것이다. 이런 논쟁에 대해서는 앞서도 다루었듯이, 어떤 자유도 자유를 파괴하는 자유를 허용해서는 안 되는 것이다. 만약 이것이 허용된다면, 다른 사람을 납치하거나 구금하는 자유를 허락해야 하는 것과 같은 것이다. 또 어떤 이들은 사상과 양심의 자유 등을 들먹이며 북한 공산정권을 돕는 것을 허용해야한다고 주장한다. 그러나 북한을 돕고 싶다는 생각 자체는 상기한 자유에 의해 보호받을 수 있지만, 그것을 실행하는 것은 전혀 다른 경우이다. 이것은 은행을 털겠다는 생각만으로는 처벌받을 수 없지만, 실제로 은행을 털거나 털기 위한 모의를 한다면 그 행위로 인해 처벌받아야만 하는 것과 같은 것이다. 그런 이유로 제2차세계대전 중 미국이나 영국 등지에서 히틀러를 찬양하고 나치 정권을 도와주려는 움직임이 공식적으로 있을 수 없었던 것이다. 자유민주주의 국가들을 파괴하려던 나치독일을 돕는 것은 사상과 양심의 자유로 옹호될 수 있는 것이 아니다. 자유민주주의 사회에 큰 해악을 끼치는 나치독일을 돕는 것은 스스로 누리는 자유를 손수 파괴하는 것과 마찬가지인 것이다. 그래서 각국 정부는 나치에 대한 호의적 운동을 허용하지 않았고 국민들도 그것을 절대적으로 지지하였다. 우리도 북한과 협상하고 대화할 수 있지만 근본 목표는 확실해야 한다. 북한 공산당을 강하게 해주려는 시도는 우리가 갖고 있는 자유를 파괴하는 행위일 뿐이다. 그래서 친북·친중 공산주의자 또는 좌파들이 큰 세력을 얻고 활동한다면 그것은 자유민주주의·자본주의에 큰 위협적 요소가 될 수밖에 없다. 그들의 목표는 자유민주주의·자본주의 사회의 신뢰와 질서를 흔들어 사회를 전복시키는 것을 목표로 하기 때문이다.

(9) 수단으로서의 '민주 투사'

세계 근세사를 살펴보면 봉건주의적 또는 권위주의적 정부가 근대적 민주주의 정부로 전환되는 시기에 공산주의자들은 사회의 민주주의화 운동에 적극적으로 참여하게 된다. 우리나라에서도 같은 과정을 겪었다고 할 수 있다. 박정희 대통령 시대부터 우리나라는 맹렬히 경제발전에 매진했지만 제도적 민주주의화에는 소홀히 한 점이 있었다. 개발독재를 위하여 권력을 대통령에게 집중하려한 것도 있지만 우리나라 사회 자체가 과거 왕조시대의 전통과 문화에서 많이 벗어나지 못한 요인도 있었다. 즉 서열문화, 집단문화, 권력의 집중화 등에 익숙해져 있었고 개인들이 자기의 삶을 스스로 판단해서 꾸려갈 수 있는 환경과 분위기도 성숙해있지 않았다. 거기다가 북한의 위협은 대한민국을 항상 긴장하게 해왔고 근대적 민주주의 문화를 받아들이는 것에 소극적이었던 자세도 한 요인이 됐었다고 볼 수 있다.

여기서 민주화의 모든 과정을 세세히 설명하는 것은 벅찬 일이다. 간단히 살펴보기로 하자. 제2공화국의 집권세력이었던 당시 민주당 정부가 5·16군사정변으로 권력을 잃게 된 후, 민주당 세력은 당명을 여러 차례 바꿔가면서도 군사혁명 세력과 정치적 대치를 해왔다. 이 세력 중 일부는 박정희 대통령을 중심으로 한 개발독재 세력의 가장 큰 약점은 민주화에 있다고 보았고 그 점을 집요하게 물고 늘어졌다. 제3공화국 당시 한국 사회가 충분히 민주적이지 못했던 점은 사실이었다. 집권세력도 비판세력도 또 국민들도 어떻게 어떤 과정으로 진정한 민주화를 진행할지 잘 모르고 충분한 논의와 이해도 없었던 시기라고 생각된다. 자유를 거의 무제한으로 보장했던 제2공화국이 사회적 혼란과 군사 쿠데타로 막을 내린 이후 서구적 민주주의에 대한 이질감도 있었고 북한의 위협에 맞서 권위주의적 통치를 받아들이는 분위기도 있었다. 물론 제도의 개혁을 통해 보다 개방적인 사회를 원하는 세력도 있었다. 이런 복합적인 상황 속에서 국민들은 경제성장을 통해 기아 같은 경제문제를 해결하던 당시 집권세력에게 신뢰를 보냈던 것도 사실이다. 또한 세계 곳곳의 독재자들은 국민들을 가난하고 무식하게 만들어 정권을 유지했지만, 박정희 대통령의 개발독재는 그 반대로 진행되었기 때문에 당시 일부 야당 정치인들과 정부 전복 세력을 제외하고는 크게 심각성을 느끼지 않았던 것도 사실이다.

잘 해결되지 못했던 정치적 민주화의 문제가 본격적으로 사회 전면에 등장했던 것은 전두환 대통령의 제5공화국 시절인 1980년대이었다. 당시 사회 상황을 살펴보자면, 약 20년 이상의 고도성장으로 국민들은 경제적 능력을 어느 정도 갖추게 되었으므로 정치적 변화에 대한 욕구가 있었다. 개발독재가 주는 경직성과 억압적 분위기에 대한 염증도 있었다. 그리고 외국 여러 나라에서는 대한민국이 민주화 정도가 낮은 독재국가라는 비난도 거셌다. 그런데 우리나라의 인권 상황은 좋지 않다고 해외 기관들이 말하면서도 북한의 상황은 충분한 자료가 없어 판단할 수 없다는 말로 넘어가기 일쑤였다. 마치 대한민국의 인권 상황이 북한보다도 더 열악한 것처럼 오해되기도 했었다. 또 70년대 중반부터 각 대학가에는 공산주의 이론을 학습하던 대학생들의 세력이 점점 커져서 대학가의 여론과 운동 방향을 장악하게 되었다. 이런 상황 속에서 1987년 6·29선언이 발표되는데, 이것은 대통령 간선제를 직선제로 바꾸자는 국민들의 거센 요구 끝에 당시 전두환 대통령이 직선제를 수용한 것이다. 이 선언을 이끌어내기까지 조직화된 많은 운동권 세력이 적극적으로 활동한 것은 사실이다. 많은 소요사태를 일으키며 일반 국민들, 소위 넥타이부대라고 일컫던 직장인들까지 정치적 요구에 동참하게 한 것이다. 이 선언이 순전히 국민들의 압력에 굴복한 것인지 아니면 당시 여당 후보였던 노태우를 띄우기 위한 정치적 술수였는지는 논란의 여지가 있다. 어쨌건 이 선언을 통해 친북 세력이었던 좌파 운동권이 국민들에게는 민주화 세력으로 알려지게 되었고 이후 김영삼·김대중 같은 정치인들이 조직화된 이들을 자신들의 행동부대로 끌어들이면서 합법적으로 정치권에 등장하는 길을 열게 되었다. 과거 같으면 반공법과 국가보안법에 의해 구속되어야할 친북 운동권이 정치의 한 축으로 자리잡게 된 것이다. 물론 이들은 자신들이 친북 주사파 공산주의자들이 아니라고 하면서 순수한 '민주화' 세력이라고 주장하였으나 당시 이들이 무엇을 추구하는지를 스스로 명확히 밝히지 않은 것은 두고두고 한국 정치의 부담으로 남게 되었다고 본다. 그러나 그 당시와 이후에 운동권을 조금이라도 관심을 갖고 살펴본 사람들이라면, 운동권 주류의 정신적 지주가 주체사상이었으며 북한 같은 공산주의를 지지하는 세력이었음을 알 수 있다.

많은 사람들이 이 6·29선언을 4·19혁명에 버금가는 민주주의의 승리라고 말하고 있는데, 여기서 몇 가지 짚어볼 점이 있다. 먼저 6·29선언의 주 내용은 대통령 선출 방식을 간선제에서 직선제로 바꾼 것이며, 제5공화국의 헌법이었던 대통령 단임제 같은 것까지 바꾼 것은 아니다. 또 그 후에 제5공화국의 주축이었던 소위 신군부를 대표하던 노태우가 대통령으로 당선되는 등 기존의 정치세력이 모두 도태된 것도 아니었다. 이것은 4·19혁명과 비교가 된다. 물론 나중에 김영삼 대통령 시절 신군부는 불법 쿠데타 세력으로 처벌받게 된다. 정치적으로 또 법적으로 (소급 법인 5·18특별법에 의해) 신군부가 쿠데타를 일으킨 것으로 규정되고 낙인찍혔으니 신군부 측도 자신들의 논리가 있었음에도 불구하고 이제 그들을 정당화하는 것은 몹시 어려운 일이 되고 말았다. 필자가 지적하고 싶은 것은 6·29선언이 4·19혁명 같은 정도의 대한민국 민주화운동으로 보기는 어렵다는 것이다. 더군다나 6·29선언의 당사자는 전두환 대통령이었다. 만약 이 선언이 민주화의 큰 획을 긋는 사건이었다면 국민들의 요구를 수용한 전두환에게도 어떤 칭찬이 주어져야하지 않을까? 그러나 그런 움직임은 전혀 없다고 할 수 있다. 필자의 견해로는 6·29선언이 자꾸 부각되는 것은 좌파 학생운동권이 크게 활약한 사실 때문이 아닐까 하고 짐작된다. 6·29선언은 그들 활동의 큰 결과물이라고 간주되며, 그로 인해 그들이 한국 사회에서 민주화 운동가로 인식되고 활동할 수 있는 발판을 마련한 것이니 특히 그들에게는 큰 의의가 있다고 생각된다. 이와 같이 자유민주주의를 부정하는 세력이 '민주화' 세력으로 칭송되는 것은 한국 사회의 아이러니이며, 이것은 한국 사회가 진정한 자유민주주의 사회가 되기 위해서 국민들이 반드시 풀어야 할 숙제라고 본다.

아직도 많은 국민들이 1980~90년대 학생운동권 출신들이 자유민주주의를 부정하던 세력임을 인정하고 싶어 하지 않는다. 운동권 초기였던 1970년대 중반부터 80년대 초까지 소위 운동권 서클에서는 반자본주의적 이론을 설파하던 국내외 학자들의 서적을 탐독하고 학습하던 수준이었지만 1980년대에는 북한 김일성의 주체사상을 과감히 수용하는 친북세력까지 등장하게 되었다. 이제는 누구나 잘 아는 NL과 PD의 갈등을 거쳐 학생운동권의 주류가 NL로 모아지는 깜짝 놀랄 상황까지 이르게 되었다. 이런 친북좌파 세력이 대한민국을 보다 발전된 자유민주주의 사회로 끌고 가려고 했다면 그것은 전혀 말이 되지 않는다. 1960~70년대의 야당 정치인들과 달리 1980년대 대학생 운동권이 주장하는 민주화는 단지 수단이었을 뿐이었다. 즉 대한민국 사회를 공산주의화시키는 목표를 위한 수단인 것이다. 어떤 이들은 말하기를 이들 좌파 운동권이 단지 당시 제5공화국 정부를 타도하기 위해 공산주의 전술을 빌려왔을 뿐, 본격적인 좌파 공산주의자는 아니라고 말한다. 물론 그런 사람들도 있을 수 있다. 그러나 그 후 수십 년간 그들의 말과 행태를 보고 판단했을 때 운동권의 중심 세력은 공산주의 사상을 버리지 않았거나 그들이 젊은 시절 맹렬히 공산주의를 학습한 결과 세상을 보는 눈이 그렇게 굳어진 것으로 볼 수밖에 없다. 이런 얘기를 하면 그들은 '색깔론'이라고 치부하며 그들의 이념과 정체성에 의문을 던지는 사람들을 이상한 사람 정도로 몰고 가는데 이런 대응은 옳지 않다. 그들은 이미 사회의 중추세력이 되었고 심지어 선거를 통해 국회의원 등 고위직에까지 진출하고 있는데 자신들의 이념과 사상에 대해 묻지도 말하지도 말라는 것은 어불성설이다. 다른 나라 선거에서는 출마자들이나 정당이 어떤 특정한 문제에 대해 어떤 입장을 갖고 있는가를 상세히 해명한다. 예를 들어, 미국에서는 낙태 문제에 대해 또 사형제도에 대해 어떤 입장인지 공직 후보자들은 자신들의 입장을 솔직히 밝힌다. 그런데 그런 지엽적인 문제보다도 더 중요한 자신의 이념과 사상에 대해 밝히지 말라는 것은 선출직 정치인으로서 근본 책무 회피에 불과하다. 모든 유권자들이 자신이 표를 던지게 될 공직 후보자들에게 "당신의 이념은 무엇이고 지난 시절 행적에 대해 납득할 만한 설명을 해보라."고 요구할 수 있을 때에 대한민국 자유민주주의는 한걸음 더 나아가게 될 것이다.

운동권 세력이 구체적으로 어떤 사회 건설을 목표로 하고 있는지는 현재로서 분명하지 않다. 자기들 스스로 내놓고 말하지 않기 때문이다. 필자의 소견으로는, 그들이 주사파임에도 불구하고 현재는 북한식 공산주의, 즉 공산주의 왕조 체제를 실현하려는 것 같지는 않다. 북한을 적극 지원하며 잘 달래서 연방제로 통일을 추구하지만 북한의 공산주의 왕조 체제를 전적으로 수용하는 것은 자신들에게도 너무 위험한 것이다. 또한 북한식 공산주의의 처절한 몰락을 목격했고 그런 사실이 잘 알려져 있으므로 주체사상의 설득력이 떨어진다는 것을 깨달았을 수도 있다. 그래서 추측컨대 그들의 목표는 중국식 공산당 일당독재가 아닌가 싶다. 바로 그 점 때문에 북한이 맹렬하게 운동권의 행보를 반대하는 것으로 생각된다. 중국식 체제 도입은 북한 김일성 왕조의 종말을 고하는 것일 수도 있기 때문이다. 물론 이런 것은 필자의 추측일 뿐이다. 지금 대한민국을 운영하고 있는 운동권 출신 정치인들의 솔직한 자기고백과 미래의 비전 제시를 기대해본다. 이런 과정 없이 그럴 듯한 이미지나 팔아 국민들의 지지를 얻겠다는 것은 결국 자신들과 국민들 모두에게 불행한 결과를 낳게 할 것이다.

맺음말

1. 민주주의와 민본주의

이제까지 설명한 것들 중 강조하고 싶은 몇 가지 윤리적 혼돈들을 다시 말해보기로 하자. 무엇보다도 민본주의와 민주주의가 다름을 꼭 기억해야 한다. 민본주의는 국민들이 나라의 주인일 필요가 없이 통치자가 국민들 복리를 최대한 챙겨주는 사상이라고 할 수 있다. 민본정치는 민심을 기초로 정치를 하자는 유교사상에서 나왔으니 왕조시대에 적합하다. 왕조적 전통이 아직 많이 남아있는 우리 사회에서는 정부의 정책과 결정들이 자유민주주의적인가 아닌가를 따지기보다는 정부가 국민들의 복리나 행복을 얼마나 잘 확보해주는가 하는 것이 더 중요한 책무라고 생각하는 사람들도 많은 것 같다. 그러나 민본주의는 왕이나 권력자가 '민심'을 헤아려서 바른 판단을 해야 한다는 인치(人治)의 한 방법이다. 훌륭한 왕이나 권력자가 등장한다면 비교적 바른 판단을 할 수도 있겠으나 짧은 임기 동안만 공무를 담당하는 현대에는 권력자가 모든 것을 처음부터 잘 알기도 어렵다. 전문가 그룹들과 경험 많은 관료조직을 법에 따라 운용하는 것이 더 효과적일 것이다. 또 다양한 욕구가 분출되어 민심이 금방 하나로 모아지기 어려운 현대사회에서는 권력자의 판단과 성향에 의존하는 민본주의가 적당하지 않다고 할 수 있다. 정치지도자가 민심에 귀 기울이는 것은 필요하지만, 민주주의는 훌륭한 자질과 인품을 가진 권력자에 전적으로 의존하기보다는 국민의 다양한 욕구가 정당한 절차에 의해 국가 운영에 반영되게 할 수 있도록 하는 제도라고 할 수 있다. 그래서 민본주의에서는 수동적 국민들이 자신들의 의사를 크게 드러낼 필요 없이 왕이나 권력자가 알아서 판단해주는 것이 보통이라면 민주주의에서는 국민들이 자신들의 바람이나 생각을 적절한 절차와 언론의 자유를 통해 드러내는 것이다. 민본주의가 잘 되려면 현명한 왕이나 권력자가 필요하지만 민주주의가 잘 되려면 현명하고 의사표시를 잘하는 국민들이 필요하다. 좀 심하게 말하자면, 민본주의는 국민들을 우민화하거나 우민을 전제로 실행된다고 볼 수 있다. 세종대왕 말씀대로 백성들은 '어린'(어리석은) 존재로 인식될 뿐이다. 반면에 민주주의는 국민들의 문제를 스스로 해결할 수 있을 만큼 성숙한 존재라고 파악하는 것이다.

민주주의와 민본주의의 차이는 다음과 같은 예시로 잘 드러난다고 할 수 있다. 일찍이 링컨 대통령은 민주주의를 "국민에 의한, 국민을 위한, 국민의 정치."라고 요약한 바 있다. 민주주의는 이 세 가지를 다 포함하지만, 민본주의는 "국민을 위한" 정치일 뿐이다. 여기에는 국민들의 참여와 국민이 주권자라는 생각이 빠져있다. 자유민주주의 사회에서는 국민들이 능동적 주인임을 기본적 권리, 즉 인권과 헌법을 통해 명시하고 보장하는 것이다. 만약 민주주의 사회에서 민주주의를 민본주의 같이 운영한다면, 국민에 의해 공무원들을 뽑을 수는 있겠지만 중요 정책들이 국민에 의해 영향을 받지는 않을 것이며, 국민의 정치도 실종될 것이다. 잘 해야 국민을 위한 정치는 될 수도 있을 것이나 국민의 영향력과 참여가 빠진 정치에서 국민을 위한 정치도 오래가지 못할 것이다. 그렇기 때문에 민주주의 사회의 정치지도자는 국민의 여론을 잘 취합하여 제도화하면서도, 때로는 정확한 정보와 사실을 바탕으로 국가의 이익을 위한 바른 길을 배짱 있게 제시하며 국민들을 이끌 수 있는 능력이 있어야한다고 하겠다. 국민들은 정치인들에게 이런 자질을 더 요구해야 할 것이라고 생각된다.

민주주의 문화가 정착되는 과정인 우리나라에서는 아직도 대단히 현명하고 능력이 있는데다가 도덕적으로는 완벽하고 카리스마까지 갖춘 정치지도자를 끊임없이 원한다. 민본주의적 입장에서 보자면, 이런 정치지도자가 필요하다. 세종대왕 같은 성군이 재림하기를 원한다고 할 수 있다. 그러나 모든 조건을 갖춘 정치지도자가 과연 존재할 수 있을까? 또 그런 사람이 있다 해도 국민들이 그런 사람을 알아보고 정치지도자로 선택할 수 있을까? 거의 불가능하다고 할 수 있다. 국민들의 바람을 파악한 몇몇 정치지도자들은 자신의 능력이나 인품이 대단한 것처럼 이미지를 조작하고 선동하지만 정작 일을 제대로 하지는 못하는 경우가 많다. 국민들도 이미지에 현혹되지 말고 자유민주주의적 가치를 보호하고 잘 관리할 수 있는 지도자를 찾아야한다고 생각된다.

이런 차이가 민주주의가 잘 실행되는 소위 정치선진국과 그렇지 못한 나라를 구분하는 것이 아닌가 싶다. 예를 들어, 미국에서 크게 존경받는 정치지도자들과 한국의 정치지도자들을 비교해보면 한국의 여러 정치지도자들이 타국의 정치지도자들보다 여러 면에서 낫다고 본다. 우리나라의 근대사가 타국에 비해 몹시 힘들고 어려웠음에도 여러 난관들을 잘 헤쳐 나오면서 정치지도자들이 많은 노력을 한 것이 사실이다. (물론 모든 정치지도자들이 그랬던 것은 아닐 것이다.) 그러나 대개 한국의 정치지도자들은 국민들로부터 크게 존경을 받지 못한다. 이것은 국민들이 설정한 높은 요구 수준 또는 완벽에 가까운 기대, 즉 민본주의를 잘 할 수 있는 지도자의 요건을 다 충족시키지 못하기 때문이라고 생각된다. 정치지도자들이 일시적으로는 상당한 칭찬을 받다가도 누군가가 사소한 흠집을 내기 시작하면 평판은 걷잡을 수 없이 추락한다. 완벽하지 못한 것이 죄가 되는 상황이라고 할 수 있다. 이럴 때 국민들은 찬바람 나게 등을 돌려 한때 칭송해 마지않던 그 사람들을 매섭게 비난하고 매장시킨다. 국민들이 변심해서 비난을 할 때에는 평소 정이 많던 우리 이웃이 맞는지 의심마저 든다. 그러나 민주주의 선진국에서는 완벽한 인격과 능력을 갖춘 지도자를 거의 요구하지 않는다. 정치지도자 또는 경제계의 거물 또는 사회적 거물이라고 해서 인간의 능력을 뛰어넘는 초인도 아니고 도덕적으로 완벽한 사람도 아니라는 사실을 잘 알고 있기 때문이다. 민주주의의 진정한 힘은 시민들로부터 나온다는 것 또한 잘 알기 때문이다.

2. 자유민주주의 국가와 시민의식

국가의 위상과 개인의 책임의식에 대한 인식 또한 중요하다고 생각된다. 과거 왕조시대에는 국가나 정부가 국민들을 대표하는 기관이 아니었다. 국가와 정부는 왕에 소속된 기구라고 할 수 있다. 물론 그 안에 사는 국민들의 민심을 크게 무시하는 것은 왕조가 바뀌는 역성혁명을 불러올 수가 있으니 왕들이 조심을 한 것도 사실이다. 그렇지만 국민들에게 국가는 떠받들어야하고 은전을 줄 수도 있는 상위기관이었다. 왕이 신을 대리한다는 사상으로부터 자연스럽게 나올 수 있는 생각이라고 할 수 있다. 그러나 오늘날 정부와 국가는 그런 상급기관이 아니라 단지 국민들을 대표하는 기관으로 이해해야한다. 이런 차이를 잘 이해하지 못하면, 저 높은 곳에 있는 정부에게 끝없이 의존하고 무책임하게 과도한 요구만을 할 수 있다. 민주주의 사회에서 누군가가 정부에 무리한 요구를 하는 것은 동료 국민들에게 무리한 요구를 하는 것과 같은 것이다. 정부의 위상은 봉건시대와 크게 다른 것이다. 물론 이런 의존적이고 수동적 태도는 우리나라에서만 볼 수 있는 것은 아니다. 필자가 말하는 맥락과 조금 다르긴 하지만, 미국 대통령이었던 케네디조차 대통령 취임사에서 '국민들은 조국에게 무엇을 해줄 수 있는가 요구만 하지 말고, 국민들 스스로가 조국에게 무엇을 해 줄 수 있는가를 생각해야한다.'는 취지로 말한 것처럼 어느 사회에서나 또 어떤 인간에게서나 어느 정도의 의존적이고 수동적 태도를 찾아볼 수 있다. 그러나 나 자신에 대한 의무, 가족에 대한 의무, 사회에 대한 의무를 생각한다면 나의 문제를 정부나 타인이 해결해주기를 바라기보다는, 먼저 책임성 있게 스스로 삶을 영위하려는 민주 시민으로 거듭나야한다.

3. 인권과 실정법적 권리

앞서 우리나라에서 인권이 '약자의 권리'라는 인식이 있다 보니 인권이 보편성도 없고 권리가 쌍무적이지도 못하다는 주장을 필자는 하였다. 여기서는 소위 약자들에게 부여되는 인권들을 자유민주주의의 근본적 관점에서 평가해보자. 첫째, 소위 '약자'라는 개념이 애매모호하다. 누가 왜 진정한 약자인가를 정확히 말하기보다는 정치 선동적인 방법을 통해 '약자' 개념을 정당화하려 한다. 그것은 정치적 목적을 위해 자유민주주의 질서의 근본을 흔들려는 시도로 볼 수밖에 없다. 둘째, 이런 종류의 인권은 사회 구성에 필요한 기본적 권리라기보다는 사회가 구성된 후 어떤 계층이 가지면 좋은 권리, 즉 실정법적 권리이다. 그럼에도 이런 법적 권리를 인권으로 밀어붙이는 이유는 이런 권리가 마치 사회 구성의 기본권인 것 같은 권위를 부여하기 위함이라고 생각된다. 이런 종류의 '인권'들은 모든 시민들과 모든 사람들이 가져야하는 보편적 권리라기보다는 대개 특정 계층을 위한 특수 권리일 뿐이라고 할 수 있다. 셋째, 이런 종류의 인권들은 그 근거가 대개 미약하다. 단지 시민들을 약자와 강자로 나누어 약자들에게 더 많은 인권을 부여해야한다고 말하는 것인데, 바로 이 약자와 강자의 구분이 임의적이다. 따라서 새로운 기준을 자꾸 개발해서 새로운 종류의 약자를 계속 생산할 수 있다. 만약 누군가가 자유민주주의가 일상적 악과 모순으로 가득한 사회라는 것을 보이고 싶다면, 피해 계층, 취약 계층 등 소위 약자를 자꾸 개념화하고 그들에게 새로운 인권을 부여하면 된다. 이렇게 인권이 자꾸 늘어가는 현상은, 인권이라는 개념을 이해하고 있지 못하든지, 어떤 정치적 목적이 있다고 봐야하겠다. 충분한 논리 제시도 없이 정치적으로 인권운동이 계속된다면, 인권은 한낱 이용물에 지나지 않는다고 하겠다.

어떤 이들은 UN조차 인권의 신장을 주장해왔으며 인권위원회의 설치 또한 권고했음을 주지시킬 것이다. 물론 이것은 사실이다. 그런데 UN이 권고하는 인권의 핵심은 대개 자유의 신장이며 필자가 말한 시민적 평등의 달성에 주안점을 두는 것이라고 봐야한다. 전통적으로 계급사회이거나 여성의 지위가 몹시 낮은 일부 중동 지역 등에서는 자유와 평등이 무시되고 있는 것이 엄연한 현실이다. 그러나 자유민주주의가 정착되어 자유와 시민적 평등이 보장되고 있는 지역에서도 인권을 확대하려는 경향이 있다. 노동권, 적절한 생활수준을 누릴 권리, 교육권 등등이 추가되더니 오늘날에는 환경에 대한 권리, 재난으로부터 보호받을 권리 등등 인권 확장은 세계적 추세가 된 듯하다. 정치적으로 이런 권리의 신장이 나쁘다고 볼 수만은 없다. 그러나 필자가 우려하는 것은 이런 권리를 인권으로 다룰 수 있는가 하는 것이다. 적절한 생활 보장권, 교육권, 노동권 등은 입법 절차를 거쳐 보장해줄 수 있는 법적 권리일 뿐이며, 이런 권리들이 자유나 신분적 평등 같은 인권들과 같은 위상을 가질 수 없다는 것이다. 법적 권리는 여건이 허락되지 않을 때 존중받지 못할 수 있다. 일자리가 없고 가난한 사회에서는 노동권, 적절한 생활수준을 누릴 권리 등은 지켜질 수 없음은 당연한 일이다. 가난했던 우리나라 1950~60년대에 이런 권리가 인권이니 당장 보장하라고 말할 수 있는가? 당시부터 정부는 노동권, 교육권, 적절한 생활수준을 누릴 법적 권리 등등을 제공하기 위해서 장기간 경제발전에 의해 하나하나 달성해왔다. 여건이 호전되니 법적으로 더 많은 권리를 누릴 수 있도록 하는 것이며, 국민들도 그런 정책을 지지해온 것이다. 그러나 어렵던 시대에도 개인들의 자유와 신분적 평등은 반드시 보장받아야했고 자유민주주의 정부로서 이를 지켜야만 했다. 앞서 말한 대로 인권이 자꾸 확장되는 것은 정치적 이유가 크기 때문이라고 할 수 있다. 이런 권리를 자꾸 만듦으로써 국민들의 지지와 정치권력의 획득을 목표로 하는 것이다. 그런데 근거 없는 인권을 자꾸 확장한다면 나중에는 인권 전체에 대한 신뢰가 떨어지고 자유민주주의 자체가 위협받을 수 있음을 기억해야한다.

현대적 '인권 과잉'에 익숙한 사람들은 필자의 주장이 어이없다고 생각할 수도 있다. 유럽을 중심으로 수십 년 이상 인권 확대 움직임이 있어

왔으며 그런 추세가 마치 거스를 수 없는 인류 역사의 진보적 대세라고 생각할 수 있기 때문이다. 이런 인권의 확대는 마르크스의 세계관을 공유하던 사회민주주의자들과 이후 마르크스의 이론을 신봉하지는 않지만 사회보장제도에 집착하는 민주사회주의자들에 의해 주도되어왔다고 할 수 있다. 아이러니하게도 마르크스는 인권이라는 개념을 정확히 이해하지도 못했으며, 인권을 맹렬히 부정했었다. 그의 후예들이 하는 행동을 보면 마르크스보다 더 낫다고 할 수도 없다. 단지 좌파나 소위 진보파가 필요해 보이는 이러저러한 권리들을 인권으로 과대 포장해서 사회가 수용을 거부할 수 없게 하려는 정치적 행위라고 생각된다.

필자는 인권이라 불리는 많은 법적 권리들을 보장하지 말자는 것이 아니라, 법적 권리와 진짜 인권을 구분하며 인권을 약화시킬 수 있는 법적 권리는 자제하자는 것이다. 왜냐하면 법적 권리를 인권으로 포장해서 인권의 무질서한 확장이 계속된다면, 때때로 다른 사람들의 진짜 인권, 즉 자유와 신분적 평등과 재산권을 훼손할 수 있기 때문이다. 예를 들어, 복지사회에서는 재분배를 통해 사회보장제도를 운영하고 있는데, 이 재분배라는 것은 많은 학자들이 주장하는 것처럼 어떤 사람들의 자유를 훼손 또는 제한하는 것이 될 수 있다. 돈이 많은 사람들이 자발적으로 가난한 사람들을 도우려고 한다면 그것은 자유의 훼손이 아니다. 그러나 정부가 강제적으로 세금을 징수해서 사회보장제도를 운영한다면 이것은 경제활동의 자유를 위축시키는 규제가 될 수 있는 것이다. 앞서 잠깐 언급한 롤스조차 빈곤층을 위한 새로운 분배제도를 설계하려고 했음에도 불구하고 재분배는 자유를 제한한다는 이유로 거부하였음을 말하였었다. 우리나라 같이 자유의 전통이 약한 곳에서는 정부가 세금을 마구 올리는 것에 대해 대중들의 저항이 별로 없다. 하지만 다른 사람들의 자유 행동으로 만들어내는 결과물을 뺏어 오는 것은 그 사람의 자유를 제한하는 것과 다르지 않다. 기본적인 사회보장을 위해 세금을 어느 정도 걷는 것은 모두가 동의하고 인내할 수 있지만, 무차별적 사회보장제도가 지고지선의 정책이고 인권 보장인 것처럼 세금을 대폭 늘이겠다는 것은 다른 사람들의 인권을 침해할 수 있다. 로크의 주장과 같이 재산권이 진정한 인권이라면 정부가 반강제적으로 세금을 늘리고 재정을 낭비하는 것 또한 인권의 침해가 될 수 있는 것이다. 영국과 그리스 등지의 예에서 볼 수 있듯이 사회보장제도의 지나친 확대는 국가부채의 증가와 정부 재정의 파탄으로 이어지기 쉬우며 결국은 서민들이 가장 큰 피해를 볼 수 있다는 사실을 잊으면 안 될 것이다. 누군가의 기본권이 침해되는 제도가 계속 이어가기 어려운 실례라고 할 수 있다.

인권 개념의 오남용은 진짜 존중받아야할 인권을 제한할 수 있는 것이다. 예를 들어, 누군가의 기분이 나빠진다든지 감정을 상하는 것이 인권의 침해라고 간주하고, 사람들의 말이나 글을 제한하려고 한다면, 이것은 자유민주주의 사회의 근본적 인권인 표현의 자유나 언론의 자유를 당연히 침해하는 것이다. 자유민주주의 사회는 전통적으로 사람들이 많은 자유를 누릴 수 있도록 하고 불필요한 규제는 줄이며 사소한 감정의 손상 등은 관대함으로 인내하는 것인데, 요즘은 이런 원칙이 빈번히 무시되는 것 같다. 이러저러한 법적 권리들이 인권으로 둔갑해서 가장 근본적인 인권인 자유와 신분적 평등을 제한하려고 한다면, 이것은 자유민주주의 자체에 대한 위협이 될 수 있는 것이다.

4. 도덕적 판단의 과잉과 도덕의 위축

이번에는 '도덕적 판단의 과잉'에 대해 말해보고자 한다. 도덕적 잣대를 지나치게 적용하는 것을 도덕적 판단의 과잉이라고 할 수 있다. 도덕적 기준을 높이고 누구나가 도덕적으로 행동한다면 바람직한 일이라고 하겠으나 도덕적 판단의 과잉이 문제가 되는 것은 자신의 도덕적 행동은 소홀히 하면서 다른 사람들에게는 상당히 높은 도덕적 행동을 요구하는 것이 될 수 있기 때문이다. 이런 행위는 남을 지적하는 당사자에게는 상당히 편리한 행동이라고 할 수 있다. 다른 사람들에게 요구만 하면 되고 자신을 돌아볼 필요는 없기 때문이다. 그래서 성경에도 "다른 사람 눈에 붙은 티끌은 보면서 자기 눈에 있는 들보는 보지 못한다."는 말이 있다. 어떤 사람들은 다른 사람들의 도덕적 문제점을 지적하는 것으로 자신의 도덕 수준이 높다는 착각을 하기도 한다. 특히 경험이 적거나 독선적인 사람들일수록 끊임없이 다른 사람들의 잘못된 점을 지적하지만 자신들은 같은 잘못을 저지르기 쉽다. 다른 사람에게 향한 날카로운 시선이 자신을 향하기 어렵기 때문이다. 이런 도덕적 판단의 과잉은 사람들에게 도덕적으로 완벽함을 요구하기도 한다. 또는 "누구나 도덕적으로 완벽하지 않으니 내가 많은 잘못을 저질러도 나의 허물을 지적하지 말라."와 같은 입장이 되기도 한다. 도덕적 삶이란 먼저 내 마음과 행동을 닦고 다른 사람들에게는 너무 많은 것을 요구하지 않는 것이라고 할 수 있다. 물론 최소한 지켜야할 것들을 지키지 못하는 사람들을 비난하는 것은 당연하다고 하겠다. 그러나 실제로는 남에게 많은 것을 요구하고 나의 잘못에는 관대한 경향이 있다면 그런 행위는 도덕적이라고 할 수 없다. 인간이라면 누구나 도덕적으로 완벽하게 될 수 없으니 누구나 흠이 있는 것이다. 4대 성인으로 추앙받는 그 누구도 살아생전에 도덕적 비난을 받지 않은 성인이 없다. 다른 사람을 비난하기 전에 나의 행동을 돌아보는 것이 필요하다고 할 수 있다.

최근 우리나라에서 일어나는 도덕 문제 중 눈에 띄는 것은 도덕적 행동의 위반을 범법 행위로 규정하는 것이다. 어떤 도덕적 행동이 위반되면 처벌하는 것이다. 물론 서양에도 '좋은 사마리아인 법(Good Samaritan Law)' 같은 것이 있어 위기에 빠진 사람에게 도움을 베풀지 않으면 처벌받는 나라가 여럿 있다. 이런 입장이 지나치게 되면, 상대방에 대한 사소한 실수나 예절 또는 에티켓의 위반 같은 것도 법적 문제로 처벌받을 수 있다. 모든 것을 법의 영역으로 끌어들이는 것인데 이것이 도덕의 위축이며 대단히 바람직하지 않은 현상이다. 이런 경향은 앞서 말한 도덕의 무기화와 연결되어 사람을 손쉽게 비난하고 심지어는 매장시킬 수도 있게 된다. 특히 요즘에는 '기분 나쁨'을 법적 위반과 연결시켜 누군가가 나의 기분을 나쁘게 하면, 그것이 법위반이 되고 고발하면 처벌할 수 있게 되어 버렸다. 이런 경향은 시간이 지나면서 점점 악화될 수 있다. 처음에는 몇 가지 특정한 언사나 행동이 위반 사항이 될 수 있지만 그 범위는 점점 커질 수 있다. 기분이 나빠질 수 있는 요인은 무한히 많기 때문이다. 예를 들어, 처음에는 성적 농담이 금기시되지만 나중에는 개인적 약점에 해당하는 말들, 즉 "살쪘다" "못생겼다" 등등도 법적 금기어가 될 수 있다. 이런 현상은 두 가지 점에서 바람직하지 않다고 할 수 있다.

첫째는 사람들 간에 진정한 소통이 없어진다는 것이다. 소통하다가 보면 때때로 상대방의 말투에 기분이 나빠질 수 있다. 그럴 때에는 그런 말투나 행위에 주의를 줌으로써 서로 간에 이해가 증진될 수도 있고 관계가 진척될 수도 있다. 그러나 법적 처벌은 관계의 종식이다. 이런 방식으로 사람들의 관계가 영향을 받는다면 사람들은 서로서로 따로 떨어지고 아주 필요한 경우가 아니면 새로운 관계를 맺기도 어렵게 된다. 상대방이 나의 어떤 행위로 기분이 나빠지고 수치심을 느낄지 알 수 없기 때문이다. 더군다나 감정이 여려지면 질수록 기분나쁨과 수치심을 일으키는 요인은 대폭 늘어날 수 있다. 사람 간에 소통을 하는 것이 큰 위험 부담이 되는 사회, 악의 없는 농담이 처벌의 근거가 되는 사회, 끊임없이 다른 사람들의 말실수를 염탐하는 사회가 살기 좋은 사회가 될 수 있을까? 차라리 관대한 마음으로 다른 사람들의 말과 행동을 받아들이고, 예절과 에티켓에 위반이 있을 경우 따끔하게 그것을 지적하며, 어떤 물리적 또는 심리적 해를 가져올 경우에만 처벌을 하는 것이 바람직하다고 본다. 어떤 이들은 소위 피해자의 트라우마 같은 것을 들먹이는데 왜 그렇게 인간을 연약하고 부서지기 쉬운 존재로 이해하는지 알 수가 없다. 오히려 이렇게 감수성과 감성에 집착하는 교육과 논의의 확산은 특히 젊은이들을 지나치게 민감하고 연약한 인간들로 만들어 갈 수 있다고 본다. 사람은 인생을 살면서 수없는 좌절과 갈등을 겪을 수밖에 없는데 이렇게 예민한 감성과 감수성으로는 삶의 역경을 헤쳐 나갈 수 없다고 생각된다. 요즘 청소년 자살률도 높아지고 사회 전체는 우울한 잿빛 도시 같이 바뀌고 있는데 그 원인 중에는 사람들 간의 명랑한 소통을 저해하는 요소들이 늘어가고 있기 때문이라는 생각이 든다.

둘째, 이런 도덕적 판단에 의한 법적 처벌은 자유를 위축시킨다고 할 수 있다. 자유는 물론 무한대로 보장될 수는 없고 상대방에게 어떤 해를 입힐 때, 자유를 제한할 수 있음을 이미 말하였다. 그런데 상대방의 기분여하에 따라 자유를 제한한다면, 자유는 더 심각하게 제한받을 수밖에 없다. 개인적 자유의 제한을 넘어 사회의 역동성·창의성 같은 것이 발현되기 어려울 수 있다. 사람들은 새로운 무엇을 얻기 위해 도전하기보다는 다른 사람들에게 비난받고 처벌받지 않기 위해 몸보신하는 행동을 하기 쉽다. 사회 전체가 위축되고 정체된 사회가 되기 쉽다. 어떤 이들은 필자가 좀 과장을 한다고 할 수 있다. 지금 시점에서는 그렇게 느낄 수 있다. 그러나 북한 같은 사회를 보자. 상황은 좀 다르지만 말하는 것을 통제하는 사회이며 자유로운 접촉을 제한하는 사회가 북한인바 그 사회가 지금 어떤 상태에 있는지를 안다면 반면교사로 삼을 수 있을 것이다.

5. 바른 정치적 좌우 구분

정치적으로 좌와 우 또는 보수와 진보의 구분은 자유민주주의를 둘러싼 정치세력과 주장을 이해하는 데 중요한 요소라 할 수 있다. 그런데 그런 구분이 대한민국에서는 혼돈스런 상태에 있다고 할 수 있다. 먼저 우리나라에서 정치세력을 보수와 진보로 나누는 것은 관습적으로 쓰이기는 하지만 정확한 것은 아니라고 생각된다. 미국과 서구 등지에서는 자유민주주의에 대한 사회의 합의(consensus)가 존재하고 그 합의를 바탕으로 좀더 법과 사회구조를 개선하자는 측(진보)과 신중하게 합의를 지키자는 측(보수)으로 나뉜다고 할 수 있다. 그런데 현재 우리나라에서는 진정한 자유민주주의 체제가 정치세력들 간에 또는 국민들 간에 합의된 사항인지조차가 의심스러운 형편이다. 1948년 이후 헌법에서는 물론 자유민주주의를 채택했지만 오늘날 진보세력이라고 자처하는 이들은 자유민주주의를 지켜갈 의사가 없는 듯 보인다. 현재 우리나라의 이념적 실상은 해방 후 좌우의 대립 시대와 마찬가지로 좌와 우가 아직도 대립하는 것으로 봐야한다. 물론 다른 점도 있다. 예컨대 해방 후 좌파는 공산주의에 대한 지지를 명확히 하였지만 오늘날 대한민국의 좌파는 이것이 분명하지 않으며 확실한 입장을 요구할 때에는 소위 '색깔론'으로 대응하기 때문에 그들이 정확히 무엇을 추구하는지 애매모호한 상태이다. 이것은 대단히 바람직하지도 않고 우스꽝스런 상황으로 선출직 공무를 담당하려고 출마하는 사람들 또 국가 주요 위치에 임명되는 사람들이 자신들의 정치적 소신을 얼버무리는 일은 동서고금에 없었다고 본다. 자신들의 정치적 신조가 확고하다면 그것을 당당히 드러내야할 것이며 정치적 논쟁도 불사해야할 것이다. 그리고 '민주화 세력'이라는 이미지에 숨어서 자신들의 정체를 숨기며, '개혁'이라는 구실로 자유민주주의를 훼손하는 일도 없어야 할 것이다. 국가의 주인인 국민들도 부지런히 좌파세력과 정치인들을 추궁해서 그들의 입장을 명확히 해야 할 것이다. 여기서는 통상 좌파와 우파를 나누는 기준에 대해 생각해보자.

(1) 상대적 구분(사회나 개인들이 처한 상황에 따른 구분)

좌	우
진보적 (새로운 것을 적극적으로 수용하는)	보수적 (새로운 것을 소극적으로 수용하는)
덜 자본주의적인(자본가적인)	친 자본주의적인(자본가적인)
적극적으로 자본주의를 수용하는	소극적으로 자본주의를 수용하는

상대적인 좌와 우의 구분은 여러 가지 의미가 있다. 보통은 좌의 의미는 '진보적' 또는 '덜 자본주의적인'이라는 것이지만 '진보적'이라는 의미가 강하기 때문에 상황에 따라 '적극적으로 자본주의를 수용하는' 의미가 있을 수도 있다. 1990년대 초반 소련의 국가체제가 무너지고 러시아라는 국가가 건설되는 과정에서 자유민주주의·자본주의를 수용하는 세력을 좌파(진보파)라고 부르고 기존의 공산주의에 집착하는 세력을 우파(보수파)라고 불렀었다. 반면에 대한민국에서는 좌파 세력이 사회주의적 이념을 받아들이려는 소위 '진보' 세력이고, 우파 세력은 자유민주주의·자본주의의 이념을 고수하려는 '보수' 세력이 되고 있다. 러시아와 우리나라의 사례는 상대적 의미의 좌·우 구분을 잘 보여주고 있다고 하겠다.

또 극좌나 극우는 상대적으로 더 급진적인 입장을 말한다. 예를 들어, 과거 북한의 김정일이 일본과 국교를 트고 제국주의 통치에 대한 배상금을 받기 위해 노력하던 시절이 있었다. 그때 김정일은 "일본인 납치에 사과한다. 당시 극좌 망동주의자들이 나도 모르게 행한 일이다."라고 말한 적이 있었다. 자신의 공산주의 좌파 입장보다 더 극렬한 세력이 있었던 것처럼 말하고는 있지만, 그의 허락이 없이 외국인들을 납치해오지는 않았을 것이라고 추측된다. 그러나 그의 말에서 '극좌'는 자신의 입장보다 더 극렬한 세력을 의미하고 있다고 하겠다.

한편 미국과 여러 나라에서는, 좌파가 '진보' 세력을 표방하는데, 반드시 공산주의·사회주의 이념을 수용하는 것은 아니다. 이들은 "효율성이 떨어지더라도 사회보장제도를 확대해야 한다."거나 "시장경제에 덜 의존하고 정부의 역할을 확대해야 한다." 등을 주장하는 세력이다. 반면, '보수' 우파 세력은 "효율성이 떨어지는 사회보장제도를 축소해야 한다." 또는 "시장경제의 메커니즘에 더 의존하고 정부의 역할을 축소해야 한다."
는 최소정부론을 주장하는 세력이라고 할 수 있다. 이렇게 사회에 따라
좌와 우의 개념은 다르게 쓰이고 있다.

(2) 보편적(전통적) 구분

	극좌	좌	중도	우	극우
경제	공산주의/사회주의 생산수단의 사회화/계획경제 (부분적으로 사유화 허용)			자본주의 생산수단의 사유화/시장경제 (필요에 따라 규제)	자본주의 (국가 주도)
정치	전체주의/인민민주주의 일당 독재(권력 집중) 프롤레타리아 국제주의 (계급적 가치를 보편적 가치로 주장)			자유민주주의 다당제(권력 견제) 민족주의/공화주의 (보편적 가치 수용)	전체주의/국가사회주의 일당독재 민족지상주의 (배타적 민족 가치에 집착)

상기한 도표는 다소 복잡해보이지만 실제로는 상식적인 것이다. 극좌
나 좌는 큰 차이가 없이 경제적으로는 공산주의를 추구하고 정치적으로
는 인민민주주의라는 명분을 내세워서 전체주의 일당독재를 실현하려고
한다. 경제적으로 가끔씩 자본주의를 허용해서 생산력을 높이려는 시도
를 하기도 하지만 결국은 일시적 자본주의 허용을 지속하지 못한다. 공
산주의의 무능하고 비효율적 경제정책과 너무 대비가 되기 때문에 일시
적으로 허용하지만, 계속 자본주의를 허용하는 것은 공산주의와 공산당
자체에 위협이 되기 때문이다. 또 공산주의 초기에는 프롤레타리아 국제
주의를 내세웠는데, 자기들이 추구하는 가치가 나라와 민족에 상관없이
어디서나 진리라는 착각에 빠져있었다. 그러나 시간이 지남에 따라 공산

당 자체가 민족적 특색을 갖게 되고 민족주의가 인민 통치에 중요한 가치로 자리잡게 됨에 따라서 이 국제주의는 거의 포기한 상태로 봐야한다. 단 타국의 영토나 시장을 침략할 때, 국제주의를 내세워 흡사 자기들이 보편적 가치를 추구하는 것처럼 사람들을 호도하기도 한다. 좌파와 극좌파의 차이는 융통성의 차이로 극좌파가 좀 더 고집스럽게 좌파 프로그램을 추진하는 것에 있다고 하겠다.

우파의 특징도 잘 알려지고 이미 설명한 것이라고 할 수 있다. 자유민주주의와 시장경제(자본주의)를 추구하지만 어떤 문제가 발생할 경우 시민들의 동의를 얻어 규제를 할 수도 있다. 그러나 시민들의 기본권마저 부정할 수는 없는 것이다. 주권이 시민들에게 있기 때문이다. 우파는 이런 가치를 보편적으로 여기며 다른 사회 사람들에게도 적용되는 가치로 보는 것이다. 반면에 극우는 상당히 다른 점을 내포한다. 정치적으로는 자본주의를 채택할 수 있지만, 자본가들의 힘을 상당히 제한해서 경제 계획을 도입하고 노동자들의 해고에도 제한을 하게 된다. 극우와 우파의 가장 큰 차이는 정치에 있는데 극우파는 좌파와 마찬가지로 일당독재를 통해 전체주의를 추구하게 된다. 민족이 추구하는 가치를 절대적으로 우선시하면서 민족 자체를 최고선쯤으로 여긴다. 극우파의 전형인 나치독일은 공산주의가 국제주의를 통해 독일을 잠식하면서 독일민족의 민족적 가치를 부정하는 것에 대한 대항으로 등장한 것이다. 따라서 이들은 모든 민족에 적용할 수 있는 보편적 가치를 부정하며, 이들이 제국주의로 나아갈 적에 자신들이 추구하는 가치와 세계관을 다른 사회에 강요하게 된다. 이들은 자기 민족의 우월성이라는 근거 없는 착각과 힘의 논리를 앞세워 다른 사회를 정복하고 지배하려는 것일 뿐이다.

그런데 아이러니하게도 이런 태도는 오늘날 공산주의에서도 찾아볼 수 있다. 극좌와 극우는 원래 힘의 논리를 앞세워 전체주의를 추구하는 공통점이 있었고 그 차이는 경제제도의 차이와 프롤레타리아 국제주의와 민족지상주의라는 차이가 있었다. 그러나 오늘날 중국 같은 공산주의 국가는 자본주의를 받아들이고 중화민족주의라는 민족지상주의를 채택하고 있다. 또 과거 극우정권처럼 힘의 논리에 전적으로 의존해서 주변 국가들에 대해 위협을 가하고 있다. 이런 행태는 과거 극우정권이었던 나치정권과 큰 차이가 없다. 비슷하게 북한정권도 자기들이 중요시하는 가치가 민족적 가치인 것처럼 선전하며 전체주의 공산독재를 계속하고 있다. 또 중국과 같이 국력이 큰 것은 아니지만, 핵무기를 개발해서 이웃인 대한민국과 일본을 위협하고 있다. 민족과 무력을 앞세운 극우 전체주의와 다를 바가 없다. 다시 말해서 과거에는 극좌와 극우가 서로 대척점에 서 있었다면, 오늘날에는 극좌가 극우적 가치를 수용해서 극좌와 극우가 동거하는 상황이 되고 있다.

중도는 다소 애매한 입장인바, 두 가지 정도의 중도가 있다고 할 수 있다. 첫째는 중도의 독특한 이념이 없이 좌와 우의 중간에서 양쪽을 모두 포용하거나 합작하려는 시도라고 할 수 있다. 해방 전후 국내에 등장했던 중도파를 예를 들 수 있다. 또 중국의 국공합작도 이런 종류의 시도이다. 그런데 이런 중도는 양쪽을 모두 설득할 수 있는 논리가 약하기 때문에 일시적으로 동거체제를 만들 수도 있지만 결국은 그 합작과 동거는 깨질 수밖에 없다고 하겠다. 더군다나 중도를 표방하며 좌우합작을 주도하던 사람들 상당수는 좌파인사들이며 좌우합작이나 동거 자체가 좌파의 통일전선전술에 불과했음을 알 수 있다.

두 번째 중도는 덴마크나 스웨덴 같은 사회에서 볼 수 있듯이 자본주의 시장경제와 사회보장제도를 결합하는 중도노선이다. 이런 중도는 국가에 적용하고 이끌어갈 수 있는 이론을 갖고 있다고 할 수 있다. 이들 사회에서는 기업 활동과 시장경제를 적극 보장하며 재분배를 통해 빈부 격차를 줄이려는 시도를 하고 있다. 실제로 덴마크나 스웨덴 시민들은 이 중도적 사회에 대한 만족도가 높은 것 같기도 하다. 그런데 앞서 말한 대로 재분배가 자유를 제한할 수 있는 문제 외에도 이런 중도 사회가 불안정해질 수 있는 요소가 있다. 만약 이런 사회의 한 특색인 사회보장제도의 논리가 좌파이론에 근거하게 된다면 이 이론은 필히 자본주의 시장경제 논리와 충돌하게 된다. 마르크스의 좌파이론은 자본주의 시장경제에 대한 불신임과 증오를 포함하고 있으므로, 반드시 양자 간에 불화를 낳게 되는 것이다. 흡사 서로 원수인 사람들이 한 방에 동거하는 상황과 흡사한 것이다. 어떤 이들은 덴마크나 스웨덴 사회가 중도적 사회이므로 그 사회에서 마르크스 이론이 큰 영향력을 가지고 있을 것으로 생각하는데 이것은 사실이 아니다. 이들 나라가 추종하는 민주사회주의(Democratic Socialism)는 과거 사회민주주의(Social Democracy)와는 다른 개념으로 후자가 마르크스의 전통을 고수했다면 전자는 마르크스주의와 완전히 결별한 이념이다. 유럽에는 아직도 사회민주주의 명칭이 포함된 정당들이 아직도 이것은 전통에 의한 것이지 마르크스의 이념을 아직도 추종하는 것은 아닌 경우가 대부분이다. 마르크스 이론이 가져오는 증오와 공포 또 사회 불안정은 한 사회의 존립마저 위태롭게 하는 것은 물론이고 극심한 저생산성의 문제도 피할 수가 없었다. 오랜 세월 좌우 갈등을 경험한 유럽 국가들은 이제 마르크스 이론과 결별해서 실제적 인도주의 정신을 수용하는 민주사회주의의 길로 나아간다고 할 수 있다.

이렇게 마르크스 이념과 무관한 사회보장제도를 유지하기 위해서는 높은 생산력, 즉 발전된 자본주의가 필수 요건이다. 모든 시민들에게 어느 정도의 기초생활을 보장하기 위해서는 막대한 재원이 필요하다. 이 재원 조달을 위해 모든 시민들에게 높은 수준의 과세를 하는 것은 물론이고, 세계적으로 경쟁력 있는 다수의 기업 또는 산업이 존재해야만 한다. 그러니 덴마크나 스웨덴에는 우리가 잘 아는 기업들도 많고 그런 기업들을 키우고 유지하기 위해서 정부는 상당한 친 기업 정책을 펼치고 있다. 아직도 많은 좌파 추종자들은 막연히 부자의 재산을 빼앗아 가난한 사람들에게 나누어주면 사회 전체의 복리가 증진할 것으로 생각하는데 이것은 농본주의 시대에나 적용될 수 있는 생각이다. 2022년 대한민국의 예산이 600조나 된다고 하는데 우리나라 최고 부자의 재산은 약 30조나 정도 되는지 모르겠다. 그들의 재산을 다 빼앗아도 정부 씀씀이의 작은 부분일 뿐이다. 과거 농업시대에서는 지주의 재산을 빼앗아 농부들의 경작지를 늘릴 수 있었는지는 몰라도 오늘날 부자들의 재산을 빼앗는 행위는 황금알을 낳는 거위 배를 가르는 것과 같다고 할 수 있다. 그들이 기업활동을 통해 많은 일자리와 국부를 생산하지만, 그 기업의 금전적 가치가 좌파가 주장하는 것보다는 크지 않은 것이다. 오리 한 마리의 가격과 그 오리가 낳은 황금알의 가격차를 생각하면 될 것이다. 이런 형태의 중도적 사회에 큰 장점이 있다고 할 수는 있지만 최선의 사회 형태라고 말할 수는 없다. 높은 세금으로 사회의 활력이 저하되기 쉽고 따라서 서민이 부자로 올라서기도 어렵다. 또한 사회의 생산성이 저하되거나 높은 수익을 창출할 수 있는 기업들이 사라진다면, 사회보장제도는 무너져 내릴 가능성이 크다고 할 수 있다. 그런 점에서 미국식 자본주의와 비교되기도 하는데 미국식 자본주의 역시 장단점이 있으니 대한민국이 어떤 사회로 지향할 것인지는 국민들의 적절한 판단과 선택에 달려있다고 할 수 있다.

오늘날 대한민국 사회를 가장 크게 위협하는 이념 또는 도덕 체계는 말할 필요 없이 마르크스 이론에 기초한 공산주의라고 할 수 있으며 전통적 사고의 부정적 요소들이 공산주의의 확산에 기여한다고 할 수 있다. 대다수 국민들이 이런 시대착오적 이념에 빠져 정신적으로 허덕이면 허덕일수록 사회의 외형적 발전과 무관하게 내적으로는 깊은 병을 앓고 있는 상황이 될 것이다. 하루 빨리 국민들이 깨달음을 얻고 뜻을 모아 우리의 생각을 지배하던 농본주의 시대적 도덕체계에서 벗어나 진취적이고 시대에 합당한 도덕체계를 수용해아 할 것이라고 생각된다.

6. 자유민주주의가 안고 있는 문제점들

마지막으로 자유민주주의·자본주의에는 어떤 문제가 있는지 필자의 견해를 간단히 소개하기로 하자. 필자는 두 가지 문제를 언급하려고 하는데, 이 보다 많을 수도 있다. 과거 마르크스가 지적한 문제들은 잘못된 분석에 근거한 것들이라 더 이상 자유민주주의·자본주의의 치명적 문제라고 할 수 없지만, 자유민주주의에도 내포된 문제들이 있으며 시민들은 항상 이런 문제점을 기억하고 조심해야한다고 생각된다.

첫째, 자유민주주의 제도는 시민들의 선택과 결정에 의해 운영되는 것인데, 시민들이 현명한 선택을 하지 못할 가능성이 항상 있다. 각 시민들이 모든 정보를 가지고 최선의 선택과 결정을 언제나 하는 것은 바랄 수 없다. 그렇기 때문에 여러 제도적 안전장치를 마련하며 사회의 전문가 집단들이 좋은 의견을 제시해서 시민들의 결정에 도움을 주고 있다. 그러나 역사적으로 시민들은 돌이킬 수 없는 선택을 하기도 한다. 예를 들어, 1933년 독일 시민들이 나치당을 집권하게 하여 자유민주주의를 종식시킨 사건이 있었다. 시민들은 극우 나치들의 선전선동에 넘어가서 자유민주주의를 끝장내고 전체주의 독재정부를 탄생시키기에 이르렀다. 물론 시민들이 깊게 생각하지 않았으면 알아채기 어렵도록 '애국심'이나 '민족의 영광' 같은 격동적인 구호들이 선전선동에 등장했었다. 당시 유럽 몇몇 나라에서 비슷한 일이 있었고 최근에도 중남미 국가들, 특히 베네수엘라 같은 곳에서 비슷한 일들이 반복되고 있다.

이런 방식의 자유민주주의 훼손에는 두 가지 정도 특징이 있다고 할 수 있다. 우선 전문가 집단의 조언이나 경고를 무시하도록 하는 것이다. 경제, 정치, 기타 전문적 지식을 별것 아닌 것 같이 무시를 하거나 특정 전문가들의 의견이 정부정책과 맞지 않는 경우 그 전문가들을 온갖 명목으로 매도해 전문가의 신뢰성을 떨어뜨리는 것이다. 물론 그런 전문가들에게는 이러저러한 방법으로 공포심을 심어주기도 한다. 여기에 동조되는 시민들은 향후 전문가의 말에 귀를 기울이지 않고 교활한 선동가의 말을 더 신뢰하게 되는 것이다. 물론 엉터리 전문가들도 다수 등장시켜 이말 저말 하게함으로써 전문적 지식의 중요성을 믿지 않게 만든다. 그 다음으로는 언론의 자유 등 시민들의 자유를 점차 축소시켜나간다. 명목상 이유는 많다. 그런 방법으로 선동가를 지지하지 않거나 반대하는 전문가 또는 일반 시민들까지 입에 재갈을 물리는 것이다. 정신 차리지 못하는 일부 시민들은 중공 문혁 당시 홍위병들처럼 모든 사안의 옳고 그

름과 호불호를 선동가 집단의 지시에 따르게 되는데 그때쯤이면 실질적 자유민주주의는 이미 끝나있는 것이다.

주권자인 왕이 다스리는 사회에서 왕이 여러 문제들을 해결하지 못하거나 왕 자신이 문제의 근원이라면 해결책은 비교적 간단하다. 그 왕을 바꾸면 되는 것이다. 집단지도체제로 사회를 운영하는 곳에서 같은 문제가 일어난다면 좀 복잡할 수 있다. 대체해야할 인원들과 세력이 더 많기 때문이다. 그럼에도 사회의 문제를 비교적 잘 해결할 수 있다고 봐야한다. 그런데 만약 시민들이 주권을 갖고 있는 자유민주주의 사회에서 같은 문제가 일어난다면 어떻게 처리할 수 있을까? 다수의 시민들이 요술피리에 마비된 듯 자신들을 해치는 정책들과 자신들을 구렁텅이로 몰아넣는 인물들을 지지한다면, 참으로 해결하기 어려운 것이다. 여기에는 홍위병들에게 달콤한 미래를 약속하는 것도 빠지지 않는다. 그래서 시민들이 적절하고 어느 정도 현명한 판단을 하면서 신뢰할 수 있는 전문가들과 학자들이 없는 사회에서는 자유민주주의가 제대로 굴러가기 어렵다. 그것이 소위 제3세계에서 자유민주주의가 성공하지 못하는 근본 이유가 아닌가 싶다. 이런 자유민주주의의 타락상은 어느 사회에서나 일어날 수 있다. 사람들이 방심하는 사이 그들을 이용하려는 선동가들은 어느 사회에서나 있기 마련이며 복잡해진 이념과 발달된 선동의 기술은 일반 사람들이 쉽게 알아채기 어려울 정도다. 소위 선진국이었던 독일에서조차 그런 일이 일어났었는데 자유민주주의 후발 주자인 대한민국에서 일어나지 말라는 보장은 없다.

둘째, 사람들은 누구나 어느 정도 의존성과 의타심을 가지고 태어나는데 자유민주주의는 스스로 독립적으로 살라고 말한다. 자유민주주의 사회에서도 사람들이 서로 협력하고 있으므로 완전한 독립을 권고하는 것은 아니다. 그러나 삶에서 중요한 결정들과 자신이 한 일에 대한 책임의식은 과거 사회에서는 크게 강조되던 것이 아니었다. 과거의 신분사회에서는 대부분의 경우 사람들은 지시 받은 대로 또는 관습대로 살면 되는 것이었다. 그런 삶이 어떤 이들에게는 더 편할 수 있다. 개개인이 주권자인 자유민주주의 사회에서는 스스로 삶을 책임지도록 모든 제도나 이념이 요구하는 것이다. 그래서 어릴 때부터 가정에서 학교에서 사회에서 그런 교육이 있어야하는데 현재 대한민국에서는 그런 교육이 약하다고 본다. 요즘은 특히 이런 교육을 가정에서 담당하려 하지 않고 교육 자체를 유치원이나 학교에 미루려 하지만 교육기관에서는 이런 교육을 중시해서 책임 있게 가르치지도 않는 것 같다. 겉으로는 화려한 교육과정을 갖고는 있지만 막상 쓸 만한 시민들은 양성하지 못하는 것이다. 엄격히 말하면, 가정이나 교육기관 또는 사회에서 어떤 정신을 가르쳐야할지 잘 모르기 때문에 과거 유교정신으로 회귀하거나 오히려 아이들에게 맡겨 버리듯 방치하는 것 같기도 하다. "어차피 미래 사회는 너희들 것이니 너희들이 알아서 결정해라."는 식이다. 언뜻 보면, 대단히 진보적으로 보일 수도 있지만 참으로 무책임한 짓이다. 아무리 외국어를 잘 하고 특정 지식을 갖고 있다고 해도 삶의 바른 자세를 갖지 못하면 모두 쓸데없는 것이 될 수도 있다. 바른 생각과 독립심이 없이 양성된 아이들이 성인이 되면, 정부 또는 사회가 나의 삶과 복지를 책임지라고 떼쓰는 경향이 있는 것 같기도 하다. 이런 행동은 사회의 주권자이며 깊은 잠재력을 가진 시민이 할 행동은 아니라고 본다.

의존성과 의타심이 많은 채로 사회생활을 하게 되면 비대한 정부를 선호하게 된다. 정부가 만기친람 식으로 사회의 모든 일과 개인사까지 관여를 하려할 수 있다. 이렇게 되면 개인의 자유는 상당히 위축된다. 홉스나 로크는 정부의 역할에 대해 크게 걱정을 하지는 않은 듯하다. 지금 정부의 역할은 그들 당시 정부와 비할 바가 아니다. 물론 로크는 정부가 폭압적일 때 저항권을 발동할 수 있다고 말했지만, 오늘날의 정부는 폭압적으로 보이지 않으면서도 시민들의 다양한 생활에 간섭함으로써 시민들을 통제할 수 있다. 정부가 많은 일을 하게 되면, 공무원의 수는 늘어날 수밖에 없다. 일단 정부가 비대해지기 시작하면 그 크기를 줄이기가 어렵다. 공무원 수가 이미 늘었고 공무원들은 정부의 크기가 점점 커지는 것을 선호하는 경향이 있다. 그래야 자신들의 보상, 권한, 미래가 좀 더 확실해지기 때문이다. 일반 회사들 같으면 불필요한 어떤 부서를 없애는 것이 어렵지 않은 것 같다. 그러나 공무원 조직은 그렇게 하기가 쉽지 않을 것이다. 그래서 정치권에서 평소 공무원들의 권한이나 활동 또 규모 등을 면밀히 감시해야하는데, 요즘 정치권이 이런 일을 하는 것 같지 않다. 오히려 정치권이 공무원들을 엄정히 다루지 않고 자기들 세력으로 편입시키려고 하는 경향까지 있는데, 이렇게 된다면 피해를 보는 것은 국민들뿐이다. 결과적으로 의존성과 의타심이 많은 시민들, 규모를 점점 키우려는 공무원들과 공무원들을 앞세워 국민들을 통제하려는 정치권이라는 조건들이 합쳐지게 되면 사회는 점점 '빅 브라더'가 다스리는 사회로 갈 수도 있다. 특히 정치권이 자유민주주의를 지키겠다는 의지도 없고 국민들은 스스로 누릴 수 있는 자유를 손쉽게 포기하면서 정부가 베풀 수 있는 물질적 혜택에만 관심을 둔다면, 자유민주주의가 독재 전체주의로 바뀌는 것은 손바닥 뒤집기 같은 것이 될 것이다. 자유민주주의 사회의 주인은 국민이고 주인들에게는 항상 책임과 행위의 결과가 피할 수 없이 뒤따른다는 것을 명심해야만 한다.

인간의 모든 제도는 자연적이 아니다. 즉 모든 사람을 한꺼번에 만족시킬 수 있는 정치·사회 제도는 없다고 봐야한다. 예를 들어, 어떤 이들은 자유민주주의가 불편하게 느껴질 수도 있는 반면 계급제도가 더 친근할 수도 있다. 자유민주주의·자본주의가 모든 사람들에게 적합할 수 없어도 그 제도들이 우수한 이유는 그 제도가 추구하는 가치들에 있다고 봐야한다. 모든 이들에게 자유와 평등(특히 신분적 평등)을 보장하려는 시도는 이전에는 없었고, 이 제도들을 채택함으로써 인간 개개인이 인류의 번영과 행복을 증진시키는 데 참여했다고 봐야한다. 개개인이 사회의 주인이기 때문이다. 자유민주주의·자본주의를 채택하는 사회에서나 그렇지 않은 사회에서나 아직도 많은 현실적 문제들이 있고, 그런 문제들을 해결하는 좋은 방법은 자유와 평등을 더 잘 지키고 확산하는 것이라고 생각된다. 앞서 필자가 말했듯이, 자유와 평등이 언제나 잘 지켜지지 못하고 있다. 물론 자유민주주의·자본주의가 인간의 모든 불행을 없앨 수는 없다. 불행의 근원은 인간들 자신의 심성에서 올 수도 있고, 자연환경에서 올 수도 있다. 자유민주주의·자본주의는 이상향을 실현하려는 도구가 아니라 예상치 못하게 닥쳐오는 불행들을 대처할 수 있도록 모든 사람들이 책임을 갖고 협력의 장에 참여하게 하는 제도라고 할 수 있다. 그러니 어떤 결과가 닥쳐도 각 개인이 일차적으로 책임을 지게 된다. 사람 하나하나가 사회협력의 일원이자 주권자이기 때문이다.

민주주의 윤리의 미완성
한국 자유민주주의의 위기

2022. 6. 8. 초 판 1쇄 인쇄
2022. 6. 16. 초 판 1쇄 발행

지은이 | 윤화영
펴낸이 | 이종춘
펴낸곳 | **BM** ㈜도서출판 **성안당**

주소 | 04032 서울시 마포구 양화로 127 첨단빌딩 3층(출판기획 R&D 센터)
　　　10881 경기도 파주시 문발로 112 파주 출판 문화도시(제작 및 물류)
전화 | 02) 3142-0036
　　　031) 950-6300
팩스 | 031) 955-0510
등록 | 1973. 2. 1. 제406-2005-000046호
출판사 홈페이지 | **www.cyber.co.kr**
ISBN | 978-89-315-5888-3 (13340)
정가 | 15,000원

이 책을 만든 사람들
책임 | 최옥현
교정 · 교열 | 문인곤
본문 디자인 | 이다혜
표지 디자인 | 박원석
홍보 | 김계향, 이보람, 유미나, 서세원, 이준영
국제부 | 이선민, 조혜란, 권수경
마케팅 | 구본철, 차정욱, 오영일, 나진호, 강호묵
마케팅 지원 | 장상범, 박지연
제작 | 김유석

■ **도서 A/S 안내**

성안당에서 발행하는 모든 도서는 저자와 출판사, 그리고 독자가 함께 만들어 나갑니다.
좋은 책을 펴내기 위해 많은 노력을 기울이고 있습니다. 혹시라도 내용상의 오류나 오탈자 등이 발견되면 **"좋은 책은 나라의 보배"**로서 우리 모두가 함께 만들어 간다는 마음으로 연락주시기 바랍니다. 수정 보완하여 더 나은 책이 되도록 최선을 다하겠습니다.
성안당은 늘 독자 여러분들의 소중한 의견을 기다리고 있습니다. 좋은 의견을 보내주시는 분께는 성안당 쇼핑몰의 포인트(3,000포인트)를 적립해 드립니다.
잘못 만들어진 책이나 부록 등이 파손된 경우에는 교환해 드립니다.